Azure와 도커를 활용한 마이크로서비스 구현

Azure에서 마이크로서비스를 만드는 데
필요한 기술의 이해와 활용

Azure와
도커를 활용한
마이크로서비스 구현

Azure에서 마이크로서비스를 만드는 데
필요한 기술의 이해와 활용

보리스 숄, 트렌트 스완슨, 댄 페르난데스 지음 | 김도균 옮김

i!i
에이콘

내 삶의 기쁨이며 매일을 특별하게 만들어준
사랑스런 아내 크리스티나^{Christina}와
아이들 안톤^{Anton}과 마리에^{Marie}에게.
언제나 나와 함께해줘서 고마워요.

— 보리스^{Boris}

이 책을 쓰는 동안 수많은 밤과 주말을 희생해준
아내 리사와 아들 마크,
열심히 일하고 인내하는 교훈을 가르쳐 주셨으며
12명의 형제자매를 돌봐주신 부모님께.
이 책을 쓰는 동안 아낌없이 지원해줘서 고마워요.

— 트렌트^{Trent}

어린 시절부터 관심을 가졌던 컴퓨터에 물심양면으로 지원해주신
어머니와 아버지께 진심으로 감사드립니다.
아내이자 최고의 친구인 앤지^{Angie}, 아들 개빈^{Gavin}, 딸 디비나^{Divina}는
내가 살아가는 이유입니다.
이 책을 쓰는 동안 아낌없이 지원해줘서 고마워요.

— 댄^{Dan}

지난 2년 동안 Azure는 단순한 닷넷 기반 플랫폼에서 개방형의 유연한 플랫폼으로 진화해 광범위한 운영체제와 프로그래밍 언어, 프레임워크, 도구, IaaS^{infrastructure-as-a-service}용 데이터베이스와 장치, PaaS^{platform-as-a-service}, SaaS^{software-as-a-service} 워크로드를 지원하고 있다. Azure는 기존 고객과 신규 고객 모두를 대상으로 놀라운 성장률을 보이고 있다.

오늘날 대규모 컴퓨트 리소스에서 개발/테스트, SaaS 솔루션에 이르기까지 어떤 형태로든 클라우드의 사용을 고려하지 않는 산업은 없다. 유연성과 민첩성이 IT와 개발자가 Azure를 적용하는 첫 번째 이유다. Azure를 채택하는 고객의 전형적인 패턴은 개발/테스트 시나리오로 시작해서 기존 애플리케이션을 IaaS 기반 하이브리드 시나리오로 이동하고, 궁극적으로 클라우드 플랫폼을 최대한 활용하는 새로운 애플리케이션을 개발하는 것이다.

이제 Azure 클라우드 인프라는 거의 모든 시나리오를 수용하는 유연성을 제공한다. 따라서 고객은 애플리케이션 설계가 제한 요인임을 깨달았다. 아직도 많은 고객이 개별 애플리케이션 구성 요소의 독립적인 업데이트, 버전 관리, 배포, 확장을 어렵게 하는 모놀리식 애플리케이션을 설계하고 있다. 따라서 클라우드가 민첩하고 유연함에도 불구하고 애플리케이션 자체는 시장 동향과 고객 요구에 신속하게 대응하는 데 필요한 민첩성을 제공하지 못하고 있다.

지난 몇 달 동안 마이크로서비스 기반 애플리케이션은 이전에 불가능했던 민첩성과 관리 편리성을 가능케 하는 새로운 아키텍처 설계로 가장 많이 언급됐다. 도커 컨테이너는 밀도와 데브옵스^{DevOps}, 개방형 기술 관점에서 마이크로서비스 기반 애플리케이션을 가능하게 하는 완벽한 기술로 존재감을 드러냈다. 도커와 결합한 마이크로서비스 기반 애플리케이션은 클라우드의 최신 애플리케이션 개발 판도를 크게 바꿔놓을 것이다.

Azure가 기반 기술과 고급 서비스를 제공해 다양한 유형의 마이크로서비스 기반 애플리케이션을 지원한다는 사실은 나를 흥분시킨다. 마라톤^{Marathon}, 크로노스^{Chronos}, 스웜^{Swarm}과 함께 아파치 메소스^{Apache Mesos}에서 도커 컨테이너를 사용해 애플리케이션을 빌드하거나 자체 네이티브 마이크로서비스 애플리케이션 플랫폼인 서비스 패브릭에서 애플리케이션을 빌드할 수 있다. Azure는 시나리오에 맞는 적합한 선택지를 제공한다.

이제 막 컨테이너나 마이크로서비스에 발을 들였든, 이미 이 주제를 다뤄봤든 상관없이 Azure에서 컨테이너 기반 마이크로서비스 애플리케이션을 만드는 방법을 이해할 수 있게 될 것이다. 기본적인 내용에 대한 설명 외에도 마이크로서비스 개발자는 아키텍트가 알아야 하는 모범사례를 파고든다.

저자들은 기본 주제와 고급 주제 모두를 아우르는 최고의 전문가다. 이들은 이러한 모델을 사용해 애플리케이션을 구축한 깊이 있는 실세계 경험을 갖췄으며, Azure와 클라우드에 관한 놀라운 제품 통찰력을 보유하고 있다. 이 책에서 제공하는 기술을 사용해 여러분이 만들어 낼 것을 기대하고 있겠다.

– 코리 샌더스^{Corey Sanders}
Partner Director of Program Management, Azure

☑ 지은이 소개

보리스 숄 Boris Scholl

마이크로소프트 Azure 컴퓨트 팀의 수석 프로그램 관리자며, 서비스 패브릭 사용자 지정 애플리케이션 오케스트레이션과 컨테이너 통합, Azure의 OSS 개발과 컨테이너 기반 워크로드에 대한 데브옵스 스토리를 검토한다. 전에는 대규모 분산 클라우드 애플리케이션과 IaaS 개발자 도구, 클라우드 환경의 프로비저닝, 전체 ALM 라이프 사이클에 대한 아키텍처와 구현 패턴에 초점을 맞추고 Visual Studio 클라우드 도구 팀을 이끌었다. 또한 마이크로소프트 서비스로 글로벌 클라우드 및 셰어포인트SharePoint 솔루션에 아키텍트로 일한 경험이 있다. 다양한 이벤트의 연사로 활동한 것 외에도 Azure 개발과 클라우드 애플리케이션 진단에 관한 많은 글을 썼고, 『SharePoint 2010 Development with Visual Studio 2010 한국어판』(아이티포럼, 2012)의 공저자다.

트렌트 스완슨 Trent Swanson

전형적인 기업가다. Full Scale 180의 공동 창립자 겸 컨설턴트로 일하면서 마이크로소프트 Azure 플랫폼으로 애플리케이션을 마이그레이션하고 빌드하는 일을 도왔다. 오늘날 마이크로소프트 Azure에서 실행되는 가장 규모가 큰 몇 가지 애플리케이션을 구축에 참여했는데, 이 중 일부는 도커와 마이크로서비스 아키텍처를 활용한다. 마이크로소프트 패턴 앤드 프랙티스Microsoft Patterns and Practices 팀과 함께 클라우드 애플리케이션을 위한 개발 가이드와 모범사례도 개발하고, 클라우드 디자인 패턴 책을 공동 저술했다. 크릴랜Krillan과 스레드소프트Threadsoft의 공동 창립자로서 도커와 Node.js, Go, 메소스를 사용해 마이크로서비스 아키텍처 스타일 기반 애플리케이션을 구축했다. B&S 기업의 공동 창립자로 상업용 건물 관리를 위한 다양한 IoT 기술을 적용하고 있다.

댄 페르난데스 Dan Fernandez

Visual Studio와 팀 서비스Team Services, ASP 닷넷, Azure 일부 영역에 대한 개발자 콘텐츠 팀을 관리하는 수석 책임자다. 이전에는 Visual Studio와 Visual Studio Code, Visual Studio Team Services를 사용한 도커 연속 통합을 포함해 도커에 대한 개발자 경험을 관리하는 수석 프로그램 관리자로 일했다. 또한 채널 9channel 9 비디오 시리즈인 『Docker for .Net Developers』의 저자다. 트위터에서는 @danielfe 로 찾을 수 있다.

7장, '모니터링' 특히, Azure 진단 부분에 도움을 준 Bin Du에게 특별히 감사드립니다. Bin Du는 5년 이상 Azure 플랫폼용 Visual Studio 진단 도구를 작업해온 마이크로소프트의 선임 소프트웨어 엔지니어입니다. 진단 원격 측정과 성능 문제 해결, 빅 데이터 분석에 관한 그의 경험과 통찰 덕분에 Azure 진단과 진단 사례를 해당 분야에서 일하는 개발자의 관점에서 작성할 수 있었습니다.

6장, '데브옵스와 연속 업데이트'를 쓰는 데 도움을 준 Den Delimarschi에게도 특별히 감사드립니다. Den은 이전에 아웃룩의 빌드와 연속 통합 프로세스를 개선하는 데 참여한 프로그램 관리자(Program Manager)여서 그의 통찰력과 실제 경험은 매우 귀중했습니다.

이 책은 많은 사람의 도움 없이는 불가능했을 것입니다. 많은 검토자와 사려깊은 의견과 논의로 인해 이토록 훌륭한 책을 만들 수 있었습니다. 특히, Ahmet Alp Balkan, Bin Du, Chris Patterson, Christopher Bennage, Corey Sanders, Den Delimarschi, Donovan Brown, Jeffrey Richter, John Gossman, Lubo Birov, Marc Mercuri, Mark Fussell, Masashi Narumoto, Matt Snider, Vaclav Turecek에게 감사를 전합니다.

수없이 많은 방식으로 힘을 북돋워준 가족과 친구들에게 감사를 전합니다. 여러분의 지원이 없었다면 이 책을 쓸 수 없었을 것입니다.

☑ 기술 편집자 소개

마크 머큐리^{Marc Mercuri}

현재 Azure CAT^{Customer Advisory Team}의 수석 프로그램 관리자이며 팀의 전략 계정 프로그램의 기능 리드다. 지난 20년 동안 소프트웨어와 서비스 업계에서 활발히 활동해왔다. 이 기간의 대부분은 분산 컴퓨팅 시나리오에 집중했으며, 지난 6년간은 특히 클라우드 중심(PaaS, SaaS, IaaS) 엔터프라이즈 프로젝트와 상용 제품에 집중했다.

그는 수많은 고사양의 대규모 공개 및 하이브리드 클라우드 솔루션의 아키텍처에 관여했다. 결과적으로 신뢰할 수 있는 클라우드 솔루션과 서비스를 대규모로 설계와 구현, 운영, 지원하는 중요한 경험이 됐다. 이 경험은 클라우드 아키텍처 모범사례는 물론 핵심 시나리오(IoT, 엔터프라이즈 하이브리드, 컨슈머 모바일, 빅 데이터 파이프라인, 머신 러닝, 개발 자동화, 오픈 소스 소프트웨어 개발/구성 등)에 대한 미묘한 고려 사항을 모두 포함한다.

그는 서비스와 ID^{identity}에 관해 4권의 책을 저술했으며 내외부 컨퍼런스의 연사로 활동하고 있다. 클라우드와 모바일, 소셜 분야에서 10건의 특허를 냈고 17건의 특허를 출원 중이다.

나이절 풀턴^{Nigel Poulton}

현재 컨테이너 세계에 심취한 기술 중독자다. 그의 말에 따르면 플러럴사이트^{Pluralsight}에 세계 최고의 IT 교육 비디오를 만들었고 'In Tech We Trust Podcast'를 공동 운영한다. 여가 시간에는 남편과 아버지로서 좋은 인상을 남기려고 노력한다. 트위터 @nigelpoulton과 블로그(http://blog.nigelpoulton.com/)를 운영하고 있다.

☑ 옮긴이 소개

김도균(kimdokyun@outlook.com)

2012년 조직의 일원으로 15년간의 삶을 정리하고, 독립 IT 기술자가 되어 5년째 자기 시간의 주인으로 포트폴리오 인생을 살고 있다. 2003년부터 IT 관련 기술서 번역에 참여해오고 있으며, 에이콘출판사에서 출간한 『Essential C# 6.0』(2016), 『처음 배우는 C#』(2015), 『MOS 2013 학습 안내서 Microsoft PowerPoint』(2015), 『MOS 2013 학습 안내서 Microsoft Word Expert』(2015), 『Essential C# 5.0 한국어판』(2014), 『The C# Programming Language(Fourth Edition) 한국어판』(2012), 『윈도우 7 완벽 가이드』(2010)를 번역했다. 개발자를 위한 IT 매거진인 '마이크로소프트 웨어'에 오랫동안 기술자와 삶에 관해 칼럼을 써오고 있으며, 『나홀로 개발자를 위한 안드로이드 프로그래밍의 모든 것』(에이콘, 2013)을 비롯해 여러 권의 저서에 참여했다.

16년 차 마이크로소프트의 공인 강사^{MCT}며 마이크로소프트 MVP를 5회 수상했다. 마이크로소프트 기술 교육 전문 기업인 러닝웨이의 수석 강사로 활동하고 있고, 독립 IT 기술자의 저술 강연 상호부조 네트워크인 GoDev(www.godev.kr)에서 해적들을 이끌고 있는 선장이다.

☑ 옮긴이의 글

도커는 컨테이너 가상화 환경에서 애플리케이션을 관리하고 실행하는 오픈소스 플랫폼으로 등장해 단시간에 붐을 일으켰다. 특히 이상은 높았으나 실현이 힘들었던 SOA 사상의 참담한 실패 이후, 도커는 마이크로서비스 아키텍처를 뒷받침해주는 역할로서 늘어나는 공통 서비스의 배포 관리를 단순화해주고 다양한 환경에서 배포 메커니즘의 표준화를 이끌었다.

클라우드 기술의 발전과 관련 산업의 성장과 함께 기존의 컨테이너 기술이 재조명되고 프로그래밍 가능한 인프라가 실현됨에 따라 마이크로서비스 아키텍처로 가는 많은 장애물이 제거됐다. 이 책은 클라우드 서비스, 그 중에서도 마이크로소프트 Azure에서 도커를 활용해 마이크로서비스를 구현하는 기술과 환경, 도구에 초점을 맞췄다. Azure 위에서 마이크로서비스를 구현해보고 싶어 하는 독자들이 궁금해 할 만한 대부분의 내용을 다루고 있다. 마이크로서비스를 구현하기 위해 어디서 시작해야 할지, 어디로 가야 할지, 걸림돌이 무엇인지 궁금하다면, 이 책에서 그 답을 얻을 수 있으리라 생각한다.

Azure와 도커의 세계는 변화가 빠르기 때문에 가능한 빨리 번역을 진행했지만, 번역 기간 중에 Azure의 변화가 있었고, 관련 도구들의 변화도 있었다. 물론 이 책에서는 그런 변화를 반영했지만 시간이 흐르면 이 책에서 언급한 도구나 Azure의 모습은 바뀔 수 있다. 그렇더라도 기본 사상과 큰 그림, 구현 요소 등은 변하지 않으니 꽤 오랫동안 참고할 만한 책으로 남기를 기대한다.

이 책이 나오기까지 항상 역자를 믿어주신 권성준 사장님과 황영주 상무님께 감사합니다. 또 이 책의 모든 편집과 교정, 교열을 도맡아 처리해주신 에이콘 식구들에게 감사합니다. 무엇보다 항상 내게 힘을 주는 아내 김혜진과 이번에 자신의 꿈을 좇아 소프트웨어 마이스터고에 입학한 김성현, 사랑스런 딸 김아현은 내가 살아가는 데 필요한 에너지입니다. 그리고 포트폴리오 인생을 실행하는 데 격려해주고 도와주신 GoDev 식구들, 저의 모든 페이스북 친구들, 한국 마이크로소프트 MVP와 리더 이소영 부장님, 고맙습니다.

2017년 5월
독립 IT 기술자, **김도균**

☑ 차 례

추천의 글 6

지은이 소개 8

기술 편집자 소개 10

옮긴이 소개 11

옮긴이의 글 12

들어가며 23

✛ 1장 마이크로서비스   31

마이크로서비스란 32

    자율 서비스 34

    소규모 서비스 35

마이크로서비스의 이점 37

    독립적인 배포 37

    지속적인 혁신 38

    확장과 리소스 활용의 개선 40

    기술 다양성 41

    소규모 팀 43

    오류 격리 44

도전 45

    복잡성 45

    네트워크 혼잡 및 대기 시간 46

데이터 일관성 47

테스트 48

통합과 버전 관리 48

서비스 검색과 라우팅 49

모니터링과 로깅 49

기량과 경험 50

가동 시간 SLA 50

모범사례 51

캡슐화 51

데브옵스 원칙과 문화 53

자동화 54

모니터링 55

결함 허용 55

요약 59

2장 Azure의 컨테이너   61

VM과 컨테이너, 프로세스 61

가상 머신이나 프로세스에서 컨테이너를 사용하는 시기 63

Azure의 컨테이너 67

도커가 있는 Azure VM 만들기 68

윈도우에서 SSH 공개 키 생성 70

맥 OS X에서 SSH 공개 키 생성 72

가상 머신 이미지 선택 73

윈도우에서 SSH와 깃 배시를 사용해 VM 연결하기 77

맥 OS X에서 SSH와 깃 배시를 사용해 VM 연결하기 78

도커 컨테이너 기초 79

요약 102

❖ 3장 애플리케이션 설계   103

어디서 시작할지 결정하기 104
    코스 그레인드 서비스 104
    마이크로서비스로 시작하기 106

서비스와 인터페이스 정의 107
    애플리케이션 분해 108
    서비스 설계 110

서비스와 서비스 통신 112
    동기 요청/응답 113
    비동기 메시징 113

모놀리스에서 마이크로서비스로 115

Flak.io 전자상거래 샘플 118
    Flak.io 118
    요구 사항 119
    아키텍처 개요 120
    고려 사항 121

요약 122

❖ 4장 개발 환경 설정   123

로컬 개발을 위한 도커 사용 123
    로컬 개발용 도커 124
    운영 유효성 검증을 위한 도커 124
    빌드/테스트 호스트로서 도커 124

개발자 구성 125
    로컬 개발 125
    로컬 및 클라우드 125
    클라우드 전용 125
    도커 인증 관리 126

기본 이미지 선택 127

이미지의 계층구조 만들기 130

로컬 개발 환경 설정 136

도커 도구 설치 136

개발자 도구 설치 137

Windows 유틸리티 설치 138

OS X 유틸리티 설치 138

로컬 개발을 위한 도커 138

로컬 개발 설정 139

로컬 도커 호스트 시작 139

도커 호스트에 연결하기 140

샘플 복제 141

도커 컨테이너에서 라이브 리로드 사용하기 142

볼륨 144

운영 환경을 위한 마이크로서비스 준비 147

도커 컴포즈 149

도커 문제 디버깅 153

도커 호스트에 연결할 수 없다 153

컨테이너가 시작되지 않는다 154

컨테이너 실행 진단 155

요약 156

5장 서비스 오케스트레이션과 연결 157

오케스트레이션 160

프로비저닝 161

코드로서의 인프라 162

Azure 리소스 관리자 165

Azure 컨테이너 서비스 172

멀티벤더 프로비저닝 175

스케줄링과 클러스터 관리 176

문제점 177

스케줄링 솔루션 179

도커 스웜 182

쿠버네티스 186

아파치 메소스 190

아파치 메소스를 사용한 다양한 작업 부하 실행 192

서비스 검색 193

서비스 등록 195

서비스 조회 196

서비스 레지스트리 198

다양한 기술 199

기타 기술 201

애플리케이션/API 게이트웨이 202

오버레이 네트워킹 204

요약 209

⁺ 6장 데브옵스와 연속 업데이트   211

데브옵스 개요 212

현대의 데브옵스 213

데브옵스 문화 214

연속 통합과 지속적인 전달, 연속 배포 216

Azure에서 환경 만들기 218

연속 업데이트를 사용한 마이크로서비스 배포 228

서로 다른 환경에서의 애플리케이션 구성 변경 230

연속 통합 230

QA 환경의 테스트 237

스테이징 배포 240

운영 환경의 테스트 241

연속 업데이트 도구 선택 245

 온프레미스 또는 호스팅? 245

 온프레미스 또는 호스팅 빌드 에이전트 246

 최고의 솔루션 또는 통합 솔루션? 247

 도구에서 필요한 확장을 제공하는가 248

 젠킨스와 팀 서비스, 뱀부, 투툼의 비교 250

 도커 클라우드 252

요약 253

7장 모니터링   255

호스트 머신 모니터링 257

컨테이너 모니터링 258

모니터링 서비스 263

모니터링 솔루션 269

 Azure 진단 270

 애플리케이션 인사이트 275

 OMS 278

 도커의 권장 솔루션 280

요약 280

8장 Azure 서비스 패브릭   281

서비스 패브릭 개요 282

 서비스 패브릭 하위시스템 282

클러스터 관리 285

리소스 스케줄링 288

 서비스 패브릭 애플리케이션 289

 사용자 지정 애플리케이션(기존 애플리케이션) 291

컨테이너 통합 292

서비스 검색 292

프로그래밍 모델 293

상태 비저장 서비스 293

상태 저장 서비스 294

신뢰할 수 있는 액터 296

신뢰할 수 있는 서비스 297

애플리케이션 생명주기 300

서비스 업데이트 300

애플리케이션 업그레이드 300

테스트 용이성 프레임워크 302

요약 303

⊹ 부록 ASP 닷넷 코어 1.0과 마이크로서비스   305

ASP 닷넷의 새로운 버전 305

시작하기 306

알맞은 ASP 닷넷 도커 이미지 선택하기 313

Visual Studio 2015 도구 314

ASP 닷넷 마이크로서비스 모범사례 316

찾아보기 327

☑ 들어가며

우리 세 사람은 2009년 마이크로소프트 Azure 클라우드 플랫폼이 시장에 처음 등장한 이후로 Azure에서 작업해왔다. 이 플랫폼을 사용한 공동 작업은 플랫폼을 만들고 플랫폼에서 애플리케이션을 만드는 것부터 Azure 개발 도구를 만들고 경험하는 것까지 꽤 광범위했다. 게다가 많은 고객과 파트너들이 마이크로소프트 Azure에서 대규모 클라우드 기반 애플리케이션을 만드는 일도 지원했다. 지난 몇 년 동안 복원력과 확장성 있는 애플리케이션 설계부터 데브옵스 모범사례, 고객과의 상호작용에서 Azure 플랫폼 기능과 Azure 도구, 기술 문서에 이르기까지 많은 교훈을 적용할 수 있었다.

하지만 몇 가지 질문과 문제가 계속해서 뒤따랐다. 예를 들자면 이런 질문이다. 개발 머신에서 돌아가면 클라우드 환경에서도 돌아간다고 보장할 수 있을까? 한 구성 요소에 대한 사소한 변경 때문에 전체를 업데이트하지 않도록 애플리케이션 구조를 짜려면 어떻게 해야 할까? 다운타임 없이 가능한 빨리 업데이트를 배포하는 방법은 뭘까? 구성과 환경 변경은 어떻게 다뤄야 할까?

2013년에 이러한 도전을 다루며 아키텍처적 접근 방식으로 마이크로서비스를 사용하는 넷플릭스와 아마존, 다른 사업체에 관해 많은 업계 리더, 고객과 얘기하기 시작했다. 성공적인 아키텍처들(내부 및 외부 고객)과 하나씩 비교했고, 그들이 이미 마이크로서비스 패턴의 많은 특성을 구현했다는 것을 알았다. 예를 들어 작업량을 기준으로 한 클라우드 서비스 애플리케이션 설계나 애플리케이션을 개별 컴포넌트/서비스의 수명을 갖는 다수의 서비스로 분해하는 것 등이다. 분명히 아키텍처는 이러한 방향으로 진화하고 있었고, '마이크로서비스'라는 용어가 대중화됐을 때 많은 아키텍트와 개발자는 자신들이 이 방향으로 향하고 있음을 알았다.

도커^{Docker}로 들어가 보자. 도커는 배포에 따른 부하와 하나의 서비스를 하나의 호스트에 배치하는 비용을 줄인다. 배포 부하가 줄어들면 마이크로서비스 아키텍처에서 늘어나는 공통 서비스의 배포를 관리하고 폴리글랏^{polyglot} 환경에서 배포 메커니즘을 표준화하는 데 도움을 준다. 컨테이너와 함께 클라우드 환경에서 제공하는 프로그래밍 인프라는 마이크로서비스 아키텍처로 가는 길을 깔았다.

그러나 알맞은 아키텍처 접근 방식과 도구가 방정식의 절반이고, 개발/테스트 환경 구성과 데브옵스 플로우 자동화, 가상 머신들에서 도커 컨테이너를 지휘하고 계획하는 방법과 다른 서비스에서 마이크로서비스를 발견하는 방법, 해당 환경과 서비스를 모니터링하는 방법에 관한 개념적 사고가 나머지 절반을 이룬다.

우리는 최근 2년 동안 도커를 위한 Visual Studio 도구 세팅 엔지니어링 팀과 Azure 서비스 패브릭 컴퓨트$^{Service Fabric Compute}$ 엔지니어링 팀 양쪽에서 마이크로서비스와 도커 시나리오를 다루거나 다른 고객들과 작업했다.

어렵게 배운 내용을 공유하고 Azure에서 도커를 사용해 마이크로서비스를 만드는 데 필요한 도구를 알리고자 한다.

소개

이 책은 책 전반에 걸쳐 언급하는 다양한 서비스와 기능을 만든 사람의 관점에서 설명한다. 우리는 이들 기능을 설계하고 구현하는 일뿐만 아니라 수년 동안 마이크로서비스 아키텍처를 성공적으로 사용해온 Azure DB, 스카이프^{Skype}, 코타나^{Cortana} 같은 많은 내부 서비스 작업에 참여했다. 따라서 마이크로서비스 기반 애플리케이션을 설계하고 만드는 데 고려해야 할 사항과 과제에 관한 독특한 관점을 얘기할 수 있다.

이 책은 Azure에서 마이크로서비스 기반 애플리케이션을 만드는 작업에 흥미를 가진 사람들을 대상으로 한다. 이 책을 읽은 후에는 마이크로서비스 기반 애플리케이션의 이점과 도전을 명확히 이해하게 될 것이다. Azure를 활용한 마이크로서비스 기반 애플리케이션 설계에 적용할 수 있는 지식을 통해 기존 모놀리스 애플리케이션을 처음부터 다시 시작하거나 마이크로서비스로 분해할 수 있다.

이 책을 학습하고 나면 다음과 같은 지식을 얻게 된다.

- 마이크로서비스 기반 애플리케이션과 전통적인 모놀리스 애플리케이션 간의 차이점, 각 접근 방법의 장점과 단점
- 마이크로서비스 아키텍처와 기본 도커 작업의 맥락에서 도커 컨테이너에 대한 이해와 Azure에서 도커 호스트를 만드는 방법
- 마이크로서비스 기반 애플리케이션을 위한 개발과 데브옵스 환경 설정에 대한 모범사례
- Azure의 클러스터와 컨테이너 오케스트레이션 기능의 이해
- 컨테이너화된 마이크로서비스 애플리케이션 모니터링 모범사례와 Azure에서 사용 가능한 모니터링 도구
- Azure 서비스 패브릭의 이해와 마이크로서비스에서 애플리케이션의 개발 방법

이 책에서 다루는 도커의 범위

도커 에코시스템은 엄청난 성장률을 보이고 있다. 도커콘^{DockerCon} 2015에서 도커를 2014와 2015년 사이에 도커 허브에서 끌어온 수가 5백만 개 이상, 즉 18,000% 증가됐다고 보고했다. 도커와 각 커뮤니티에 의해 매일 새로운 기능이 추가됐다. 이 책은 Azure에서 도커를 사용한 마이크로서비스에 관한 것이므로, 책 전체에서 도커 도구와 Azure에서 사용할 수 있는 기능을 다룬다. 그렇지만 도커 에코시스템에서 제공하는 모든 내용을 다루는 것은 불가능하므로, 가장 유용한 도커 서비스와 Azure에서 사용 가능한 기능의 개요를 알차게 제공하는 것을 목표로 한다.

크게 보면, 도커에 대한 Azure의 지원과 전략적 방향은 다음과 같은 사항을 고려한다.

- **개발 도구 선택**: Visual Studio나 이클립스, 아틀라시안, 도커 허브 엔터프라이즈, 간단한 명령줄 도구 등 도커를 다룰 수 있는 도구라면 Azure에서 작업할 수 있다.

- **프로비저닝 또는 구성 도구 선택**: 퍼핏Puppet이나 셰프Chef, 도커 머신, 파워셸PowerShell, 크로스 플랫폼 CLI, Azure 웹사이트 포털 중에서 선택한다.

- **클러스터링 도구 선택**: Azure는 쿠버네티스Kubernetes, DCOS, 도커 스윔Docker Swarm 같은 자체 클러스터링 솔루션을 실행하는 기능뿐만 아니라 메소스피어Mesosphere 기반의 도커를 위한 PaasPlatform-as-a-Service로 Azure 컨테이너 서비스도 지원한다.

- **작업할 운영체제 선택**: 윈도우 서버 2016과 우분투, CoreOS, 레드햇 엔터프라이즈를 비롯한 많은 리눅스 운영체제가 지원된다.

- **공용 또는 사설 클라우드의 사용 가능**: Azure에서는 정부를 위한 사설 클라우드뿐만 아니라 공용 클라우드 모두를 지원하며, 기업에서는 Azure 스택으로 기업 방화벽 내의 온프레미스 클라우드를 자체적으로 운영할 수 있다.

컨테이너 서비스를 만들고 배포하려면 개발과 테스트 환경을 위한 인프라가 필요하다. Azure에서는 도커를 만들고 배포, 실행하는 기본 서비스 집합을 제공한다.

도커 호스트 Azure VM

Azure에서 모든 도커 환경의 기반은 Azure 가상 머신VM이다. 도커 호스트, 즉 도커가 설치된 가상 머신을 만드는 몇 가지 방법이 있다. 도커 실행을 지원하기 위해, Azure에서는 도커와 도커 컴포즈 모두를 설치한 리눅스 가상 머신 확장을 제공한다. 윈도우 서버 2016도 공식적으로 출시됐으므로, 도커 지원 가상 머신을 프로비저닝하는 직관적인 방법도 제공한다. 다음의 장들에서 Azure에서 도커 서비스 설정에 관한 세부 내용을 설명한다.

- 2장
  - 도커 VM 확장
  - Azure 포털을 통한 도커 호스트 만들기
  - Azure 리소스 관리자를 통한 도커 호스트 만들기
  - 명령줄 인터페이스[CLI]를 통해 Azure에서 도커 호스트 만들기
  - 도커 머신을 통해 Azure에서 도커 호스트 만들기
  - 도커 툴박스를 사용해 로컬 머신에서 도커 호스트 설정하기
- 4장
  - 로컬 머신에서 도커 호스트 설정하기
- 5장
  - Azure VM 확장
  - Azure 리소스 관리자를 통한 도커 호스트 만들기

Azure에서 클러스터 관리와 오케스트레이션

컨테이너를 적용한 마이크로서비스 애플리케이션을 탄력적인 방식으로 실행 및 운영, 확장하려면 실패가 발행하는 경우에도 도커 호스트를 항상 사용할 수 있게 해주는 클러스터라는 도커 호스트의 컬렉션이 필요하다. 또한, 클러스터 간에 도커 호스트의 컨테이너를 배치하려면 스케줄러(조정자[orchestrator]라고도 한다)도 필요하다. Azure에서는 고객이 실행할 클러스터링 인프라를 선택할 때 클러스터 배포와 관리에 관해 뛰어난 유연성을 제공한다. 다음 목록에서 이들 영역을 다루는 각 장을 표시했다.

- 5장
  - Azure에서 쿠버네티스와 메소스피어 DCOS, 도커 스웜을 사용한 클러스터 관리
  - Azure 컨테이너 서비스를 사용해 마라톤과 크로노스로 메소스 클러스터 설정

- 8장
  - Azure 서비스 패브릭 클러스터 관리와 오케스트레이션 기능

도커 기반 마이크로서비스 애플리케이션을 위한 개발과 데브옵스

모니터링을 비롯한 데브옵스는 마이크로서비스 개발에서 중요한 부분을 차지한다. 마이크로소프트에서는 개발과 데브옵스, 모니터링을 돕는 다양한 도구를 제공한다. 주제의 범위를 감안해 4개의 장으로 분리했다. 다음은 각 장에서 다루는 내용의 목록이다.

- 4장
  - Visual Studio 코드에서 도커 지원
  - Azure에서 도커 레지스트리 서비스 실행을 위한 옵션
- 6장
  - 도커를 위한 연속 업데이트 옵션
- 7장
  - Azure 진단과 Visual Studio 애플리케이션 인사이트, 마이크로소프트 OMS^{Operations Management Suite}를 사용한 도커 기반 마이크로서비스 애플리케이션 모니터링
- 8장
  - Azure 서비스 패브릭에서 마이크로서비스 개발과 관리 개요

도커 사용하기

도커 기능과 명령 목록은 계속해서 늘어나고 있다. 2장을 시작하면서 마이크로서비스 기반 애플리케이션에서 컨테이너를 만들고 사용할 수 있는 가장 일반적인 도커 기능과 명령을 설명한다.

- 2장
  - 도커 허브에서 도커 이미지 가져오기
  - 도커 이미지 만들기
  - 도커 이미지 계층화하기
  - 도커 볼륨
  - 컨테이너 사용하기
  - 컨테이너 연결하기
  - 도커 네트워크 기능
  - 환경 변수
- 4장
  - 도커 인증
  - 도커 이미지와 태그
  - 도커 컨테이너와 소스 코드 관리
  - 도커 볼륨
  - 도커 컴포즈
  - 도커 로그
- 5장
  - 도커 스웜
  - 도커 컴포즈
  - 도커 네트워크
- 6장
  - 도커 투툼Tutum
- 7장
  - Azure 진단과 Visual Studio 애플리케이션 인사이트, 마이크로소프트 OMS를 이용한 도커 기반 마이크로서비스 애플리케이션 모니터링

샘플 코드와 소프트웨어 요구 사항

멋진 설명은 효과적인 코드 예제를 제공한다. 마이크로서비스 아키텍처의 핵심 패턴을 실질적으로 경험하기 위해 광범위한 샘플 애플리케이션을 만들어 책 전체에서 다룬 마이크로서비스 개념을 보였다. 각 서비스는 여러 언어(Node.js, Go, ASP 닷넷 5)로 작성하고 서로 다른 데이터 저장소(mySQL, 엘라스틱서치Elasticsearch, 블록 저장소)를 사용한다. 인프라는 서비스 레지스트리로 도커 허브와 클러스터 관리와 서비스의 조정을 위해 마이크로소프트 Azure 컨테이너 서비스를 사용한다.

샘플 애플리케이션은 깃허브 https://github.com/flakio/flakio.github.io에서 다운로드할 수 있다. 또한 에이콘출판사 도서정보 페이지 http://www.acornpub.co.kr/book/microservices-docker-azure에서도 다운로드할 수 있다.

우리가 이 책을 쓰면서 즐거웠던 만큼 여러분이 컨테이너 마이크로서비스 애플리케이션을 만드는 즐거움에 푹 빠지길 바란다.

– 보리스, 트렌트, 댄

☑ 1장
마이크로서비스

소프트웨어가 전 세계를 집어삼키고 있고, 기술과는 거리가 먼 전통적인 비즈니스를 비롯해 오늘날 거의 모든 비즈니스의 핵심 경쟁력이 되고 있다. 산업의 수가 증가하면서 관련 소프트웨어가 필요해졌고, 소프트웨어는 급변하고 경쟁적인 시장의 수요를 충족시키기 위해 빠른 속도로 진화하고 있다. 소프트웨어를 만들고 관리하는 방식은 새로운 기술이 시장에 나타나면 계속해서 진화하고, 우리는 더 나은 시스템을 만드는 방식을 배운다. 많은 개념이 진화했어도 대다수 초기 개념은 여전히 유효하고, 새로운 기술에 적용돼 왔다. 늘어나는 고객과 비즈니스의 필요를 충족시키기 위해 새로운 애플리케이션은 매일 등장하고 있다.

새로운 애플리케이션을 만들 때, 팀과 코드 베이스는 더 성숙된 애플리케이션에 비하면 일반적으로 작고 기민하다. 애플리케이션에 새로운 기능이 추가될수록 팀과 코드 베이스는 계속 성장한다. 팀과 코드 베이스의 규모가 커지면 새로운 도전이 닥치고 진행을 더디게 하는 오버헤드를 겪는다. 코드는 점점 이해가 어려워지고 그 때문에 개발 준비 기간은 더 길어진다. 모듈화를 적용하는 것이 도전 과제가 되고, 캡슐화는 쉽게 허물어지며, 애플리케이션은 점점 더 복잡하고 불안정해져 기능을 변경할 때 팀들 간에 조정이 필요해진다. 빌드와 테스트는 더 오래 걸리기 시작하고 각 배포마다 변경 집합은 더 커지면서 릴리스는 깨지기 쉬워진다. 컴포넌트 하나를 아주 조금만 변경해도 빌드와 테스트, 배포에 오랜 시간이 걸리는 애플리케이션 재배포가 필요할 수 있다. 애플리케이션의 컴포넌트 하나를 확장해야 하는 경우 전체 애플리케이션이 확장돼야 한다. 애플리케이션에 관한 모든 부분(팀, 빌드, 배포)은 강하게 결합돼 있다. 이런 점은 별 문제가 아닐 수도 있지만, 빠르게 진화해야 하는 대규모 애플리케이션의 경우 커다란 문제가 될 수 있다.

오랫동안 소프트웨어에서 컴포넌트화 및 캡슐화의 이점에 수긍해왔지만, 적용하는 일은 도전적일 수밖에 없었다. 최근의 데브옵스 바람으로 인해 이제 더 작은 점진적 출시와 애플리케이션의 완벽한 생명주기를 담당하는 전체 팀을 만들면 좋은 점을 알았다. 대규모 애플리케이션을 만들 때, 분할의 이점과 규모 조정의 비용도 알았다. 애플리케이션처럼 조직도 더 작게 나누면 조정 오버헤드를 줄일 수가 있다.

최근 몇 년에 걸쳐 많은 조직에서 애플리케이션을 배포하기 쉬운 더 작고 독립적인 단위로 분해하는 것과 이런 단위에 맞게 팀을 구성하는 이점을 깨닫기 시작했다. 애플리케이션을 더 작고 독립적인 단위로 나누는 것이 마이크로서비스 아키텍처라고 불리는 개념의 한 부분이다.

:∎ 마이크로서비스란

마이크로서비스는 서비스 지향 아키텍처를 지칭하는 용어로서, 애플리케이션은 작고 독립적인 서비스로 구성된다. 서비스는 작고(마이크로) 매우 느슨하게 결합되며, 애플리케이션의 한 가지 기능에 초점을 맞춘다.

너무 커서 관리에 위험이 따르는 하나의 코드 베이스를 모든 개발자가 건드리게 하는 것보다는, 소규모 애자일 팀에서 독립적으로 관리하는 더 작은 코드 베이스로 애플리케이션을 구성한다. 코드 베이스의 유일한 의존성은 API application-programmer interfaces 를 통해서다. 이런 아키텍처 스타일은 넷플릭스와 이베이, 아마존 등 거대한 웹 기업에서 인기를 얻고 있다. 이들 기업은 애플리케이션의 규모와 힘겨운 싸움을 벌이면서, 동시에 기존 모놀리스 아키텍처를 사용해 새로운 기능을 빠르게 시장에 내어놓아야 했다. 이들 기업은 하나의 모놀리스 애플리케이션을 만들지 않고 소규모 서비스를 만들어 각 비즈니스 기능을 처리할 수 있다는 것을 깨달았다. 서비스는 자립적이며, 서비스 간의 경계는 서비스의 비즈니스 기능을 노출하는 잘 정의된 API다.

그림 1.1은 애플리케이션의 모든 기능과 컴포넌트를 하나의 단위로 구축해서 함께 배포한 모놀리스 애플리케이션을 나타낸다. 모놀리스 애플리케이션을 여러 인스턴스로 확장할 수 있지만, 하나의 애플리케이션으로 배포된다.

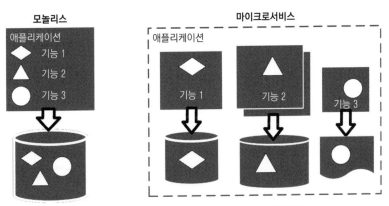

▲ **그림 1.1** 모놀리스와 마이크로서비스 고수준 구조

애플리케이션을 마이크로서비스로 구현하는 작업은 다른 서비스와 독립적으로 배포한 별도 서비스에 각 기능을 배치하는 것이다. 독립된 서비스가 애플리케이션의 기능을 함께 제공한다. 전자상거래 애플리케이션에서 독립된 서비스는 장바구니, 카탈로그, 검색, 추천, 계정 관리, 결제 등이다. 추천 기능을 작업하는 팀 멤버가 장바구니와 구매 관리의 모든 세부 내용까지 염려할 필요는 없다. 좋은 추천을 위해 서비스의 정보는 필요하지만, 구매를 처리하는 세부 내용까지 알아야 할 필요는 없다. 각 서비스는 각 서비스에 가장 알맞은 기술을 사용할 수 있고 개별 서비스의 필요에 따라 독립적으로 규모를 조정할 수 있다.

> **⚫ FLAK.IO 전자상거래 샘플**
> flak.io 마이크로서비스 샘플 코드는 이 책에서 설명하는 개념을 보여주기 위해 전자상거래 시나리오를 사용한다. 샘플 코드는 깃허브 https://github.com/flakio에서 제공한다.

마이크로서비스 아키텍처에서 공통적으로 나타나는 여러 가지 특징이 있다. 마이크로서비스를 작성하는 데 사용된 많은 특징은 일반적으로 느슨한 결합과 작은 서비스를 지원하는 것이다.

자율 서비스

마이크로서비스는 자율성에 최적화된 아키텍처다. 서비스들 간에 자율성과 느슨한 연결은 마이크로서비스 아키텍처의 중요한 특징이다. 느슨한 결합은 다른 서비스의 변경을 일으키지 않고 서비스를 독립적으로 업데이트할 수 있다는 뜻이다. 느슨한 결합은 전체 서비스와 팀 전체, 결합의 유형에서 종종 간과되는 데이터 저장소까지 확장된다.

마이크로서비스는 API를 통해 상호작용하고, 데이터베이스 스키마나 데이터 구조, 데이터의 내부적 표현은 공유하지 않는다. 웹 애플리케이션을 만들어온 팀은 이러한 개념에 익숙하고 애플리케이션을 만들 때 다른 서드파티 서비스를 사용해 왔을 것이다. 일부 서드파티 지오코딩 서비스에서 서비스를 사용한다면, 서드파티 서비스에 시스템을 결합하는 공유 서비스 버스나 데이터베이스를 통해 통합하지 못할 것이다. 대신 API를 통해 통합하며, 그 API는 문서화 및 버전 관리가 잘되어 있고 사용하기 쉽다. 서비스 소유자가 그 API의 버그를 고쳐야 하는 경우, API를 사용하는 모든 사용자를 조정하는 데 노력을 기울이지 않고 변경을 배포할 수 있다. 이러한 변경은 애플리케이션 사용자에게 영향을 끼치지 않아야 하며 어떤 이유로 변경을 중단해야 하는 경우, 새 버전의 인터페이스가 배포되고 사용자는 준비됐을 때 이 버전으로 이동할 수 있다.

각 서비스는 자체 팀과 테스트, 빌드, 데이터베이스, 배포 프로세스가 있는 자체 애플리케이션이라고 생각할 수 있다. 서비스를 소규모 애플리케이션처럼 만들고 관리한다. 이들 서비스는 독립적으로 배포할 수 있고 일반적으로 하나의 목적을 서비스한다. 이제 각 서비스의 규모를 다루는 다음 주제로 넘어가 보자.

소규모 서비스

마이크로서비스 아키텍처에서 각 서비스는 일반적으로 단일 책임 원칙을 준수한다. 이러한 서비스는 간단하고, 한 가지 작업만하고 그 작업을 잘 수행하는 것을 의미한다. 이론적으로 한 서비스에 하나 이상의 책임이 있는 경우 서비스를 나누는 것을 고려해야 한다.

> **⚠ 단일 책임 원칙**
> 단일 책임 원칙을 간단히 얘기하면, 객체지향 프로그래밍 언어의 모든 클래스가 캡슐화되고 하나의 기능만 담당해야 한다는 것이다.

현실에서 이 원칙을 따르는 것이 적절하지 않은 경우도 있으며 일부 서비스를 더 뭉뚱그려 놓는 편(coarsely grained)*이 실제로 나을 수도 있다. 시스템의 일부 기능은 더 강하게 결합돼 있거나 분해하는 비용이 너무 높을 수 있다. 이는 트랜잭션의 일관성이 필요한 데서 기인하거나, 기능이 매우 응집돼 상호작용이 너무 많을 수도 있다.

적절한 규모의 마이크로서비스가 되려면 서비스의 크기가 어느 정도여야 하는가에 대한 질문도 여전히 남아 있다. 서비스의 크기를 측정하는 특정 규칙은 없지만, 마이크로서비스 커뮤니티가 알아낸 몇 가지 일반적인 가이드라인이 있으며 대부분의 상황에 잘 맞는다. 대다수의 조직이 피자 두 판으로 해결될 수 있는 팀 규모로 개발돼 관리될 수 있는 서비스보다는 더 크지 않아야 한다는 아마존의 원칙으로 시작한다. 그 외의 조직은 코드의 줄 수나 전체 서비스를 이해하는 팀 멤버의 능력을 이용하기도 한다. 어떤 측정치를 사용하든, 목표는 개별 서비스가 하나의 목적을 갖고 소규모 팀에서 쉽게 이해하고 관리하는 것이다. 엔지니어로서, 실용적이어야 하며, 서비스 세분화와 경계를 정의할 때 응집력과 결합, 커뮤니케이션, 데이터 아키텍처 등의 다양한 요인을 고려해야 한다.

서비스 경계를 정의하는 일은 마이크로서비스 아키텍처에서 가장 도전적인 작업 중 하나일 수 있고, 비즈니스 도메인을 잘 이해해야 하는 일이다. 기존 모놀리스 애플리케이션을 분해하든 새로운 애플리케이션을 시작하든, 비즈니스 기능을 고려해 비즈니스 관점에서 시작한다. 서비스를 나누는 경계를 확인하는 좋은 접근 방식은 도메인 주도 설계DDD, domain-driven design의 제한 영역을 사용하는 것이다. 3장의 '서비스 설계' 절에서 서비스 경계 정의와 관련된 내용을 더 자세히 다룬다.

---

* coarse—grained의 상대어로 fine—grained가 있다. grain은 보리나 밀 같은 곡식을 낟알로 만드는 작업이나 표면을 가공하는 일을 뜻하는데, 곱고 섬세하게 하는 경우에 fine, 듬성듬성 거칠게 하는 경우 coarse라는 형용사를 붙인다. 여기서는 서비스의 세분화 정도를 큰 단위로 뭉뚱그리는 것과 섬세하게 세분화하는 정도를 비교하는 것으로 이해하자. - 옮긴이

> **Ⓐ 도메인 주도 설계(DDD)**
>
> 도메인 주도 설계는 개발자가 비즈니스 도메인 모델을 소프트웨어 추상화로 정의하는 작업을 돕는 일련의 원칙과 관례다. 이 프로세스는 경계를 확인하고 비즈니스 기능에 따라 애플리케이션을 개별 마이크로서비스로 나누는 데 도움을 준다.

▐ 마이크로서비스의 이점

이제 마이크로서비스가 어떤 것인지 알았으므로, 이러한 접근 방법을 통해 제공되는 이점과 애플리케이션에서 이 전략의 사용을 고려하는 이유를 살펴보자.

독립적인 배포

거대한 모놀리식 애플리케이션의 빠르고 신뢰할 수 있는 배포는 쉽지 않다. 모놀리식 애플리케이션에서 기능을 업데이트하거나 버그를 고칠 경우, 일반적으로 전체 애플리케이션을 만들고 배포해야 한다. 라이브러리나 컴포넌트를 조금 변경한 경우에도 변경되지 않는 부분을 포함해서 전체 애플리케이션을 다시 배포해야 한다. 크기와 기술, 사용된 프로세스에 따라 업데이트를 작성하고 배포하는 데 상당한 시간이 걸릴 수 있다. 경우에 따라 작은 변경이나 버그 수정을 위해 새로운 빌드를 만드는 데 오랜 시간이 걸릴 수 있다. 같이 배포해야 하는 다른 변경 사항 때문에 업데이트가 잠재적으로 보류될 뿐만 아니라, 다른 변경 사항에서 배포 실패를 일으키고 해당 배포를 롤백할 수도 있다. 애플리케이션의 특정 기능을 다른 기능과 분리시킬 수 있다면, 이런 문제를 피할 수 있다.

모놀리식 애플리케이션이 커짐에 따라, 변경하는 작업을 두려워하게 되고, 결과적으로 모든 개발이 점점 느려진다. 비즈니스와 IT 부서는 높아진 실패의 위험과 긴 롤백 프로세스에 때문에 커다란 모놀리식 애플리케이션을 다루지 않으려고 한다. 이로 인해 업데이트가 필요하지만 위험을 인지한 경우 교착상태가 발생한다. 애플리케이션의 한 컴포넌트의 변경을 다른 컴포넌트와 분리시켜, 변경한 부분만 릴리스 해야 한다.

마이크로서비스 기반 아키텍처에서, 각 마이크로서비스는 다른 서비스와 독립적으로 만들어 배포되며, 서비스들 간에 느슨한 결합을 유지할 수 있다. 이는 카탈로그 서비스에서 필요한 다른 변경 사항과 완전히 독립적으로 지불 처리 컴포넌트(또는 마이크로서비스)에 심각한 버그 수정을 적용할 수 있다는 뜻이다. 카탈로그의 변경을 롤백해야 하는 경우, 지불 처리 버그 수정을 운영 환경에 유지하면서 롤백할 수 있다. 따라서 대규모 애플리케이션을 기민하게 처리하면서 더 자주 더 빠르게 업데이트를 배포할 수 있다. 마이크로서비스 설계는 조정 오버헤드뿐만 아니라 변경을 일으키는 공포 요소를 없앤다. 너무나 빈번한 변경 조정 위원회는 더 이상 필요하지 않으며 더 신속하고 효과적으로 변경할 수 있게 된다.

> **노트**
>
> 자동화를 통한 빠르고 신뢰할 수 있는 배포는 MTTR(Mean Time to Resolution)을 줄이는 데 중요한 요소다.

서비스의 규모가 작을수록 별도의 배포와 업데이트가 가능할 뿐만 아니라 애플리케이션의 일부만 빌드하면 빌드 시간이 더 빨라진다. 애플리케이션의 크기에 따라 병렬 빌드와 테스트에서도 마이크로서비스 설계는 중요하다.

지속적인 혁신

비즈니스와 기술 분야의 모든 부분이 급변하고 있으며, 기업은 더 이상 지속 가능한 경쟁 우위를 찾아서 매달리기 힘들어졌다. 대신 기업은 경쟁 우위를 유지하거나 비즈니스에서 살아남기 위해 끊임없이 혁신을 해야 한다. 조직은 기민하게 움직이면서 급변하는 시장 상황에 신속하게 반응하며 소프트웨어는 비즈니스에서 필요로 하는 변화에 빠르게 적응해야 한다.

조직에서 절대적으로 해야 하는 경우가 아닌 한 가장 바쁜 시기에 업데이트를 미루는 일은 흔하다. 예를 들어, 전자상거래 사이트는 일반적으로 바쁜 휴가 시즌 동안 시스템에 중요하지 않은 업데이트를 배포하지 않는다. "지금 당장 문제를 일으키지 않기 때문에 절대적으로 필요하지 않는 한 어떤 것도 건드리지 마라"는 생각이다. 이러한 중요한 기간 동안 서비스 중단 시간은 비즈니스에 엄청난 비용을 초래할 수 있다. 단 몇 분으로도 매출에 심각한 영향을 미칠 수 있다.

독립적인 배포와 철저한 데브옵스 수행을 통해 마이크로서비스 아키텍처는 조직의 비즈니스에 영향을 끼치지 않고 중요한 시기에 업데이트를 출시할 수 있다. 소프트웨어와 서비스는 계속해서 진화할 수 있으며 가치 있는 피드백을 수집해 비즈니스를 매우 빠른 속도로 혁신할 수 있다.

예를 들어, 연휴 동안 새로운 추천 서비스를 애플리케이션의 나머지에 영향을 끼치지 않고 배포할 수 있다. 사용량이 많은 때에 A/B 테스트를 수행할 수 있으며, 이런 방식으로 얻은 지식으로 애플리케이션의 개조나 사용자 경험을 개선할 수 있다. 블루그린 배포blue-green나 카나리아 출시canary* 같은 출시 관리 전략을 사용해 수정한 내용과 새로운 기능을 배포할 수 있다. 변경에 문제가 있는 경우 신속하게 롤백할 수 있다. 업데이트로 인해 추천 기능이 일시적으로 중지되거나 성능 문제가 발생하더라도, 제품의 구매를 처리하는 컴포넌트는 건드리지 않는다. 어떤 기능을 중단시키더라도, 올바른 배포는 소수의 고객에게만 영향을 끼치며 문제가 조기에 발견되고 롤백된다. 이런 상황에서 배포는 하나의 이벤트가 되며, 단순한 일상적인 작업이다. 마이크로서비스 출시 관리 전략에 관한 자세한 내용은 6장, '데브옵스와 연속 업데이트'를 참고하자.

오늘의 치열한 경쟁 시장에서 비즈니스가 지속적으로 혁신하기 위해 마이크로서비스 아키텍처 접근 방식을 충분히 고려할 만하다.

---

* 새 버전의 S/W를 운영 환경에 배포할 때 소규모 사용자에게 먼저 배포해 위험을 줄이는 기법이다. - 옮긴이

확장과 리소스 활용의 개선

오늘날의 애플리케이션은 일반적으로 하나 이상의 애플리케이션에서 사용할 수 있는 리소스를 늘려 확장하거나, 인스턴스의 수를 늘린다. 기본적으로 더 큰 서버에 애플리케이션을 넣거나 애플리케이션의 인스턴스를 더 많이 만들어 인스턴스들 간에 로드 밸런스를 적용한다. 모놀리스는 애플리케이션의 한 기능에서 추가 확장이 필요한 경우, 이 애플리케이션은 전체를 확장하거나 인스턴스를 늘린다.

예를 들어, 작업을 수행하는 데 많은 메모리가 필요한 기능이 있고 인스턴스를 몇 개만 사용하는 경우도 있다. 이상적으로는 이 작업은 높은 메모리를 갖는 몇 개의 인스턴스에서 실행될 것이다. 애플리케이션의 또 다른 기능은 더 많은 CPU 또는 대역폭을 사용하고 더 작은 다수의 인스턴스에서 최적으로 실행될 수 있다. 여러 기능이 하나의 애플리케이션으로 컴파일되기 때문에, 이런 요구 사항을 모두 만족하는 리소스에 애플리케이션을 배포해야 한다. 애플리케이션의 규모가 커짐에 따라, 완전히 다른 리소스 요구 사항을 충족해야 하는 인스턴스들 때문에 많이 사용되지 않고 비용이 높은 리소스가 생길 수 있다.

마이크로서비스 아키텍처를 사용하면 필요에 따라 애플리케이션의 기능을 확장하고 리소스 요구 사항에 더 잘 맞는 인스턴스에 이 기능을 배포할 수 있다. 카탈로그 서비스는 요구에 맞게 확장해야 하는 경우, 애플리케이션을 구성하는 다른 서비스를 확장하지 않아도 된다. 추천 서비스에서 메모리를 많이 요구할 경우, 더 많은 메모리를 가진 인스턴스로 쉽게 배포할 수 있다. 다양한 서비스를 동일한 인스턴스에 배포할 수는 있지만, 배포 비용과 규모를 효과적으로 최적화할 수 있다. 그림 1.2에서 서비스 A는 소수의 커다란 인스턴스에 배포됐고, 반면에 서비스 C는 더 작으면서 더 작은 다수의 인스턴스에 배포됐다.

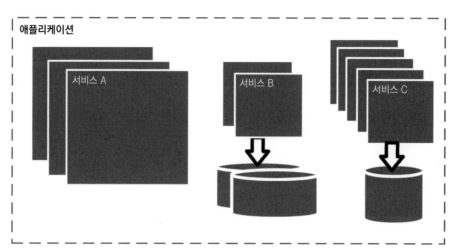

▲ **그림 1.2** 서로 다른 크기의 서비스 인스턴스

기술 다양성

모놀리식 애플리케이션에서는 모두가 한 프로그래밍 언어와 특정 버전의 스택을 사용해야 한다. 애플리케이션의 한 컴포넌트가 가장 최신의 닷넷 프레임워크 릴리스에서 제공하는 일부 새로운 기능을 사용하는 경우, 애플리케이션의 또 다른 컴포넌트가 이를 지원하지 않을 수 있기 때문에 새로운 기능을 적용하지 못할 수 있다.

모놀리식 애플리케이션의 라이브러리 및 컴포넌트와 달리, 애플리케이션에 대한 마이크로서비스 접근 방식은 다른 프레임워크, 라이브러리나 프레임워크의 다른 버전, 그리고 심지어 완전히 다른 OS 플랫폼을 활용하는 독립적인 서비스로 구성할 수 있다.

기술 다양성의 이점은 다음과 같다.

- 한 스택에 오랫동안 매이지 않는다.
- 팀을 위한 최선의 기술을 사용한다.
- 기능이나 라이브러리들 사이의 스택 버전 충돌을 피한다.
- 진화적인 설계를 채택한다.

개발자는 기술에 열정적이며 한 기술에 대해 아주 강력한 의견을 피력하는 경우가 있다. 이러한 논쟁은 때로 오랫동안 지속하기도 한다. 이 모든 논의는 애플리케이션을 만들기 시작하기도 전에 일어나고 그렇게 되면 프레임워크 팀에서 개발을 완료하기를 기다려야 한다.

마이크로서비스에서는 작업에 가장 적합한 도구를 사용할 수 있다. 우리가 만들고 있는 각 마이크로서비스의 동일한 기술 스택이나 다른 스택을 선택할 수 있다. 서로 다른 언어와 스택, 데이터 저장소, 플랫폼이 각 서비스와 함께 사용될 수 있다. 서비스들 중 하나는 Node.js를 사용해 구현하고, 또 다른 서비스는 자바나 닷넷으로 작성할 수 있다. 애플리케이션의 컴포넌트는 서로 다른 버전의 프레임워크 또는 스택이 필요할 수 있다. 애플리케이션의 한 컴포넌트가 최신 버전의 프레임워크와 호환되지 않기 때문에 또 다른 컴포넌트에서 최신 버전을 사용하지 못할 수 있다.

그림 1.3에서 보듯이, 서비스를 여러 언어와 다른 데이터 저장소를 사용해 구현할 수 있다. 카탈로그 서비스는 자바로 구현하고 엘라스틱서치^{Elasticsearch} 기능을 활용하지만, 지불 처리 서비스는 ASP 닷넷을 사용하고 SQL 서버와 같은 강력한 일관성과 보고 기능을 갖춘 트랜잭션 데이터베이스를 사용할 수 있다.

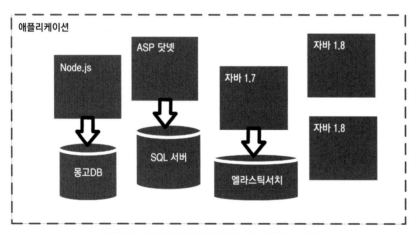

▲ **그림 1.3** 다른 기술과 데이터베이스를 사용하는 서비스

기술의 다양성과 작은 크기의 서비스는 진화적인 설계를 가능케 한다. 기술은 매우 빠른 속도로 이동하므로 모놀리스에서 새로운 기술을 활용하면 느려질 수 있다. 새로운 플랫폼이나 기술로 이동하기로 결정한 경우, 이를 지원하려면 전체 애플리케이션을 변경해야 한다. 마이크로서비스 아키텍처를 통해 각 서비스는 애플리케이션에서 다른 기능에 영향을 끼칠까 걱정하지 않고 그 서비스에 필요한 기술을 빠르게 적용할 수 있다.

소규모 팀

소규모 팀은 행복하고 생산적인 팀이다. 최근 데브옵스 물결에서 애플리케이션을 만들고 운영하는 데 생산적인 팀을 유지하는 것 자체가 중요하다는 사실을 입증했지만, 엔지니어링 팀의 규모를 구성하고 생산성을 유지하는 일은 상당히 도전적인 일이다. 개발자가 운영에 참여하고 운영에 책임을 갖도록 엔지니어링 팀을 구성하는 것은 효율성면에서 명확한 이점이 있다. 매우 큰 규모의 애플리케이션에 이 모델을 적용하는 것은 아주 도전적이거나, 불가능할 수 있다. 개발자가 포함되어 더 작은 서비스로 개발 중인 애플리케이션의 운영 책임을 나누는 것이 훨씬 좋다.

소규모 개별 서비스는 팀이 설계에서 운영까지 전체 서비스에 대한 소유권을 가질 수 있게 하는 이상적인 크기다. 서비스를 분리하면 서비스에 대한 명확한 범위나 책임과 소유권을 유지한다. 서비스의 기능에 대한 책임과 우려 사항은 관리가 쉬워야 하고, 이들 기능을 책임지는 팀도 관리하기 쉬워야 한다. 팀에 합류하는 새로운 개발자들은 아주 작은 서비스를 이해하면 되므로 매우 빠르게 성장할 수 있다.

오류 격리

모놀리식 애플리케이션에서, 하나의 컴포넌트 또는 심지어 서드파티 라이브러리의 메모리 누수는 전체 애플리케이션에 영향을 끼칠 수 있다.

마이크로서비스 아키텍처의 이점 중 하나는 컴포넌트 또는 기능의 분리다. 하나의 서비스가 중단돼도, 애플리케이션의 나머지 서비스는 그 서비스가 복구될 때까지 계속 동작할 수 있다. 물론 서비스가 오류에 대처하도록 구현됐다고 가정한다. 한 서비스가 메모리 누수로 인해 메모리 부족의 어려움을 겪는 경우, 문제를 일으키는 서비스를 쉽게 확인할 수 있다. 서비스 중 하나가 다운된 경우라도 애플리케이션에 대한 요청을 계속 처리할 수 있다. 그림 1.4에서 볼 수 있듯이, 서비스 중 하나가 비정상이어서 프로세스가 중단되는 경우에도, 다른 서비스는 영향을 받지 않는다. 서비스가 올바르게 구현됐다면 서비스는 정상적인 상태를 유지한다.

▲ **그림 1.4** 실패한 서비스를 정상 서비스와 분리

예를 들어, 추천 서비스가 다운된 경우에도 고객은 구매를 계속할 수 있다. 고객에게 추천이 제시되지 않아서 잠재적인 매출을 잃을 수는 있지만, 매출을 잃는 게 전부는 아니다. 인증 서비스 다운은 더 치명적일 수 있지만, 완전한 서비스 중단이 아니므로 사용자는 여전히 장바구니를 채울 수 있다. 체크아웃 준비가 됐을 때 사용자가 구매

를 완료할 수 없는 경우 나중에 다시 시도해야 한다는 경고를 표시할 것이다. 장애가 있을 때 신속히 롤백할 수 있기 때문에, 중단은 일시적이며 잠재적으로는 중요하지만 비즈니스 영향은 최소화된다.

▶ 도전

마이크로서비스 아키텍처는 이점도 많지만, 해결해야 할 과제도 많이 있다. 복잡한 애플리케이션을 소규모의 간단한 서비스로 분해해도, 서비스를 실행하고 관리하는 데 필요한 아키텍처는 몇 가지 큰 문제에 부딪힐 수 있다. 서비스가 모두 함께 동작해야 애플리케이션의 전체 기능을 제공할 수 있다.

복잡성

분산 시스템은 본질적으로 복잡하다. 각 서비스 자체는 여전히 작고 일반적으로 단순하지만, 서비스와 서비스 관리 간의 통신은 훨씬 더 복잡하다.

모놀리식 애플리케이션을 작은 클러스터에서 실행하면 그 자체가 전체 시간을 점유하는 작업이 된다. 마이크로서비스 아키텍처에서는 하나의 배포 대신 수십에서 수백 개의 서비스를 구축 및 테스트, 배포하고 모두 빈틈없이 함께 동작해야 한다. 모든 서비스가 실행되고, 디스크 공간과 리소스가 충분해 성능을 유지할 수 있어야 한다. 서비스는 여러 언어로 구현될 수도 있다. 모든 서비스는 일반적으로 부하 분산과 동기 및 비동기 메시징을 통한 통신이 필요하다. 마이크로서비스 아키텍처에서 대다수의 복잡성은 인프라로 옮겨 가기 때문에 숙련된 인프라 개발자가 필요할 수 있다.

네트워크 혼잡 및 대기 시간

모놀리식 애플리케이션에 요청이 오면 애플리케이션의 일부 인스턴스에서 처리되고 응답이 전송된다. 애플리케이션과 함께 라이브러리가 배포되고 이들 라이브러리에 대한 호출은 빠르게 처리된다. 이 애플리케이션은 데이터베이스나 다른 서비스에 대한 적은 수의 요청을 처리할 수 있다.

마이크로서비스 아키텍처의 경우, 애플리케이션에 대한 하나의 요청이 여러 서비스에 대한 다수의 요청을 일으킬 수 있다. 각 서비스는 데이터베이스와 캐시, 다른 서비스를 요청한다. I/O 폭발은 애플리케이션의 성능에 부정적인 영향을 끼치므로 네트워크 통신의 최적화가 중요하게 되는 결과를 초래한다. 그림 1.5에서 보는 것처럼, 서비스 인스턴스에서 왼편의 모놀리식 애플리케이션을 호출하면 응답을 처리하기 위해 데이터베이스 하나를 여러 번 호출한다. 하지만 다이어그램의 오른편에 있는 마이크로서비스 아키텍처에서는 네트워크를 통해 여러 컴포넌트가 호출된다.

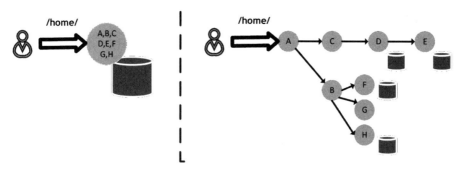

▲ **그림 1.5** 모놀리스와 비교할 때 하나의 외부 요청이 더 많은 내부 요청을 일으킨다.

내부 서비스 호출에서 대부분의 오버헤드는 데이터 직렬화와 역직렬화에 있다. 데이터 캐싱과 복제 외에도 효율적인 직렬화 형식을 사용해 요청 횟수를 줄일 수 있다. 동일한 데이터가 한 서비스에서 다음 서비스로 전달되고 여기서 역직렬화와 직렬화가 여러 번 일어날 때도 있다. 서비스에서 공통 직렬화 형식을 사용하면 하나의 서비스가 또 다른 서비스에 데이터를 전달할 때 다시 직렬화를 거치지 않게 함으로써 이러한 단계 중 일부를 줄일 수 있다.

데이터 일관성

모놀리식 애플리케이션에서, 모든 데이터는 단일 데이터베이스에 저장할 수 있으며, 데이터베이스를 분할한 경우라도 그 데이터베이스를 사용해 참조 무결성을 유지하고 트랜잭션을 사용하는 방법으로 데이터를 분할할 것이다. 마이크로서비스 애플리케이션에서, 이 데이터는 여러 데이터베이스뿐만 아니라 완전히 다른 종류의 데이터베이스에 분산될 수 있다.

데이터를 분산시키고 각 서비스에서 자체 스키마나 데이터베이스를 갖는 모델로 이동함에 따라, 해결하기 힘든 데이터 일관성과 무결성 문제가 일어난다. 한 서비스의 데이터는 또 다른 서비스의 데이터를 참조할 때 양쪽에서 무결성을 유지하는 것이 중요하다. 한 데이터베이스에서 데이터가 변경되면, 다른 데이터베이스에서도 변경이 일어나야 한다.

또 다른 서비스에서 삭제된 일부 데이터를 참조하거나 데이터가 변경돼 이를 인식해야 하는 경우는 어떨까? 데이터를 복제한다면, 어떻게 일관성을 유지하고 그 데이터는 누가 소유할까? 데이터를 캐시한다면, 그 캐시를 어떻게 무효화할까?

일관성 문제와 최종 일관성 같은 개념은 올바로 이해하기가 매우 어렵다. 데이터 일관성과 무결성 문제를 다루는 것은 어려운 도전일 수 있지만, 몇 가지 기술을 사용할 수 있다. 알림 서비스를 사용해 데이터의 변경을 게시할 수 있으며, 소비자는 변경과 업데이트를 구독할 수 있다. 또 다른 접근 방법은 정의되고 수용 가능한 불일치를 허용하는 적절한 TTL을 설정하는 것이다. 결국 데이터의 일관성 여부에 상관없이 데이터를 다루는 방식으로 서비스를 구현할 수 있다.

> **ⓐ TTL(TIME TO LIVE)**
> TTL은 캐시나 데이터 저장소에서 데이터의 수명을 정의하는 데 사용된다. 이 시간이 만료되면, 데이터가 부실해졌다고 간주해서 제거한다. 캐시의 데이터가 일정 기간 후에 새로 고침되도록 하는 방식으로 이를 사용한다.

이러한 많은 도전은 마이크로서비스에서 새로운 것은 아니지만, 대규모 시스템에서는 일반적으로 규모와 가용성을 높이는 방법으로 데이터를 분할하고 복제해야 한다.

테스트

서비스 의존성은 테스트를 복잡하게 만들 수 있으며, 일반적으로 서비스 통신 인터페이스를 기술하는 더 공식적인 노력을 요구한다.

여러 서비스가 다른 속도로 발전하는 경우 환경을 일관성 있게 재구성하는 일은 어려울 수 있다. 스테이징 환경에 배포하는 것을 정확히 운영 환경에 반영하기 어려울 수 있다. 그렇다고 스테이징 환경에 많은 인스턴스를 설정한다고 해결되는 것도 아니다. 모형과 서비스 스텁, 소비자 중심 계약을 사용하는 통합 테스트를 수행할 수 있다. Pact라는 도구가 유용하다(https://github.com/realestate-com-au/pact).

서비스 업데이트를 배포했다고 해서 출시가 끝나는 것은 아니다. 일반적으로 운영 환경에서 테스트가 바람직하며, 모니터링에 더 중점을 둠으로써 신속하게 예외와 문제를 감지하고 롤백할 수 있다. 개발 팀은 자동화에 투자하고 블루그린 배포와 카나리아, 다크 카나리아, A/B 테스트, 기능 플래그와 같은 전략을 사용해야 한다. 이는 자동화나 모니터링 같은 고급 데브옵스를 필요로 한다.

통합과 버전 관리

다양한 서비스를 모두 연결하기 시작할 때, 이 모두가 바로 동작하지 않을 수도 있다. 서비스에서 의존하는 인터페이스는 동작과 계약으로 변경된다. 모놀리식 애플리케이션에서는 리팩토링하고 인터페이스를 변경해 전체 애플리케이션을 함께 배포하는 일이 쉽다. 하나의 인터페이스를 사용하는 코드는 그 인터페이스의 구현으로 배포할 수 있다. 인터페이스의 변경은 빌드를 중단시키고 통합이나 종단 간 테스트를 실행할 때 동작의 변경 사항에 대한 문제가 표시된다. 서비스를 배포할 때 우리가 배포하는 서비스에 의존성이 있는 서비스는 중단될 수 있다.

서비스 버전 관리 기술을 사용해 서비스의 변경으로 사용자에게 필요한 기능이 중단되지 않게 할 수 있다. 서비스는 헤더 또는 쿼리 문자열에서 버전 정보를 사용해 서비스의 변경이 기존 사용자에게 영향을 끼치지 않도록 할 수 있다. 여러 버전의 서비스를 별도의 배포로 나란히 실행하는 일도 아주 흔하다. 우수한 자동화와 모니터링 기능으로 중단을 일으키는 모든 변경 사항을 즉시 감지하고 신속하게 롤백시킬 수도 있다.

서비스 검색과 라우팅

모놀리식 애플리케이션에서는 비즈니스 기능 간의 요청 검색 및 라우팅을 거의 처리할 필요가 없다. 라이브러리는 하나의 애플리케이션으로 컴파일된다. 한두 서비스에 의존할 수 있으며, 이들 끝점은 주로 구성에서 관리된다. 마이크로서비스 환경에서는 의존성에 대한 끝점과 의존성 간의 경로를 결정할 수 있어야 한다.

서비스 검색과 라우팅이 약간의 복잡성을 더할 수 있지만, 이를 다루는 아주 좋은 솔루션이 몇 가지 있다. 5장, '서비스 오케스트레이션과 연결'에서 이런 솔루션을 몇 가지 다룬다.

모니터링과 로깅

많은 조직에서 단일 모놀리식 애플리케이션을 모니터링하는 데 어려움을 겪는다. 이제는 여러 가지 서비스로 모니터링을 확대해보자. 여러 인스턴스로 분산된 서로 다른 애플리케이션 내의 모든 동작과 애플리케이션 간의 모든 상호작용을 모니터링해야 한다. 모놀리식 애플리케이션에 대한 기본 모니터링과 로깅 구현은 분산 시스템과 비교할 때 상당히 쉽다.

7장, '모니터링'에서 마이크로서비스에 대한 모니터링과 로깅, 그리고 이런 문제를 다루는 솔루션을 더 자세히 다룬다.

기량과 경험

지금은 마이크로서비스 경험이 있는 아키텍트는 거의 없으며, 이들 프로젝트에는 일반적으로 광범위한 기량을 가진 개발자가 필요하다. 팀에서 단일 문제 도메인에 집중하면 비즈니스 도메인을 이해할 필요가 단순해지지만, 효과적인 팀은 숙련된 여러 분야의 팀 멤버가 필요하다. 또한, 이전에 언급했듯이, 데브옵스 문화는 여기서 가치가 있으며 경험 있는 데브옵스 전문가를 찾는 일은 쉽지 않을 수 있다. 고유한 기술과 경험을 갖춘 팀을 구성해 마이크로서비스 접근 방식으로 성공을 이끄는 것은 오늘날에는 다소 도전적인 일이다.

경험 있는 엔지니어를 찾기 힘들 수 있지만, 마이크로서비스 아키텍처에 관한 업계의 관심을 감안할 때 이러한 접근 방법을 따르는 프로젝트는 뛰어난 재능을 가진 인재를 유치할 수 있다.

가동 시간 SLA

앞서 애플리케이션의 한 컴포넌트가 전체 애플리케이션을 다운시키는 상황을 피하면서 오류 격리와 마이크로서비스 아키텍처의 이점에 관해 설명했다. 서비스에서 오류를 피하고 억제하기 위해 종속성 있는 서비스에서 해당 서비스를 분리해야 한다고 말했다. 애플리케이션 자체가 여러 서비스로 구성되기 때문에, 고려할 것들 중 하나는 이들 서비스의 결합된 서비스 수준 계약[SLA, Service Level Agreement]이다.

> **⚠ 서비스 수준 계약(SLA)**
>
> SLA는 서비스나 애플리케이션에서 제공하는 서비스의 기대 수준을 정의한 계약의 한 부분이다. 대개 SLA에는 가용성이나 가동 시간이라고 하는 측정값이 포함된다. 백분율로 표시되며 세개의 9(99.9%) 또는 네 개의 9(99.99%), 다섯 개의 9(99.999%)라고도 한다. 세 개의 9라는 예에서, SLA는 애플리케이션이 가동되고 기간의 99.9% 동안 사용할 수 있다고 규정한다. 기간이 30일이라고 했을 때, 애플리케이션이 다운돼 사용할 수 없는 시간은 43분 12초만 허용되는 것이다. 동일한 애플리케이션과 기간에 대한 SLA가 네 개의 9(99.99%)였다면, 허용할 수 있는 중단 시간은 훨씬 짧아진 4분 9초다.

각 서비스의 SLA가 99.9%라면, 각 서비스가 매달 대략 43분간 중단될 수 있다는 의미이므로, 이들 서비스가 중단될 수 있다는 사실과 통계적으로 서로 다른 시간에 중단될 수 있다는 사실을 고려해야 한다. 예를 들어, 애플리케이션이 3가지 서비스에 종속성이 있다고 가정할 경우, 각 서비스가 한 달의 서로 다른 시간에 중단될 수 있고 그렇더라도 이들 서비스는 여전히 SLA를 만족한다. 이는 애플리케이션에 대한 유효한 SLA를 합하면 매달 거의 2시간의 중단을 허용한다는 의미다.

종속 서비스의 실패를 감지해 멋지게 처리하면 애플리케이션의 전체 SLA를 높게 유지할 수 있다. 애플리케이션은 종속 서비스 중의 하나에서 문제가 발생할 경우 제한된 기능으로 서비스를 임시적으로 제공할 수 있다. 이런 점은 애플리케이션을 설계할 때 중요한 고려 사항이다.

모범사례

수년 동안 여러 조직에서 마이크로서비스를 사용해오면서 마이크로서비스 아키텍처의 설계와 구현을 위한 몇 가지 모범사례가 수립됐다. 마이크로서비스의 설계와 개발을 나누기 전에, 마이크로서비스 구축에서 모범사례 몇 가지와 과제 몇 가지를 다룬다.

캡슐화

서비스 경계를 신중하게 정의해서 서비스의 내부를 노출하지 않도록 캡슐화하는 것이 중요하다. 마이크로서비스에서 느슨한 결합을 유지하는 것이 마이크로서비스 접근 방법의 이점이다. 신중하게 다루지 않으면 마이크로서비스가 서로 결합될 수 있다. 이들 서비스가 결합되면 독립적인 생명주기 같은 마이크로서비스 아키텍처의 많은 가치를 잃을 수 있다. 강하게 결합된 서비스로 마이크로서비스 기반 애플리케이션을 배포하고 관리하는 일은 모놀리스를 배포하고 관리하는 것보다 더 복잡할 수 있다. 서비스의 배포가 다른 서비스와 밀접하게 조정돼야 한다면, 결과적으로 결합이 일어나고 있는 것이다.

서비스 결합의 일반적인 원인은 다음과 같다.

- 공유된 데이터베이스 스키마
- 메시지 버스나 API 게이트웨이
- API 설계
- 엄격한 프로토콜
- API에서 서비스 내부 노출
- 조직의 구조 결합(콘웨이의 법칙)

> **☢ 콘웨이(Conway)의 법칙**
> 콘웨이의 법칙은 일반적으로 시스템의 설계가 조직의 커뮤니케이션 구조를 반영한다고 주장한다.

공유 데이터베이스와 스키마는 흔한 결합의 원인이다. 마이크로서비스를 구축하기 시작할 때, 마이크로서비스 모두에서 SQL을 사용하고, 스키마의 일부가 겹치는 부분이 있었기 때문에, 그런 서비스들을 위해 데이터베이스를 공유했다. 모든 데이터는 어떤 식으로든 관련이 있다. 데이터베이스에서 무언가를 변경해야 하고 다른 서비스의 배포와 그 팀을 조정해야 할 필요가 생길 때까지는 독립적으로 서비스를 배포하고 관리할 수 있는 것처럼 보였다. 데이터베이스 스키마가 절대로 바뀌지 않을 수도 있다. 하지만, 시간이 흐를수록 자주 변경하게 된다. 둘 이상의 마이크로서비스에서 데이터베이스 스키마를 공유하고 별도의 마이크로서비스를 유지해야 할 적당한 이유도 있겠지만, 무엇을 절충할지를 이해해야 한다.

지난 서비스 지향 아키텍처의 구현에서 두드러졌던 결합의 또 다른 주요 원인은 엔터프라이즈 서비스 버스ESB, Enterprise Service Bus였다. 서비스 버스는 스키마와 변환, 비즈니스 로직을 종종 포함했고 이를 통합한 서비스와 강하게 결합돼 있었다.

설계와 구현에서 서비스들 간의 마찰을 줄이거나 제거해 신속하게 이동하도록 할 뿐만 아니라 팀 자체가 서로 연결되지 않도록 하는 것이 중요하다.

데브옵스 원칙과 문화

마이크로서비스를 고려하고 있다면, 실제로 강력한 데브옵스 실천이나 계획을 준비해 놓아야 한다. 멋진 데브옵스 문화는 자유와 책임을 도입하고 프로세스를 줄인다. 데브옵스는 종종 하나의 팀에 엔지니어링과 운영 기능을 포함한다. 앞서 설명했던 많은 이점은 마이크로서비스 아키텍처의 결과인 동시에 다음과 같은 강력한 데브옵스 실천의 결과다.

- 협업
- 자동화
- 모니터링

데브옵스 환경에서 팀은 개발자와 QA, DBA, 운영으로 이뤄져 여러 기능을 교차한다. 데브옵스로 전환하면 기능 배포를 가속화해 이 배포를 안정화시키는 경우가 많다. 애플리케이션을 엔지니어링에서 운영으로 전환하거나 운영에서 엔지니어링으로 피드백을 넘기면서 팀 간에 맥락을 잃지 않는다. 엔지니어링 및 운영 담당자는 함께 작업하면서 애플리케이션을 설계하고 만들고 배포하며 관리한다. 팀은 개발 뿐만 아니라 서비스의 비즈니스 운영에도 책임을 진다. 이런 공동 책임은 운영 환경에서 애플리케이션을 더 관리하기 쉽고 안정적으로 만드는 모든 부분을 개선하는 데 도움을 준다.

데브옵스의 이점은 다음과 같다.

- 연속 소프트웨어 업데이트를 통해 기능을 더 빠르게 배포한다.
- 복잡성 문제가 적다.
- 문제를 더 빠르게 해결한다.
- 기능을 더 자주 추가한다.

앞서 언급한 것처럼, 데브옵스의 많은 이점은 마이크로서비스 아키텍처의 이점으로 설명했다. 이 두 가지는 같은 이점을 가지며 마이크로서비스 아키텍처는 데브옵스를 가능하게 한다. 데브옵스 성공은 조직 전체에 데브옵스 문화를 만드는 데 달렸으며, 이런 성공은 조직을 크게 변화시킨다.

자동화

모놀리식 애플리케이션을 만들 때 자동화 사용을 권장하지만, 마이크로서비스 애플리케이션에서는 반드시 필요하다. 만들고 배포해야 하는 서비스의 수가 늘어나면서, 서비스를 만들고 배포하는 작업을 자동화하는 것이 더욱 중요해졌다. 널리 받아들여지는 원칙은 마이크로서비스 프로젝트를 시작할 때 팀에서 제일 먼저 만들어야 할 것은 연속 업데이트 파이프라인이다. 직접 배포는 시간이 오래 걸리고 운영 실패의 주요 원인이 된다. 이런 문제와 서비스의 수가 곱해지면 사람의 실수가 발생할 확률이 높아진다. 직접 배포하는 것보다는 코드를 작성하거나 배포 파이프라인을 만드는 것이 더 낫다.

자동화된 파이프라인은 다음과 같은 기능을 더 부드럽고 오류가 적게 만든다.

- 빌드
- 테스트
- 배포
- 롤백
- 라우팅과 레지스트리
- 환경

모든 작업은 자동화돼야 하며 배포 매뉴얼이 필요하지 않아야 한다. 애플리케이션의 배포 자동화뿐만 아니라 개발 자동화에도 관심을 가져야 한다. 개발자가 환경을 준비하는 일이 쉬워야 하며, 이 영역에서 자동화의 부족으로 인한 마찰은 개발을 지연시킬 수 있다.

모니터링

적절한 모니터링은 애플리케이션을 항상 사용할 수 있게 유지하는 데 중요하다. 마이크로서비스 아키텍처에서 적절한 모니터링은 더 중요하다. 서비스 내부에서 일어나는 일뿐만 아니라, 서비스와 운영 간의 상호작용도 모니터링해야 한다.

- **활동 또는 상관 ID 사용**: 이벤트를 특정 활동 또는 트랜잭션에 연결하는 데 사용된다.
- **일반적인 로그 형식 사용**: 서비스와 인스턴스 간의 이벤트 상관관계를 향상시킨다.
- **로그 수집과 분석**: 다양한 서비스와 인스턴스에서 로그를 수집함으로써, 다수의 서비스와 서비스의 인스턴스 간에 분석과 쿼리를 할 수 있다.
- **사이드카 사용을 고려한다**: 사이드카는 단순히 메트릭과 로그 수집을 담당하는 프로세스 외부 에이전트다. 연결된 컨테이너에서 사이드카를 실행할 수 있다.

이런 요점 외에도, 모든 표준 모니터링 도구와 기법은 적절한 곳에 사용해야 한다. 끝점 모니터링과 가상 사용자 모니터링도 해당된다.

마이크로서비스 아키텍처에서 모니터링과 로깅의 모범사례에 관한 자세한 내용은 7장을 참고하자.

결함 허용

마이크로서비스 아키텍처로 옮겨 가고 프로세스나 컨테이너, 인스턴스로 한 컴포넌트를 다른 컴포넌트와 격리했다고 해서 자동으로 내결함성을 얻었다고 할 수는 없다. 결함은 마이크로서비스 아키텍처에서 더 잘 전파되고 더 많은 도전을 줄 때가 있다. 애플리케이션을 서비스로 분리하고 서비스 사이에 네트워크를 넣게 되면 실패를 일으킬 수 있다. 서비스가 자체 프로세스나 컨테이너에서 실행 중이고 다른 서비스에서 이들 서비스에 영향을 주지 않더라도, 하나의 잘못된 마이크로서비스에서 전체 애플리케이션을 중지할 수 있다. 이를테면, 한 서비스가 응답하는 데 너무 오래 걸리면, 해당 호출 서비스에서 모든 스레드를 소진할 수 있다. 이런 상황은 계단식 실패를 일으킬 수 있지만, 이를 다루는 데 도움을 주는 몇 가지 기법을 사용할 수 있다.

- **만료 시간**: 적절히 구성된 만료 시간은 서서히 실패하는 서비스를 기다리느라 리소스가 묶여버리는 사태를 줄일 수 있다.
- **서킷 브레이커**: 서비스 요청이 실패할 것이라는 사실을 알 수 있다면 그 서비스를 호출하지 않을 것이다.
- **벌크 헤드**: 호출 종속성 서비스에 사용되는 리소스를 격리한다.
- **재시도**: 클라우드 환경에서, 일부 서비스 동작의 실패는 일시적이므로 간단히 실패를 감지하고 작업을 다시 시도한다.

이제 패턴이 무엇인지를 살펴보자.

애플리케이션 또는 업데이트의 실패는 빠를수록 좋다. 호출 서비스가 시스템 전체에 계단식 실패를 일으키는 일은 허용할 수 없다. 적절한 만료 시간과 서킷 브레이커를 구성해 계단식 실패를 피할 수 있다. 서비스로부터 응답을 받지 못하는 것이 예외를 받는 것보다 더 나쁜 경우가 있다. 응답을 기다리느라 리소스가 묶여 있는 상태에서 요청이 더 많이 쌓이면, 리소스가 소진되기 시작한다.

절대로 받지 못할 응답을 계속해서 기다리면 안 된다. 응답하지 않는 서비스에 요청을 보내지 않는다면, 훨씬 나을 것이다. 그림 1.6에서 서비스 E는 적시에 응답하지 못하므로, 응답을 기다리느라 업스트림 서비스의 모든 리소스를 소진하고 시스템에 계단식 실패를 일으킨다.

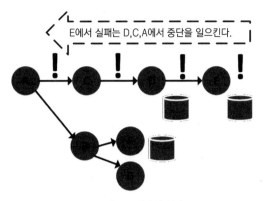

▲ **그림 1.6** 계단식 실패

한 서비스가 여러 서비스에 종속되는 경우가 많은데, 우리는 한 서비스가 이상하게 동작해서 다른 서비스 요청에 영향을 끼치지 않기를 원한다. 서비스 종속성을 격리하고 다른 스레드 풀에 서비스를 배치할 수 있으므로, 서비스 A의 시간이 만료되기 시작하면, 서비스 B가 있는 스레드 풀에 영향을 끼치지 않는다. 이런 식의 보호는 선박의 격벽(벌크 헤드)과 유사하다. 선체가 새는 경우, 선박 전체가 가라앉는 것을 방지하기 위해 그 구역을 봉쇄한다. 그림 1.7에서 보는 것처럼, 다른 서비스의 호출이 벌크 헤드로 격리된다. 이 구조는 서비스 H가 잘못된 동작을 하는 경우, 서비스 G 또는 그 서비스의 다른 리소스를 호출하는 데 영향을 끼치지 않는다.

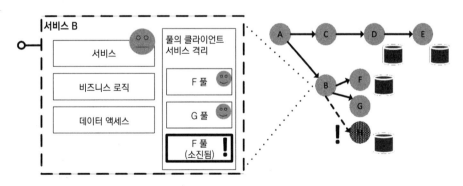

▲ **그림 1.7** 벌크 헤드로 격리된 서비스 종속성

서비스 호출의 몇 가지 예외는 본질상 일시적이므로 간단히 작업을 다시 시도하면 된다. 이렇게 하면 예외를 피하고 전체 요청을 다시 처리해야 한다. 여기에는 어떤 예외가 일시적인지를 확인하는 전략과, 작업을 재시도하는 횟수와 재시도 전에 기다리는 시간과 같은 예외 처리 방법 전략이 포함된다. 하지만 재시도 로직이 실패하는 서비스에 재차 혼란을 주지 않도록 주의해야 한다.

재시도 패턴에 대한 더 자세한 정보는 〈클라우드 디자인 패턴: 클라우드 애플리케이션을 위한 모범적인 아키텍처 가이드〉를 다루는 MSDN 기사(https://msdn.microsoft.com/en-us/library/dn589788.aspx)를 참고하자. 이 패턴을 구현하는 방법은 마이크로소프트 패턴 앤드 프랙티스 저장소(https://docs.microsoft.com/en-us/azure/best-practices-retry-general)에서 찾을 수 있다.

서비스에 대한 요청이 실패할지 알 수 있다면, 빨리 실패하고 그 서비스를 호출하지 않는 것이 좋다. 리소스는 서비스 호출에 필요하며, 서비스의 상태가 좋지 않고 실패할 것 같은 경우 서비스를 호출하는 것은 무의미하다. 서비스는 늘어나는 요구를 충족시키기 위해 복구 또는 확장을 시도할 수 있고, 호출 재시도는 상황을 악화시킬 수 있다. 이런 문제는, 서킷 브레이커 패턴을 이용해 해결할 수 있다. 호출이 일정한 임계치를 초과한다면, 열림 상태로 이동하거나 가정의 두꺼비집과 같은 차단기를 작동시킨다. 서킷 브레이커가 열리면, 요청이 종료될 때까지 전송 요청이 중지된다. 가정에서 배선과 장치처럼, 서킷 브레이커는 나머지 시스템의 실패를 보호하는데 도움을 준다. 서킷 브레이커는 서비스가 실패할 때 자동으로 배타적 트리거를 일으키지 않지만, 유지관리나 복구를 위해 서비스를 오프라인시킬 때 수동으로 트리거할 수 있다.

서킷 브레이커 디자인 패턴에 대한 더 자세한 정보는 〈클라우드 디자인 패턴: 클라우드 애플리케이션을 위한 모범적인 아키텍처 가이드〉를 다루는 MSDN 기사(https://msdn.microsoft.com/en-us/library/dn589784.aspx)를 참고하자.

⁝ 요약

마이크로서비스 아키텍처에는 많은 이점이 있다. 서비스 자율성을 얻는다면 서비스를 분리하는 데 따른 비용은 감수할 만한 가치가 있다.

- 각각의 서비스는 단순하다.
- 서비스는 독립된 수명을 갖는다.
- 서비스는 독립적인 확장과 성능을 갖는다.
- 각 서비스의 성능을 최적으로 조정하기 쉽다.

마이크로서비스 아키텍처는 비용이 많이 들며 고려해야 할 도전 과제와 절충안이 많다.

- 더 많은 서비스를 배포하고 관리해야 한다.
- 많은 소규모 저장소가 관리돼야 한다.
- 정교한 도구 사용과 종속성 관리가 더 필요하다.
- 네트워크 지연이 위험 요소다.

조직에서는 이런 접근 방식을 적용할 준비가 됐는지 여부와 성공을 위해 바꿔야 할 부분을 고려해야 한다.

- 조직에서 자유로운 데브옵스 문화와 책임을 적용할 수 있는가?
- 팀이 기량과 경험을 갖췄는가?
- 연속 업데이트가 가능한가?
- 조직에서 클라우드 기술(사설 또는 공용)을 활용할 수 있어서 리소스를 쉽게 프로비저닝할 수 있는가?

2장에서는 컨테이너가 무엇인지 그리고 컨테이너를 마이크로서비스 아키텍처에서 사용하는 방법에 대해 설명한다. 개발자와 운영을 위해 마이크로서비스와 모든 중요한 프로세스를 설계하고, 마이크로서비스 아키텍처 스타일을 기반으로 애플리케이션을 릴리스하는 내용도 다룬다.

Azure의 컨테이너

2장에서는 책 전반에 필요한 기본 컨테이너 지식의 토대를 다룬다. 2장은 VM과 컨테이너, 프로세스의 비교로 시작해서 Azure의 컨테이너에 관해 설명한다. 여기서는 Azure에서 컨테이너가 있는 Azure VM을 만들고 기본 컨테이너 작업에 익숙하도록 기본 교육 환경으로 사용한다.

이어지는 장들에서, 실세계 예제를 기반으로 컨테이너 지식을 확장한다.

VM과 컨테이너, 프로세스

지금까지, 거의 모든 공용 클라우드 공급자가 컨테이너 전략을 제공하고 있는데, 컨테이너가 이렇게 인기를 끌게 된 이유가 뭘까?

컨테이너의 가치를 확인하려면, 애플리케이션 개발과 애플리케이션 생명주기와 관련해 가장 일반적인 몇 가지 도전 과제를 살펴봐야 한다. 고객은 환경의 차이를 다루는 방법과 환경을 이식할 수 있는 방법, 하나의 머신에서 실행하는 서비스의 밀도를 높이는 방법, 서비스를 격리시키는 방법에 대한 지침을 반복적으로 요청했다. 컨테이너는 이런 문제를 푸는 데 적합한 도구다.

컨테이너를 사용하면 운영체제를 분할할 수 있기 때문에 하나의 운영체제에서 여러 애플리케이션을 안전하게 실행할 수 있다. 5개의 애플리케이션 또는 서비스를 하나의 운영체제에서 실행하고 싶다면 5개의 컨테이너를 만든다. 각 컨테이너는 네트워크 스택과 파일시스템, 프로세스 트리 등을 각각의 뷰에서 볼 수 있다. 예를 들어, 한 운영체제의 모든 컨테이너는 루트 디렉터리(/)와 eth0 네트워크 인터페이스, PID 0를 각각 소유하고 있다. 각 컨테이너는 다른 컨테이너가 동일한 운영체제를 공유하는지 모른다. 이를 위해 리눅스는 네임스페이스와 컨트롤 그룹이라는 두 가지 커널 기능을 활용한다. 네임스페이스를 사용하면 운영체제의 서로 다른 컴포넌트를 분리해서 격리된 작업 영역을 만들 수 있다. 컨트롤 그룹은 리소스 사용을 세밀하게 제어할 수 있으므로 한 컨테이너가 모든 시스템 리소스를 차지하지 않도록 효과적으로 방어한다. 이는 CPU 시간과 시스템 메모리, 디스크 대역폭, 네트워크 대역폭을 그룹으로 분할하고 여기에 작업을 할당함으로써 구현할 수 있다. 제어 그룹에 할당된 모든 애플리케이션의 리소스 소비를 모니터링하는 일도 필요할 것이다. 7장에서 모니터링을 좀 더 자세히 다룬다.

결과적으로 컨테이너를 캡슐화돼 개별로 배포 가능하고 운영체제 수준 가상화를 활용해 커널에서 격리된 인스턴스로 실행되는 컴포넌트라고 생각할 수 있다. 이것은 컨테이너 내부에서 실행되는 각이 애플리케이션과 런타임, 종속성, 시스템 라이브러리 등이 운영체제 구조의 고유한 격리된 뷰에 완전하고 개별적인 액세스를 갖는다는 의미다.

개발자의 관점에서, 애플리케이션과 종속성을 컨테이너로 패키징하고 컨테이너를 지원하는 모든 환경에 배포할 수 있다. 이렇게 함으로써 애플리케이션을 쉽게 업데이트하고 업그레이드할 뿐만 아니라, 한 환경에서 다른 환경으로 쉽게 이식할 수 있다. 예를 들어, 컨테이너는 데스크톱의 개발 환경에서 클라우드의 테스트 환경으로,

그리고 온프레미스 운영 환경으로 쉽게 이식할 수 있다.

여러 가지 컨테이너 기술을 사용할 수 있지만, 지난 2년여 동안 도커는 사실상의 표준으로 등장했다. 이 책의 나머지는 도커 컨테이너에 집중한다.

가상 머신이나 프로세스에서 컨테이너를 사용하는 시기

이 시기에 대한 질문은 특히, 많은 회사가 온프레미스 및 클라우드에서 가상화된 환경에 막대한 투자를 한 사실을 고려할 때 의미가 있다. 하이퍼바이저 가상화 기술은 안전하고 호환성이 좋은 것으로 입증됐으며, 가상 머신을 개별적으로 배포할 수 있는 컴포넌트이며 캡슐화된 것으로 볼 수 있다.

컨테이너 사용 시기에 대한 답은 실제로 시나리오에 있다. 모든 시나리오가 컨테이너로 해결되어야 하거나 심지어 해결될 수 있는 것은 아니므로, 컨테이너가 가상 머신보다 좋은 선택인 상황을 이해하는 것이 중요하다.

가상 머신과 컨테이너를 비교할 수 있는 시나리오를 자세히 살펴보자.

제공된 사진의 평균 평점을 계산해야 하는 서비스를 생각해보자. 대규모 소셜 네트워크 또는 사진 공유 애플리케이션에서 평균 평점은 사용자가 그림에 평점을 매긴 후 즉시 업데이트돼야 할 필요는 없다. 평균 평점은 하루에 한 번이나 두 번 업데이트되는 것으로 충분하다.

주기적 작업을 구현하는 좋은 기술과 경제적인 방식은 기존 계산 클러스터에서 백그라운드 작업을 실행하는 것이다. 이 백그라운드 작업만 하루에 한두 번만 짧은 시간 동안 실행하고 바로 종료하면 된다.

이 작업을 위해 가상 머신을 사용했다면, 불필요한 비용이 발생할 수 있으므로 가상 머신이 계속해서 가동되는 것을 원치 않을 것이다. 이 시나리오를 구현하는 한 가지 방식은 해당 작업이 필요할 때 요구에 따라 가상 머신 인스턴스를 시작하는 것이다. 멋진 생각 같지만, 여기에는 고려해야 할 문제가 몇 가지 있다.

먼저, 가상 머신은 전체 운영체제가 부팅하는 시간을 고려해야 한다. VM 부팅이 실제 작업 실행 시간보다 더 오래 걸리는 경우가 있다.

두 번째, 가상 머신의 크기가 문제일 수 있다. 가상 머신은 수 기가바이트의 크기에 달하는 전체 운영체제를 담고 있다. 예를 들어, Azure 갤러리의 윈도우 서버 기반 Visual Studio 가상 머신 이미지는 크기가 128GB 이상된다. 중앙 이미지 저장소에 이미지가 있고 네트워크를 통해 복사한다면, 오랜 시간이 걸릴 것이다.

세 번째, 가상 머신 확장에는 많은 도전이 있다. 가상 머신 스케일 업(규모 확장)은 새롭고 더 큰 가상 머신(더 많은 CPU와 메모리, 저장소 등)을 프로비저닝하고 부팅해야 한다. 가상 머신 스케일 아웃(수를 늘리는 것)도 가상 머신의 시작 시간 문제로 이어진다. 예에서, 두 번째 가상 머신은 실제 작업을 실행하는 것보다 프로비저닝하고 부팅하는 데 더 오래 걸려서 결과적으로 너무 늦게 온라인이 된다.

또 다른 고려 사항은 가상 머신의 경제성이다. 가상 머신은 메모리와 CPU, 디스크 공간과 같은 꽤 많은 시스템 리소스를 사용한다. 하나의 호스트 머신에서 실행할 수 있는 가상 머신의 수는 제한된다. 하나의 호스트에서 많은 가상 머신을 실행하면 CPU와 메모리가 많은 비싼 호스트를 사용해야 한다.

> **⚠ 스케일 업과 스케일 아웃**
>
> 스케일 업은 수직 확장이라고 하며, 한 머신에 더 많은 리소스를 추가하는 것을 의미한다. 대부분의 경우, 이것은 더 많은 RAM을 추가하는 것이다. 이 방식은 일반적으로 비용이 높아서 클라우드 환경에서 그다지 선호하지 않는 옵션이며, 새로운 머신이 프로비저닝하기 전에 수요가 용량을 넘어설 수 있다.
>
> 스케일 아웃은 수평 확장이라고도 하는데, 이는 더 많은 머신의 인스턴스를 환경에 추가하는 것을 의미한다. 이 방식이 클라우드 환경에서 선호하는 확장 메커니즘이다.

지금까지 살펴본 것처럼, 가상 머신은 새로운 인스턴스를 신속하게 돌려야 하는 시나리오에 이상적이지 않다.

다음으로 떠오른 생각은 기존 컴퓨터 클러스터에서 가상 머신 중의 하나에서 프로세스를 만들어야 할 이유는 없다는 것이다(클러스터는 VM의 그룹이다). 프로세스는 빠르게 시작하고, RAM과 같은 리소스를 동적으로 할당하며 이들 리소스를 공유하는 데 효과적이므로, 프로세스가 알맞는 것 같다. 프로세스의 단점은 환경의 나머지 부분과 격리가 원활하지 않고, 코드를 잘 작성하지 않으면 노이지 네이버^{noisy neighbor}로 인해 전체 가상 머신을 잠재적으로 손상시킬 수 있다는 점이다.

> **⚠ 노이지 네이버**
>
> 나쁜 주변 환경 문제는 한 애플리케이션이 동일한 인프라의 다른 애플리케이션 사이에서 공유되는 많은 리소스를 취하거나 차단하는 상황을 나타낸다. 이것은 다른 프로세스와 애플리케이션의 실행에 부정적인 영향을 끼친다.

컨테이너에 관해 알고 있는 내용을 기반으로 하면, 컨테이너가 이 시나리오를 위한 이상적인 선택인 것 같다. 백그라운드 처리 작업을 신속하게 돌리면서 격리된 상태로 실행하고, 빠르게 확장할 수 있다.

VM과 컨테이너 각각에서 평점 서비스를 실행하는 것의 차이점을 다음 그림을 통해 알 수 있다. 그림 2.1에서는 애플리케이션을 실행 중인 두 개의 가상 머신(게스트 OS)을 호스팅하는 머신(호스트 OS)의 고수준 토폴로지를 나타냈다. 'Rating Service' 상자는 가상 머신의 평점 서비스를 나타낸다. 보다시피 이 서비스는 동일한 가상 머신에서 애플리케이션 App과 리소스를 공유한다. 백그라운드 작업에 문제가 있다면, 전체 시스템을 위태롭게 할 수 있다.

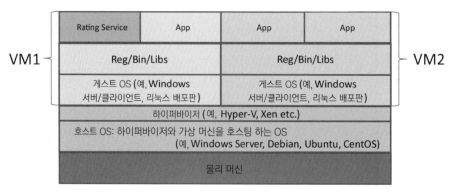

▲ **그림 2.1** 두 개의 가상 머신이 있는 호스트와 한 가상 머신에서 실행 중인 평점 서비스

그림 2.2에서는 컨테이너에서 실행되는 평점 서비스를 나타냈다. 컨테이너는 모든 라이브러리와 종속성, 파일을 포함해 백그라운드 작업에 필요한 모든 것을 캡슐화 한다. 컨테이너는 동일한 호스트 OS에서 격리된 사용자 프로세스로 실행되며 다른 컨테이너 같은 커널을 공유한다. 평점 서비스에 문제가 있다면 서로 격리되어 있기 때문에 컨테이너에서 실행되는 다른 애플리케이션에 영향을 끼치지 않는다.

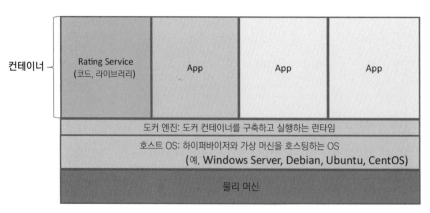

▲ **그림 2.2** 다수의 컨테이너가 있는 호스트에서 한 컨테이너에서 실행되는 평점 서비스

백그라운드 처리 작업을 예로 가상 머신과 컨테이너와 프로세스에 관해 설명했지만 컨테이너가 잘 맞는 다른 시나리오가 있다.

컨테이너는 사후 대응적 보안이 필요한 시나리오에서 뛰어난 선택이다. 컨테이너는 격리된 단위이기 때문에, 공격 공간은 제한되고, 컨테이너의 빠른 부팅과 종료로 인해, 컨테이너를 제거하고 신속하게 교체할 수 있다.

> **ⓐ 사후 대응적 보안**
>
> 사후 대응적 보안은 시스템이 악의적인 프로그램이나 스크립트로 손상된 것을 발견한 후 취하는 행동을 말한다.

앞서 언급했듯이, 컨테이너를 사용해 이식성이 좋은 애플리케이션을 만들 수 있다. 동일한 애플리케이션 컨테이너가 물리 서버나 하이퍼바이저 서버, 노트북, 클라우드에서 실행될 수 있다. 특히, 데브테스트$^{dev-test}$나 데브옵스는 이런 종류의 이식성으로 인해 큰 이점을 얻는다. 6장에서 데브옵스 실천 사례를 자세히 다룬다.

데브테스트 외에, 밀도가 높은 마이크로서비스 시나리오는 컨테이너에서 가장 많은 이점을 얻으며, 이 부분이 바로 이 책에서 배울 내용이다.

Azure의 컨테이너

마이크로소프트 Azure 내에서, 가상 머신에 선택할 수 있는 많은 플랫폼을 제공한다. 이들 플랫폼에는 CoreOS와 SUSE, 우분투, 레드햇 같은 많은 리눅스 배포판뿐만 아니라 윈도우 기반 시스템이 있다. 앞서 언급한 것처럼, 이 책에서는 도커 컨테이너에 집중한다. 도커는 현재 가장 인기 있는 컨테이너 기술이며 도커 에코시스템은 매우 빠른 속도로 성장하고 있다. 마이크로소프트는 '도커 사$^{Docker, Inc.}$'와 파트너십을 맺었는데, 여기에는 도커 컨테이너를 구축하고 실행하는 오픈소스 도커 엔진을 윈도우 서버 2016에서 사용할 수 있다는 합의가 포함되어 있다. 윈도우 서버 컨테이너는 도커 런타임을 사용하고 윈도우 에코시스템에 익숙한 개발자가 컨테이너 기반 솔루션을 개발할 수 있게 만든다. 책을 쓸 당시, 윈도우 컨테이너는 프리뷰였다.

윈도우 서버 2016이 출시된 후 윈도우 컨테이너에 관한 내용을 온라인으로 제공할 것이다.

> **ⓐ 윈도우에서 리눅스 컨테이너 또는 그 반대로 실행할 수 있을까?**
>
> 간단히 답하면 '아니오'다. 컨테이너는 운영체제 수준 가상화를 기반으로 한다. 따라서 실행 중인 호스트의 커널을 공유하고 있다. 윈도우와 리눅스 시스템은 근본적으로 다른 커널을 가지며, 결과적으로 윈도우 시스템에서는 윈도우 컨테이너만 실행하고 리눅스 시스템에서는 리눅스 컨테이너를 실행한다.

⁝ 도커가 있는 Azure VM 만들기

도커 웹사이트(https://www.docker.com/)에서는 도커 아키텍처와 동작 방식에 대한 아주 잘 설명된 개요를 제공하며 도커 내부에 대한 깊은 이해를 얻고자 하는 경우 유용하다. 이 책의 목적상 도커의 세부 사항까지 이해할 필요는 없으므로, 관련 있는 부분만 살펴본다.

도커 컨테이너를 실행하고 싶은 경우, 도커 호스트 머신이 필요하다. 호스트 머신에서 정말 필요한 부분은 도커 데몬이다. 도커 데몬은 호스트에서 도커 이미지와 컨테이너 관리를 담당한다. 도커 데몬과 통신하기 위해 도커 클라이언트를 사용한다. 도커 클라이언트는 실제로 도커 데몬에서 구현된 도커 리모트 API와 통신하는 바이너리일뿐이다. 도커 클라이언트는 원격으로 사용될 수 있지만, 도커 데몬과 함께 도커 호스트에 설치할 수도 있다.

도커로 작업할 때 기본적인 기능은 동작하는 이미지와 컨테이너, 리포지토리, 볼륨이다. 이들 기능을 탐색하는 가장 좋은 방법은 해당 기능을 사용해보는 것이다. 몇 페이지에 걸쳐 Azure에서 도커 호스트 머신으로 VM을 구성하는 방법을 살펴보고, 기본 도커 명령을 살펴본다.

Azure VM에서 도커를 설치하는 방법에는 몇 가지가 있다.

- **명령줄 인터페이스**: 윈도우와 맥 OS X의 Azure CLI 도구를 사용하면 도커를 포함하는 가상 머신을 만들 수 있다.

- `"azure vm docker create -location "<location>" [options] <dns-name> <image> <user-name> [password]"` 명령으로 Azure VM을 만들고 도커 확장을 사용해 도커를 설치한다. 이 책을 집필하는 시점에는 SSH 공개 키를 위한 명령줄 옵션이 없었다. 대신 사용자이름과 암호를 사용해야 한다.

- 도커 머신^{Docker Machine}에 사용할 또 다른 CLI 옵션이 있다. 도커 머신은 도커 툴박스^{Docker toolbox}의 일부이며 컴퓨터와 클라우드 공급자, 자체 데이터센터 내에서 도커 호스트를 간단히 만들 수 있다.

- Azure에서 도커 호스트를 만드는 명령은 다음과 같다.

```
docker-machine_linux-amd64 create -d azure  --azure-subscriptionid="<subscriptionID>" --azure-subscription-cert="mycert.pem" machine-name
```

- **Azure 리소스 관리자 템플릿**: Azure 리소스 관리자^{ARM} 템플릿을 사용하면 템플릿에서 환경을 선언적으로 기술하고 단일 단위로 배포하고 관리할 수 있다. 5장에서 Azure 리소스 관리자를 좀 더 자세히 살펴본다. 도커를 위한 많은 템플릿이 있는데, 깃허브 https://github.com/Azure/azure-quickstart-templates에서 제공하는 퀵 스타트 템플릿을 사용하면 사용자가 Azure로 환경을 직접 프로비저닝할 수 있다.

- **파워셸**: 파워셸^{PowerShell}은 ARM 템플릿을 배포하는 데 사용될 수 있다.

- 명령 `"New-AzureResourceGroupDeployment -Name $Name -ResourceGroupName $RGName -TemplateUri $vmTemplateURI -TemplateParameterObject $parameters -Verbose"`을 사용하면 제출된 템플릿을 기반으로 새로운 Azure 환경을 프로비저닝한다.

- **Azure 포털**: 도커가 설치된 VM을 포함해, Azure VM을 만드는 UI를 제공한다.

도커 데몬이 사전에 설치된 Azure VM 이미지는 없다. 도커는 항상 Azure VM에 VM 확장으로 설치된다.

> **ⓐ VM 확장**
>
> 가상 머신 확장은 소프트웨어 컴포넌트이며 소프트웨어 추가와 디버깅 및 진단 시나리오 사용 같은 게스트 내 사용자 지정 관리 작업을 가능케 한다. 확장은 마이크로소프트와 Puppet Labs 및 Chef 같은 신뢰된 서드파티에서 만든다. 사용할 수 있는 확장 집합이 계속 늘어나고 있다. 도커 확장은 지원되는 리눅스 기반 가상 머신에서 도커 데몬을 설치한다. 확장은 포털이나 명령줄 도구(예를 들면, Azure CLI), 파워셸, Visual Studio를 통해 설치할 수 있다.

2장에서는 가능한 가장 쉬운 방법을 사용한다. Azure 포털을 통해 가상 머신 프로비저닝 과정의 일부로 도커를 설치하는 이미지에서 Azure VM을 프로비저닝한다.

> **ⓐ 개발 머신에서 도커 설치**
>
> 머신((맥 OS나 리눅스, 윈도우)에 도커를 로컬로 설치하려면 도커 툴박스를 사용해야 한다. 툴박스는 하나의 인스톨러에 포함된 도커 도구의 컬렉션이다. 더 자세한 정보는 다음 URL을 방문해보자.
> - https://www.docker.com/toolbox
>
> 그래픽 사용자 인터페이스의 경우는 도커에서 Kitematic(윈도우와 맥)을 설치할 수 있다. 4장, '개발 환경 설정'에서 도커를 로컬로 설치하는 방법을 자세히 다룬다.

Azure VM을 만들기 전에 Azure VM에 연결하는 데 사용할 SSH 키를 생성해야 한다.

윈도우에서 SSH 공개 키 생성

윈도우 운영체제에서는 암호화 키를 만드는 SSH 클라이언트나 유틸리티를 제공하지 않는다. 이 책에서는 서드파티 도구인 깃 배시^{Git Bash}를 사용하지만, 깃 셸^{Git Shell}이나 퍼티^{Putty}를 사용할 수도 있다. 다음 URL에서 깃, 깃 배시와 깃 GUI를 설치할 수 있다.

http://www.git-scm.com/download/win

SSH 연결을 위한 공개 키부터 만들어 보자. 윈도우에서 깃 배시를 열고 다음 명령을 입력한다.

```
ssh-keygen -t rsa -f dockerhostkey
```

다음으로 암호 입력 요청을 받는다. 여기서는 암호를 입력하지 않지만, 암호를 사용하면 좀 더 안전할 수 있다. 이는 누군가가 암호 없이 이 키를 사용하지 못하도록 보호한다.

깃 배시 콘솔은 그림 2.3과 비슷할 것이다.

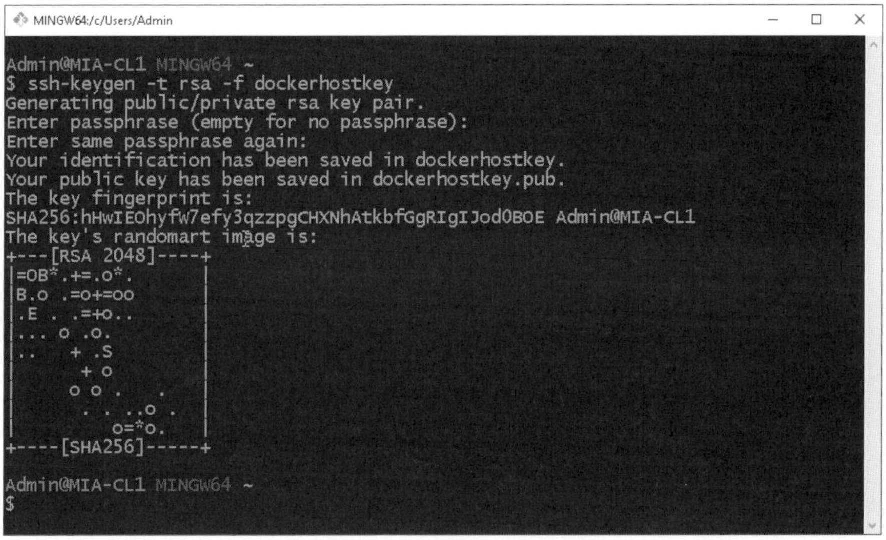

▲ **그림 2.3** 깃 배시에서 SSH 키 생성

다음 단계는 조금 전에 명령을 실행한 디렉터리로 이동한다. 이 경우 디렉터리는 'c:\Container Book\Misc'이다. 이 디렉터리에는 두 개의 파일이 있다.

- **dockerhostkey**: 이 파일에는 개인 키를 포함한다. 이 파일은 어느 누구와도 공유해선 안 된다.

- dockerhostkey.pub: 이 파일에는 공개 키를 포함한다. 이 파일을 다른 사람과 공유한다. 이 파일을 텍스트 편집기로 열고 키를 복사해야 한다.

윈도우의 메모장에서 *.pub 파일을 열고 끝의 새 줄과 함께 키 내용을 복사해야 한다('사용자이름@머신'부터 삭제한 다음 키/파일의 마지막 문자로 커서를 이동한 다음 새줄을 추가할 수 있다). 새 줄이 없다면, 리눅스에서 프로비저닝 동안 잘못된 키로 인해 *.pem 파일을 생성할 수 없으므로 이미지 프로비저닝이 실패한다.

맥 OS X에서 SSH 공개 키 생성

맥 OS X에서는 SSH가 OS에서 제공되므로 추가 도구를 설치할 필요가 없다. 터미널에서 작업 디렉터리로 사용할 위치로 이동해서 다음을 입력한다.

```
ssh-keygen -f dockerhostkey
```

터미널 창은 그림 2.4와 비슷할 것이다.

▲ **그림 2.4** 맥 OS 터미널에서 SSH 키 생성

가상 머신 이미지 선택

이제 SSH 키가 있으므로 Azure 포털을 사용해 우분투 서버 이미지의 도커에서 Azure VM을 프로비저닝할 수 있다. 포털은 http://portal.azure.com에서 접근할 수 있다.

브라우저에서 http://portal.azure.com을 입력해 Azure 포털로 로그인한다. 홈 페이지가 로드되면, 상단 왼쪽 구석에서 **+새로 만들기** 버튼을 클릭하고 **마켓플레이스에서 검색** 텍스트 상자에서 Docker를 입력한 다음 Enter를 누른다. 포털에 나타난 Docker의 검색 결과는 그림 2.5와 같다.

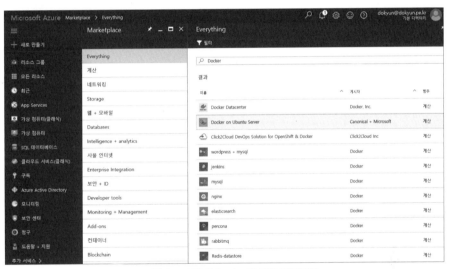

▲ **그림 2.5** 포털의 Docker에 대한 검색 결과

다음으로 **Docker on Ubuntu Server** 이미지를 클릭한다. Canonical과 Microsoft Open Tech에서 Azure VM을 도커 호스트로 설정하기 쉽게 이미지를 만들었다. 이 이미지를 클릭하면 블레이드라고 하는 새로운 페이지가 나오고 Azure 이미지에 관한 정보를 제공한다. 그림 2.6에서 정보 블레이드를 나타냈다.

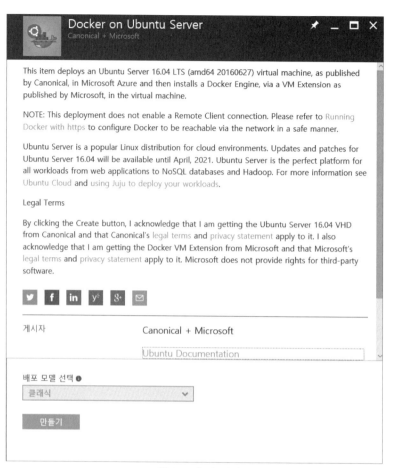

▲ **그림 2.6** 정보 블레이드

Ⓐ **배포 모델**

Azure에는 클래식과 리소스 관리자라는 두 개의 배포 모델이 있다. 이 이미지는 클래식 배포 모델을 기반으로 한다. 즉, Azure 리소스 관리자를 사용할 수 없다는 뜻이다. 선호하는 모델은 Azure 리소스 관리자이지만, 이 책을 쓰는 시점에, 이미지는 클래식 모델만 지원했다. 리소스 관리자 모델을 사용해 Azure VM을 도커 호스트로 만들고자 한다면 깃허브의 Azure-Quickstart-Templates 아래 'docker- simple-on-ubuntu'를 사용할 수 있다.

만들기 버튼을 클릭하면 그림 2.7에서 보는 것처럼 **VM 만들기** 블레이드를 연다.

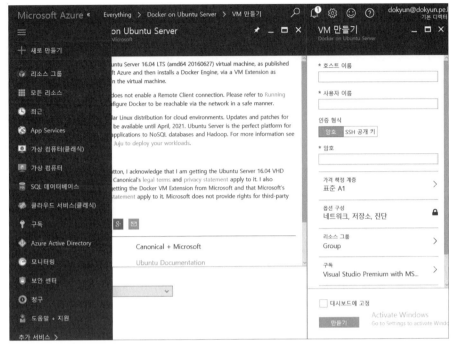

▲ **그림 2.7** 새로운 VM을 만드는 블레이드

먼저 가상 머신에 대한 '호스트 이름'을 입력해야 한다. 이 실습의 목적상 호스트 이름을 dockerhost라고 부르겠다. 다음 텍스트 상자에서는 사용자 이름을 넣어야 한다.

SSH^Secure Shell 클라이언트를 사용해 리눅스 가상 머신에 연결할 사용자 이름이 필요하다. **사용자 이름**에 dockeradmin을 입력한다. 이제 인증 형식을 선택해야 한다. 암호와 SSH 공개 키 중에서 선택할 수 있다. 원격 리눅스 서버에 연결하는 가장 일반적인 방법은 SSH다. Azure 포털에서 암호를 입력하게 해주지만, 표준 보안 모범사례를 따르고자 '암호 없는' 가상 머신을 만든다.

앞서 만들었던 .pub 파일을 메모장과 같은 텍스트 편집기에서 열고 클립보드로 키를 복사한다(키의 맨 마지막에 있는 username@machine 삭제).

VM 생성 과정의 마지막 단계는 VM **만들기** 블레이드의 **SSH 공개 키 텍스트** 필드에 키를 붙여넣기한다.

가격 계층과 옵션 구성, 리소스 그룹, 구독 옵션은 기본값을 사용한다. 한 가지 변경할 부분은 위치 옵션이다. 가상 머신을 접근할 때 가동 시간 문제를 피하기 위해 자신의 위치에 가까운 위치를 선택한다. 마지막으로 **만들기** 버튼을 클릭해 Azure VM을 만들기 시작한다. 그림 2.8에서 보는 것처럼 포털 홈페이지에서 만드는 과정의 상태를 표시한다.

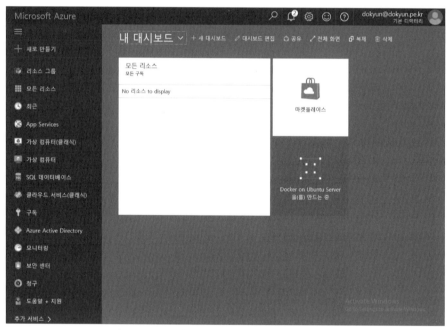

▲ **그림 2.8** Azure VM 생성 상태

통상 5분 내에 Azure VM이 만들어져 올라오면, 포털에서 머신의 상태와 DNS 이름, 위치, 가상 IP 주소 등의 정보가 있는 가상 머신 블레이드를 연다. 이 블레이드에서 Azure VM의 전체 DNS 이름을 확인해야 한다. Azure 포털에서는 호스트 이름에 임의 문자를 덧붙여 DNS 이름을 고유하게 만든다. 그림 2.9에서는 dockerhost-b57a2u65.cloudapp.net라는 DNS 이름으로 배포했다.

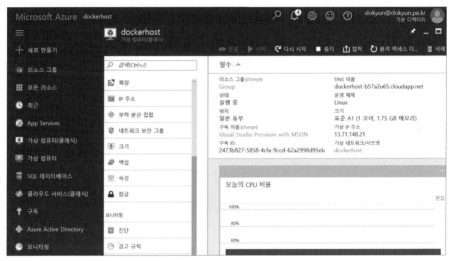

▲ 그림 2.9 Azure VM 정보가 있는 블레이드

윈도우에서 SSH와 깃 배시를 사용해 VM 연결하기

이제 다음 명령을 깃 배시 셸에 입력해 Azure VM에 연결할 수 있다.

```
$ ssh -i ./dockerhostkey dockeradmin@dockerhost-b57a2u65.cloudapp.net -p 22
```

> **노트**
>
> ID 파일 매개변수 '-i'를 사용해 개인 키 파일의 경로를 지정한다. 포트 매개변수 '-p'를 사용해 SSH 포트 22번을 지정한다. Azure는 무작위 SSH 포트로 Azure VM을 프로비저닝할 때가 종종 있다. Azure VM의 [속성] 블레이드의 끝에서 SSH 정보를 찾을 수 있다.

명령을 실행하고 나면, 공개 키를 만들 때 입력한 암호를 요청한다(만드는 동안 암호를
입력한 경우). 인증이 성공하면 깃 배시는 그림 2.10과 비슷할 것이다.

```
dockeradmin@dockerhost: ~                                          —    □    ×
$ ssh -i ./dockerhostkey dockeradmin@dockerhost-b57a2u65.cloudapp.net -p 22
The authenticity of host 'dockerhost-b57a2u65.cloudapp.net (13.71.148.21)' can't
 be established.
ECDSA key fingerprint is SHA256:YRQIsQhZonSIctNdo1cXXw2f2F7AH7PRzSflRALUByQ.
Are you sure you want to continue connecting (yes/no)? y
Please type 'yes' or 'no': yes
Warning: Permanently added 'dockerhost-b57a2u65.cloudapp.net,13.71.148.21' (ECDS
A) to the list of known hosts.
Welcome to Ubuntu 16.04 LTS (GNU/Linux 4.4.0-28-generic x86_64)

 * Documentation:  https://help.ubuntu.com/

  Get cloud support with Ubuntu Advantage Cloud Guest:
    http://www.ubuntu.com/business/services/cloud

143 packages can be updated.
75 updates are security updates.



The programs included with the Ubuntu system are free software;
the exact distribution terms for each program are described in the
individual files in /usr/share/doc/*/copyright.

Ubuntu comes with ABSOLUTELY NO WARRANTY, to the extent permitted by
applicable law.

To run a command as administrator (user "root"), use "sudo <command>".
See "man sudo_root" for details.

dockeradmin@dockerhost:~$
```

▲ **그림 2.10** 깃 배시 셸에서 Azure VM에 연결

맥 OS X에서 SSH와 깃 배시를 사용해 VM 연결하기

터미널을 열고 다음 명령을 입력한다.

```
$ ssh -i ./dockerhostkey dockeradmin@dockerhost-3udvgzn4.cloudapp.net -p 22
```

SSH 명령은 윈도우에서 깃 배시로 사용한 것과 동일하다. 그림 2.11에서는 Azure
VM에 연결이 성공한 후 터미널 창을 나타냈다.

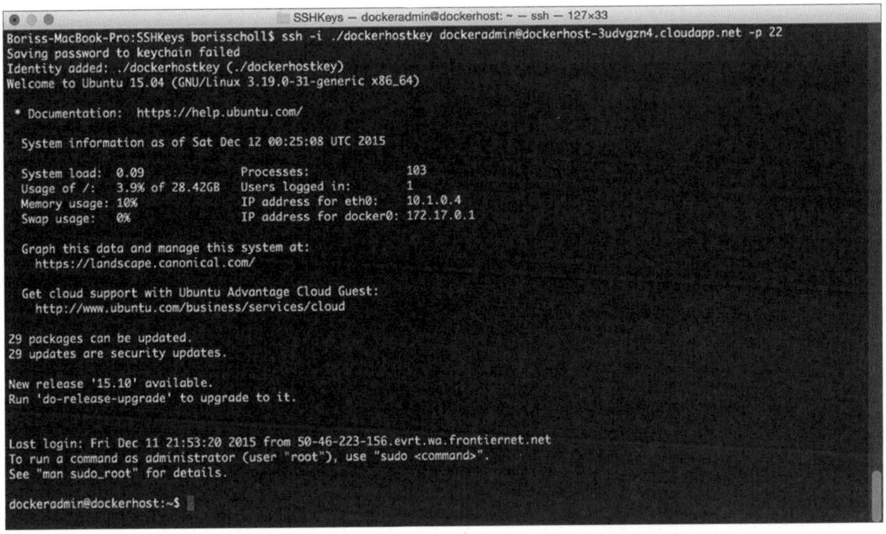

▲ **그림 2.11** 맥 OS 터미널 세션에서 Azure VM에 연결

도커 기초로 넘어가기 전에 마지막 몇 단계 동안 한 일을 되짚어보자.

- 'Docker on Unbuntu Server' 이미지에 기반을 둔 가상 머신을 프로비저닝하는 데 Azure 포털을 사용한다.
- 윈도우(깃 배시 사용)와 맥 OS X(터미널 사용)에서 SSH 공개 키를 만든다.
- SSH를 사용해 VM에 연결한다.

이러한 단계는 도커 데몬이 있는 Azure VM을 설정하고 연결하는 일이 아주 쉽다는 사실을 보여준다.

도커 컨테이너 기초

이제 Azure VM에 연결했으므로 도커를 탐험해볼 수 있다.

Docker Info

확장이 머신에 도커를 성공적으로 설치했는지 확인해보기 위해, 그림 2.12에서 보는 것처럼 다음 명령을 입력해 도커가 설치됐는지 여부를 확인해보자.

```
docker info
```

> ⁎ **노트** ⁎
>
> 다음 명령은 SSH를 통해 도커 호스트에서 실행된다. 따라서 이 명령은 도커 호스트에 윈도우나 맥 OS X 머신으로 연결하고 있는지 여부에 상관없이 정확히 동일하다.

▲ **그림 2.12** Docker Info 실행 결과

첫줄과 다섯 번째 줄에서 나타낸 Containers: 0와 Images: 0은 아직은 컨테이너와 이미지가 하나도 없다는 것을 가리킨다.

그림 2.13에서는 도커를 성공적으로 설치한 후 Azure VM의 현재 상태와 구성 요소를 논리적으로 보여준다.

▲ **그림 2.13** 프로비저닝 후의 Azure VM 상태

이제 첫 번째 컨테이너를 만들 수 있다. 대다수 예제들처럼, 간단한 시나리오로 시작해보자. 간단한 웹사이트를 호스팅하는 컨테이너를 만들고자 한다. 첫 단계로, 도커 이미지가 필요하다. 이미지는 우분투와 같은 운영체제와 웹 서버, 데이터베이스, 애플리케이션을 포함하는 컨테이너의 템플릿이라고 생각할 수 있다. 2장 뒤에서 자체 이미지를 만드는 방법을 배우겠지만, 지금은 기존 이미지로 시작한다.

도커에는 이미지 리포지토리라는 개념이 있다. 도커 리포지토리의 공용 위치가 도커 허브^{Docker Hub}(https://hub.docker.com)다. 도커 허브는 공용 및 사설 리포지토리뿐만 아니라 항상 공개된 공식 리포지토리를 호스팅할 수 있다. 공식 리포지토리에는 마이크로소프트나 캐노니컬^{Canonical}과 같은 벤더에서 인증한 이미지를 포함하며, 누구나 사용할 수 있다. 사설 리포지토리는 인증된 사용자에게만 접근을 허용한다. 사설 리포지토리는 보안의 이유로 다른 사람과 이미지를 공유하기 원하지 않는 회사나, 공개해서는 안 되는 새로운 서비스나 애플리케이션을 만드는 회사를 위한 전형적인 시나리오에서 사용한다.

Docker Pull과 Docker Search

도커 컨테이너에서 간단한 웹 애플리케이션을 호스팅하려면, 웹 서버가 필요하다. 이 예제를 위해 NGINX^{엔진엑스}를 사용한다. NGINX를 실행하는 컨테이너를 만들려면 NGINX를 포함하는 도커 이미지가 필요하다.

도커 허브에서 NGINX 베이스 이미지를 얻기 위해 다음 명령을 입력한다(이미지를 가져오기 전에 도커의 CLI에서 도커 허브에 로그인해야 할 수 있다).

```
docker pull nginx
```

도커 명령줄은 도커 허브의 검색도 지원한다. 다음 명령은 NGINX가 포함된 모든 이미지를 반환한다.

```
docker search nginx
```

Docker Images

이미지를 가져오는 동안, 명령 창에는 많은 내용이 출력된다. 이 명령을 실행하면 도커는 NGINX라는 이미지가 로컬에 있는지 확인한다. 로컬에서 찾을 수 없다면 도커 허브에서 이미지를 가져와 VM의 로컬 레지스트리에 넣는다. 이제 다음 명령을 실행하면 VM에 있는 모든 이미지를 확인한다.

```
docker images
```

그림 2.14는 셸에서 이미지를 다운로드한 후 `docker images` 명령을 실행한 모습이다.

```
dockeradmin@dockerhost:~$
dockeradmin@dockerhost:~$ docker pull nginx
Using default tag: latest
latest: Pulling from library/nginx
5040bd298390: Pull complete
d7a91cdb22f0: Pull complete
9cac4850e5df: Pull complete
Digest: sha256:33ff28a2763feccc1e1071a97960b7fef714d6e17e2d0ff573b74825d0049303
Status: Downloaded newer image for nginx:latest
dockeradmin@dockerhost:~$ docker images
REPOSITORY           TAG              IMAGE ID           CREATED         SIZ
E
nginx                latest           a39777a1a4a6       3 days ago      182
  MB
dockeradmin@dockerhost:~$ docker images
REPOSITORY           TAG              IMAGE ID           CREATED         SIZE
nginx                latest           a39777a1a4a6       3 days ago      182 MB
dockeradmin@dockerhost:~$
```

▲ **그림 2.14** dockerhost의 NGINX 이미지

그림 2.15는 도커 허브에서 이미지를 다운로드한 후 Azure VM의 상태를 나타냈다.

이미지 nginx id: a39777a1a4a6

도커 엔진

Dockerhost (Azure VM)

▲ **그림 2.15** dockerhost의 NGINX 이미지에 대한 논리 다이어그램

Docker Run과 Docker PS

이제 로컬에 이미지를 받았으므로, 다음 명령을 통해 첫 번째 컨테이너를 시작할 수 있다.

```
docker run --name webcontainer -p 80:80 -d nginx
```

이 명령은 앞 절에서 다운로드한 NGINX 이미지를 기반으로 webcontainer라는 컨테이너를 시작한다. 매개변수 -p는 직접 포트를 매핑한다. 포트 80과 443은 NGINX 이미지에서 노출하며 -p 80:80을 사용해 도커 호스트의 포트 80을 실행 중인 컨테이너의 포트 80에 매핑한다. -P 매개 변수를 사용해 호스트의 포트에 컨테이너의 포

트를 동적으로 매핑할 수도 있다. 5장, '서비스 오케스트레이션과 연결'에서 클러스
터의 가상 머신에 다수의 컨테이너를 실행하고 노출할 때 좀 더 쉽게 할 수 있는 정
적 포트 매핑을 사용하는 방법을 설명한다. 마지막으로, -d 매개 변수는 도커에서 컨
테이너를 백그라운드에서 실행하도록 지시한다.

> ◢ 노트 ◣
>
> 이미지를 다운로드하는 데 'Docker pull'이 필요한 것은 아니다. 이미지가 로컬에 없는 경우
> 'Docker run'을 실행하면 자동으로 이미지를 다운로드한다.

이제 docker ps 명령을 실행해 실행 중인 컨테이너를 확인할 수 있다. 그림 2.16은
명령의 결과다.

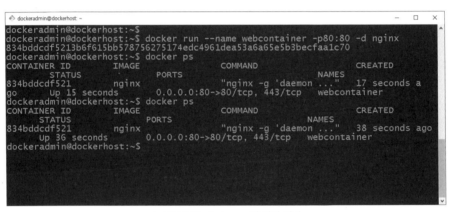

▲ 그림 2.16 docker ps의 실행 결과

Azure VM의 토폴로지 관점에서, 이제 이미지(NGINX)와 그 이미지를 기반으로 한
컨테이너(webcontainer)가 있다. 그림 2.17은 webcontainer 컨테이너를 실행하는
Azure VM의 논리 뷰를 나타냈다.

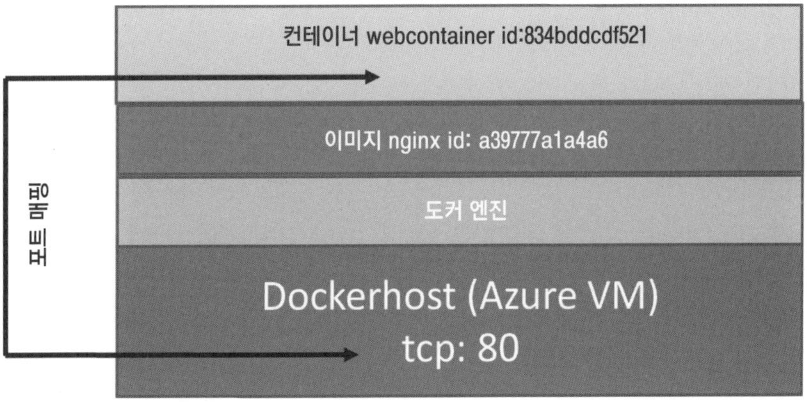
컨테이너 webcontainer id:834bddcdf521
이미지 nginx id: a39777a1a4a6
도커 엔진
Dockerhost (Azure VM)
tcp: 80
포트 매핑

▲ **그림 2.17** Azure VM에서 실행 중인 컨테이너의 논리 뷰

이제 호스트 내에서 다음 명령을 실행하면 컨테이너의 기본 NGINX 웹 사이트에 바로 접근할 수 있다.

```
curl http://localhost
```

그림 2.18은 NGINX의 환영 웹 페이지로 웹 서비스가 동작하고 있음을 나타내고 있다.

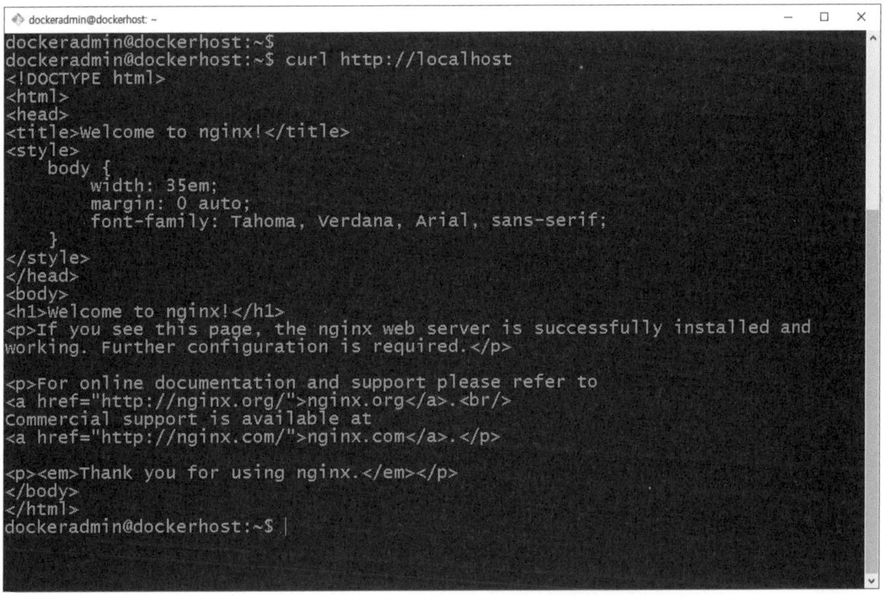

```
dockeradmin@dockerhost: ~
dockeradmin@dockerhost:~$
dockeradmin@dockerhost:~$ curl http://localhost
<!DOCTYPE html>
<html>
<head>
<title>Welcome to nginx!</title>
<style>
    body {
        width: 35em;
        margin: 0 auto;
        font-family: Tahoma, Verdana, Arial, sans-serif;
    }
</style>
</head>
<body>
<h1>Welcome to nginx!</h1>
<p>If you see this page, the nginx web server is successfully installed and
working. Further configuration is required.</p>

<p>For online documentation and support please refer to
<a href="http://nginx.org/">nginx.org</a>.<br/>
Commercial support is available at
<a href="http://nginx.com/">nginx.com</a>.</p>

<p><em>Thank you for using nginx.</em></p>
</body>
</html>
dockeradmin@dockerhost:~$ |
```

▲ **그림 2.18** NGINX 웹 서버의 동작

방금 도커 허브에서 가져온 이미지를 기반으로 첫 번째 컨테이너를 만들었고 기본 도커 명령에 익숙해졌다.

다음으로, 도커 기초에 한 발 더 들어가서 중요한 도커 개념인 볼륨과 이미지에 관해 좀 더 살펴보자.

볼륨을 사용해 콘텐츠를 컨테이너에 추가하기

이 시나리오에서, 우리는 현재 NGINX에서 기본 설치된 컨테이너를 실행하고 있다. 이것도 훌륭하지만 컨테이너 내에 자체 웹사이트를 호스팅하고자 한다. 그러면 컨테이너 내에 사용자 지정 파일을 배치해야 하는 상황을 어떻게 처리해야 할까?

이 문제를 다루는 방법이 몇 가지 있다. 컨테이너에 콘텐츠를 동적으로 가져오는 방법이 하나 있고 애플리케이션과 컴포넌트를 이미지의 일부로 만드는 방법이 있다.

컨테이너를 불변의 개체라고 생각하면, 모든 콘텐츠를 이미지의 일부로 포함시키는 것(그리고 그 이미지를 기반으로 하는 모든 컨테이너의 일부가 되게 하는 것)이 적절하다고 생각할 수 있다. 하지만, 몇 가지 시나리오에서는 컨테이너에서 콘텐츠를 동적으로 가져와서 컨테이너들 간에 데이터를 공유하고, 컨테이너 생명주기와 독립적인 데이터를 갖는 것이 적합하다.

이러한 유형의 시나리오 중 한 가지 매우 명백한 예가 데이터베이스다. 데이터베이스의 데이터는 컨테이너 생명주기와 독립적인 방식으로 유지돼야 한다. 보안 패치를 적용하기 위해 MySQL을 사용하는 컨테이너를 업데이트해야 하는 시나리오를 생각해보자. 데이터가 컨테이너 이미지의 일부라면, 데이터는 삭제돼 문제가 일어날 수 있다. 또 다른 시나리오는 개발 시나리오다. 일반적인 접근 방식은 Azure VM

에 애플리케이션 소스 코드의 로컬 복제를 만드는 것이다. 컨테이너를 만들거나 시작할 때, 소스 코드에서 가져오기 원하지만, 소스 코드에 변경이 일어날 때마다 새로운 이미지를 만들고 싶지는 않을 것이다. 4장, '개발 환경 설정'에서 개발 시나리오를 더 자세히 다룬다. 데이터베이스와 개발 시나리오 모두에 대한 솔루션이 도커 데이터 볼륨이다.

도커 데이터 볼륨은 실행 중인 컨테이너에 마운트된 도커 호스트의 파일 시스템 내에 존재하는 디렉터리다. 가장 큰 이점은 데이터 볼륨에 저장된 데이터는 컨테이너 생명주기와 독립적이므로, 컨테이너가 삭제돼 데이터는 삭제되지 않는다. 컨테이너 생명주기 관점에서, 데이터 볼륨을 여러 컨테이너들 사이에 공유할 수 있다. 데이터 볼륨을 이해하는 최선의 방법은 데이터 볼륨을 만들어 보는 것이다. 웹 사이트의 콘텐츠를 위해 데이터 볼륨을 사용해 webcontainer라는 컨테이너를 다시 만들어 보자. 새 컨테이너를 만들기 전에 이미 실행 중인 webcontainer를 중지하고 삭제해야 한다. 다음 명령은 먼저 컨테이너를 중지하고 나서 삭제한다.

```
docker stop webcontainer
docker rm webcontainer
```

> **⚠ 컨테이너 ID를 사용한 컨테이너 삭제**
>
> 컨테이너의 첫 4자리 숫자를 사용해 컨테이너를 삭제할 수도 있다. 이 예제에서, 컨테이너를 중지하고 삭제하는 명령을 아래에 나타냈다.
>
> ```
> docker stop cca0
> docker rm cca0
> ```

도커 호스트의 /home/src 디렉터리에 사용자 지정 웹 페이지 소스를 저장할 것이다.

다음 명령을 사용해 디렉터리를 만드는 데, 지금 /home 디렉터리에 있다고 가정한다.

```
mkdir src
cd src
```

다음으로, src 디렉터리에 index.html이라는 간단한 HTML 페이지를 만들어보자.[*] 나노[nano] 편집기를 사용해 이 파일을 만들 것이다. nano라고 입력하고 **Enter**를 눌러 편집기를 실행한다.

HTML 페이지의 콘텐츠는 다음과 같이 매우 간단하다.

```
<html>
    <head>
    </head>
    <body>
            This is a Hello from a website in a container!
    </body>
</html>
```

이 파일을 index.html로 저장한다.

이제 도커 호스트의 디렉터리를 컨테이너로 마운트하는 방법을 살펴보자. 호스트 디렉터리를 마운트하려면 다음 명령을 실행해야 한다.

```
docker run --name webcontainer -v /home/src:/usr/share/nginx/html:ro -p
80:80 -d nginx
```

이 명령이 NGINX 이미지를 기반으로 한 webcontainer란 컨테이너를 만들고 도커 호스트의 80번 포트를 컨테이너의 80번 포트로 매핑한다는 것을 이미 배웠다.

다음의 새로 등장한 부분에서 -v 매개변수는 앞서 만든 /home/src 디렉터리를 컨테이너의 /usr/share/nginx/html이라는 마운트 지점에 마운트한다.

```
-v /home/src:/usr/share/nginx/html:ro
```

---

[*]   /home 디렉터리 아래에 src 디렉터리와 index.html을 만들기 위해서는 다음처럼 sudo 명령을 사용한다. – 옮긴이
```
sudo mkdir src
sudo nano index.html
```

컨테이너가 올라와서 실행되면 `curl http://localhost`를 입력해 변경이 잘됐는
지 확인할 수 있다. 그림 2.19은 실행 결과다.

```
dockeradmin@dockerhost: /home/src                                    ─  □  ×
dockeradmin@dockerhost:/home/src$
dockeradmin@dockerhost:/home/src$
dockeradmin@dockerhost:/home/src$ docker run --name webcontainer -v /home/src
:/usr/share/nginx/html:ro -p 80:80 -d nginx
02040dbd3ff1963f009272270149e24cc907a73ee73db40b5d322756e44ca978
dockeradmin@dockerhost:/home/src$ curl http://localhost
<html>
    <head>
    </head>
    <body>
        This is a Hello from website in a container!
    </body>
</html>
dockeradmin@dockerhost:/home/src$
```

▲ **그림 2.19** 사용자 지정 콘텐츠가 있는 간단한 webcontainer의 웹 사이트

이미지 업데이트와 커밋

또 다른 옵션은 컨테이너를 업데이트하고 이미지에 대한 변경을 커밋하는 작업이
다. 첫 번째 단계에서는 표준 입력(stdin) 스트림이 있는 컨테이너를 만들 것이다. 다
음 명령은 컨테이너를 만들고 `-t` 매개변수를 사용해 의사^{pseudo} `-tty`를 할당하고,
`-i` 매개변수를 사용해 표준 입력(stdin) 스트림을 연다.

```
docker run -t -i nginx /bin/bash
```

이 명령은 NGINX 이미지를 기반으로 하는 새로운 컨테이너를 만들고 다음처럼 컨
테이너의 셸로 내린다.

```
root@eaf174b431e9:/#
```

이제 소프트웨어를 설치하고 컨테이너 내에서 다른 변경을 수행할 수 있다. 이 예제에서는 apt-get update를 사용해 패키지 인덱스를 다시 동기화한다.

컨테이너가 우리가 원하는 상태가 되면, 다음 명령을 입력해 컨테이너를 나간다.

```
root@eaf174b431e9:/# exit
```

마지막으로, 도커 호스트에서 다음 명령을 사용해 그 컨테이너의 사본을 새로운 이미지로 커밋할 수 있다.

```
docker commit -m "updates applied" -a "Kim DoKyun" eaf174b431e9 dokyun/
nginx:v1
```

그림 2.20에서 새로운 이미지를 동적으로 만드는 전체 흐름을 나타냈다.

▲ **그림 2.20** docker commit을 사용한 새로운 도커 이미지 만들기

Dockerfile을 사용해 이미지에 콘텐츠 추가하기

Dockerfile을 사용해 콘텐츠를 컨테이너에 복사할 수도 있다. Dockerfile은 도커 이미지를 만드는 방법에 관한 명령을 포함하는 텍스트 파일이며, 더 선호하는 접근 방식이다.

NGINX 예제를 이용해 기본 Dockerfile 구조와 문법부터 살펴보자. 다음 코드는 도커 호스트의 web 디렉터리의 콘텐츠를 컨테이너의 /usr/share/nginx/html 디렉터리로 복사하는 것을 나타낸다.

```
#Simple WebSite
FROM nginx
MAINTAINER Kim DoKyun <kimdokyun@outlook.com>
COPY web /usr/share/nginx/html
EXPOSE 80
```

첫 번째 줄은 #으로 시작하고 있어 주석을 나타낸다. FROM 명령은 도커에 새로운 이미지가 기반으로 하는 이미지를 알려준다. 이 경우는 2장에서 앞서 다운로드해 온 NGINX 이미지다. MAINTAINER 명령은 이 이미지를 유지관리하는 사람을 지정한다. 이후 장에서 볼 수 있듯이, 여러 팀과 많은 이미지를 다룰 때 중요한 정보다. COPY 명령은 도커에 Azure VM(도커 호스트)의 web 디렉터리의 콘텐츠를 컨테이너의 /usr/share/nginx/html 디렉터리로 복사하도록 지시한다. 다음은 Azure VM의 폴더 구조다.

```
|-/src
  |-Dockerfile
  |-web
    |-index.html
```

> **노트**
>
> Dockerfile로 파일을 복사할 때, 로컬 디렉터리의 경로는 Dockerfile이 위치한 빌드 컨텍스트의 상대 경로다. 이 예제의 경우, 복사할 콘텐츠는 src 디렉터리에 있다. Dockerfile은 동일한 디렉터리 내에 있다.

마지막으로 EXPOSE는 80번 포트를 노출하도록 지시한다. 이제 Dockerfile을 만들었으므로, 이미지를 만들 수 있다. 다음 명령은 이미지를 만들고, -t 매개변수를 사용해 customnginx라는 리포지토리 이름으로 이미지에 태그를 붙인다.

```
docker build -t customnginx .
```

명령의 끝에 나오는 마침표는 현재 디렉터리가 빌드 컨텍스트임을 도커에 알린다. 빌드 컨텍스트는 Dockerfile이 있는 곳이며, COPY 명령은 빌드 컨텍스트에 상대경로다.

빌드가 성공하고 나면, docker images 명령을 실행해 다시 로컬 리포지토리에 지금 어떤 이미지가 있는지 볼 수 있다. 그림 2.21은 docker build와 docker images 명령의 결과다.

▲ **그림 2.21** docker build와 docker images 실행 결과

보다시피 이제 Azure VM에 3개의 이미지가 있다.

- **nginx**: 도커 허브에서 가져온 공식 NGINX 이미지
- **dokyun/nginx**: `docker commit`을 사용해 만든 이미지
- **customnginx**: 도커 빌드를 사용해 Dockerfile에서 만든 이미지

지금 설명한 것은 Dockerfile을 사용해 도커 이미지를 만드는 방법을 설명한 작은 예제일 뿐이다. 표 2.1은 이미지를 만들기 위해 Dockerfile을 사용하는 가장 일반적인 명령 목록이다.

▼ **표 2.1** 일반적인 명령

FROM	빌드하고자 하는 이미지의 기준 이미지를 설정한다.
MAINTAINER	생성된 이미지의 저작자 필드를 설정한다.
RUN	이미지 내에서 실행할 명령. 예를 들어, 패키지를 설치하거나 git repo 복제
CMD	컨테이너가 시작될 때 실행될 기본 명령을 설정한다. ENTRYPOINT 명령이 사용되면, CMD의 값은 ENTRYPOINT에 인수로 전달된다.
EXPOSE	포트를 노출한다.
ENV	환경 변수를 설정한다.
ADD	호스트에서 컨테이너로 파일이나 디렉터리, 원격 파일 url을 복사한다.
COPY	호스트에서 컨테이너로 파일이나 디렉터리를 복사한다. COPY를 사용하는 것은 Dockerfile 모범사례 가이드를 기준으로 파일이나 디렉터리를 컨테이너로 복사하는 데 선호하는 방법이다. COPY는 기본 복사를 사용하는 반면, ADD에는 로컬 *.tar 풀기와 같은 추가 기능이 있다.
ENTRYPOINT	컨테이너가 시작될 때 실행할 기본 명령을 설정한다.
VOLUME	VOLUME 명령은 컨테이너에서 호스트 머신의 디렉터리에 접근하는 데 사용된다.
USER	해당 사용자가 이미지에서 컨테이너를 실행하도록 설정한다.
WORKDIR	WORKDIR 지시문은 CMD에서 정의한 명령이 실행될 위치를 설정하는 데 사용된다.
ONBUILD	Dockerfile의 ONBUILD 지시문은 Dockerfile에서 지정한 이미지에서 파생한 이미지에서 실행된다. 예를 들어 소프트웨어 패키지 C를 이미지에 추가하는 ONBUILD 명령이 있는 Dockerfile이 있다고 하자. 이제 이 Dockerfile에서 ImageA를 만든다. 다음으로 기준 이미지(FROM ImageA)를 사용하는 새로운 Dockerfile을 만들고 ImageB라는 새로운 이미지를 만든다. ImageB를 만들 때, 도커는 소프트웨어 패키지 C를 ImageB에 추가할 것이다.

Dockerfile 실습을 마치기 전에, 새로운 이미지 customnginx를 기반으로 한 새로운 컨테이너를 만들 수 있는지 테스트해야 한다.

먼저, 다음 명령으로 마운트 실습에서 만든 webcontainer를 삭제해야 한다.

```
docker stop webcontainer
docker rm webcontainer
```

다음 명령을 실행해 새로운 컨테이너를 만든다.

```
docker run --name webcontainer -d -p 80:80 customnginx
```

curl http://localhost를 실행하면 그림 2.19에서 본 동일한 페이지가 나타나야 한다.

2장에서, 우리는 도커 허브에서 NGINX 이미지를 가져왔고 두 개의 새로운 도커 이미지를 만들었다. 그림 2.22는 Azure VM의 논리 뷰다.

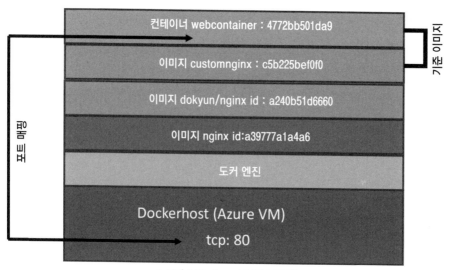

▲ 그림 2.22 Azure VM의 논리 뷰

이미지 계층화

그림 2.22를 자세히 살펴보면, 도커의 또 다른 커다란 장점을 알 수 있다. 도커는 이미지를 층층이 쌓아놓고 있다. 사실, 도커 이미지는 이미지 위에 쌓아놓은 파일 시스템으로 이뤄졌다.

이런 구조가 뭘 의미하며 어떤 장점이 있을까? 다음 명령을 사용해 최근에 만들어진 이미지의 계층을 살펴보자.

```
docker history customnginx
```

그림 2.23에서는 해당 이미지가 11개의 계층을 갖고 있다.

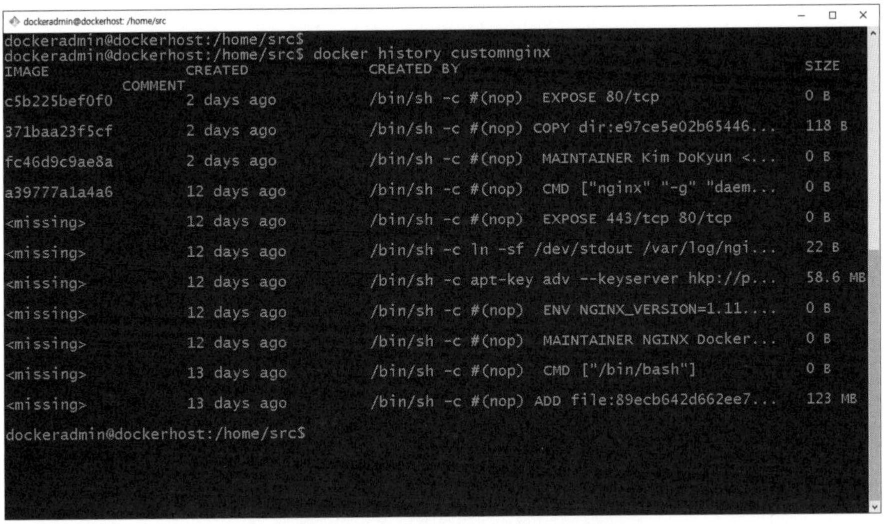

▲ **그림 2.23** customnginx 이미지의 계층들

다음 명령으로 NGINX 이미지의 이력을 살펴보자.

```
docker history nginx
```

그림 2.24에서는 해당 이미지가 8개의 계층을 갖고 있다.

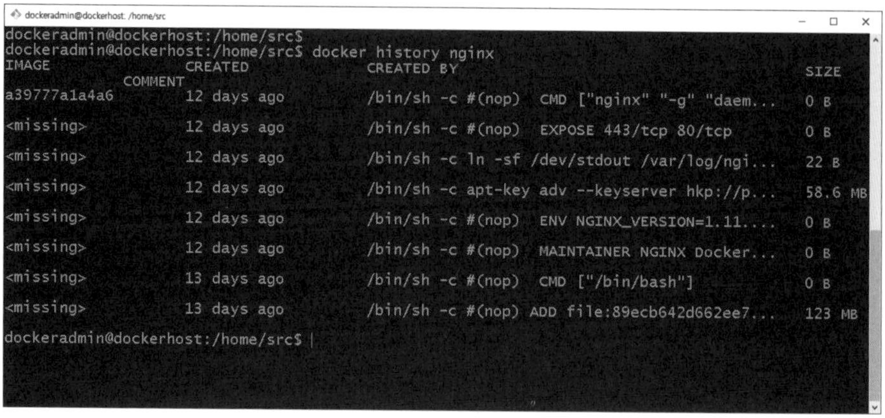

▲ **그림 2.24** NGINX 이미지의 계층들

NGINX 이미지의 계층(또는 중간 이미지들)을 customnginx의 계층과 비교하면, 도커에서 파일시스템의 변경 내용을 점진적으로 커밋하고 있고, 각 변경은 새로운 이미지 계층을 만들어내고 있다. customnginx 이미지는 기준 이미지보다 정확히 3개 계층을 더 갖는다. 3개의 추가 계층에 대한 설명을 살펴보면, Dockerfile에서 사용한 명령이 보인다.

```
MAINTAINER Kim DoKyun <kimdokyun@outlook.com>
COPY web /usr/share/nginx/html
EXPOSE 80
```

이는 도커에서 각 Dockerfile 명령이 실행될 때마다 계층을 하나씩 추가했다는 의미다. 이런 구조는 더 빠른 빌드(이미지는 더 작아지므로)와 롤백 기능과 같은 많은 이점을 제공한다. 모든 이미지에서 이미지가 만들어지는 모든 단계를 포함하기 때문에, 이전 단계로 쉽게 되돌아 갈 수 있다. 특정 계층에 태그를 붙여 이런 작업을 수행할 수 있다. 계층에 태그를 붙이려면 간단히 다음 명령을 사용한다.

```
docker tag imageid
```

이 책의 목적상, 다양한 리눅스 파일시스템이 동작하는 방식과 도커에서 이런 파일시스템의 이점을 얻는 방식에 대한 자세한 내용은 살펴보지 않는다. 4장에서 개발 관점의 이미지 계층을 다룬다.

이 주제에 관해 좀 더 자세한 내용을 읽고 싶다면, 다음 URL에서 도커 계층을 다루는 장을 살펴보기 바란다.

https://docs.docker.com/engine/userguide/storagedriver/imagesand
containers/

컨테이너 로그 확인

7장에서 모니터링에 관해 자세히 다루지만, 컨테이너가 실행되지 않거나 실행 시 또다른 컨테이너나 서비스에서 해당 컨테이너를 액세스했는지 확인해야 할 상황이 있다. 이런 경우, 다음 명령을 실행하면 컨테이너의 로그를 확인할 수 있다.

```
docker logs webcontainer
```

출력 결과는 다음과 같다.

```
172.17.0.1 - - [29/Jan/2017:13:46:05 +0000] "GET / HTTP/1.1" 200 118 "-"
"curl/7.47.0" "-"
172.17.0.1 - - [30/Jan/2017:02:47:11 +0000] "GET / HTTP/1.1" 200 118 "-"
"curl/7.47.0" "-"
```

로그가 발생할 때마다 실시간으로 계속 보고 싶다면, 다음 명령에서처럼 도커 로그에 --follow 옵션을 추가한다.

```
docker logs --follow webcontainer
```

도커 로그 명령에서는 로그를 필터링하는 데 사용하는 --since와 --timestamps, --tail 매개변수도 제공한다.

컨테이너 네트워킹

도커에서는 풍부한 네트워킹 기능을 통해 완전한 컨테이너 격리를 제공한다. 도커는 설치될 때 기본적으로 3가지 네트워크를 만든다.

- **Bridge**: 모든 컨테이너에 연결된 기본 네트워크다. 보통 `docker0`라고 한다. `-net` 플래그 없이 컨테이너를 만들면, 도커 데몬은 컨테이너를 이 네트워크에 연결한다. 도커 호스트에서 `ifconfig` 명령을 실행해 네트워크를 확인할 수 있다.
- **None**: 도커 데몬이 컨테이너를 도커 호스트의 네트워크 스택의 어디에도 연결하지 않도록 지시한다. 이 경우, 자체 네트워킹 구성을 만들 수 있다.
- **Host**: Azure VM의 네트워크 스택에 컨테이너를 추가한다. 컨테이너 내의 네트워킹 구성은 Azure VM과 동일하다.

bridge 외의 네트워크를 선택하려는 경우, 예를 들어 host의 경우는 다음과 같은 명령을 실행해야 한다.

```
docker run -name webcontainer -net=host -d - p 80:80 customnginx
```

기본 네트워크 외에 `-net` 매개변수는 다음 옵션도 지원한다.

- `'container:<name|id>'`: 또 다른 컨테이너의 네트워크 스택을 재사용한다.
- `'NETWORK'`: `'docker network create'` 명령을 사용해 컨테이너를 사용자가 만든 네트워크에 연결한다. 도커에서는 새로운 브리지 네트워크나 오버레이 네트워크를 만들기 위한 기본 네트워크 드라이버를 제공한다. 여러분의 사양에 맞게 작성된 네트워크 플러그인이나 원격 네트워크를 만들 수도 있지만, 이 부분은 이 책의 범위를 벗어나는 내용이다.

> **ⓐ 오버레이 네트워크**
>
> 오버레이 네트워크는 또 다른 네트워크의 상위에 만들어진 네트워크다. 오버레이 네트워크는
> 컨테이너 네트워킹을 엄청 단순화하며 앞으로 컨테이너 네트워킹을 다루는 방법이다. 5장, '서
> 비스 오케스트레이션과 연결'에서 다수의 Azure VM의 컬렉션인 클러스터를 설명한다. 클러스
> 터는 Azure 가상 네트워크(VNET)를 사용해 모든 Azure VM을 연결하고, 오버레이 네트워크는
> VNET 상위에 만들어진다. 오버레이 네트워크는 주키퍼(Zookeeper)나 Consul, Etcd 같은 유효
> 한 키/값 저장소 서비스를 필요로 한다. 5장에서는 키/값 저장소도 다룬다. 5장에서는 샘플 애
> 플리케이션용 오버레이 네트워크를 설정하는 방법을 다룬다.

컨테이너를 연결하는 브리지 네트워크는 꼭 알아야 하는 기본 개념이므로 여기에
관해 자세히 살펴보자. 컨테이너를 연결함으로써 도커 컨테이너가 서로 통신하는
보안 채널을 제공한다.

첫 번째 컨테이너를 시작한다.

```
docker run --name webcontainer -d -p 80:80 customnginx
```

이제 두 번째 컨테이너를 시작하고 첫 번째 컨테이너와 연결한다.

```
docker run --name webcontainer2 --link webcontainer:weblink -d -p 85:80
customnginx
```

--link 플래그는 '원본_컨테이너_이름:연결_별칭_이름' 형식을 사용한다. 이 경우, 원
본 컨테이너는 webcontainer이고, 이 연결을 weblink라는 별칭으로 부른다.

다음으로 실행 중인 webcontainer2 컨테이너로 들어가서, 도커에서 컨테이너들 사
이의 연결을 어떻게 설정했는지 확인한다. exec 명령을 사용해 다음과 같은 명령을
실행한다.

```
docker exec -it f8d1 bash
```

f8d1은 webcontainer2의 컨테이너 ID 중 첫 4자리 숫자다.

컨테이너 내에 들어왔다면 webcontainer에 ping 명령을 보낼 수 있다. 그림 2.25 에서 보는 것처럼 webcontainer 이름으로 ping을 실행할 수 있다.

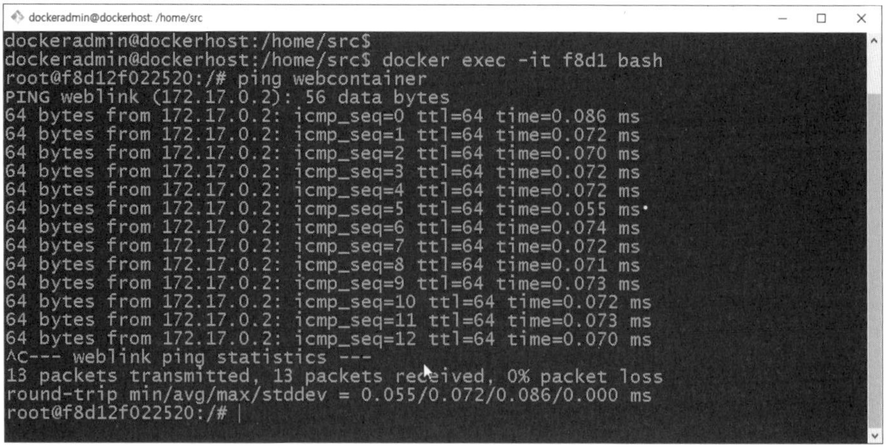

▲ 그림 2.25 webcontainer에 Ping 명령 실행

webcontainer의 IP 주소는 172.17.0.2다. 시작하는 동안 도커는 webcontainer2 의 /etc/hosts 파일에서 그림 2.26과 같이 webcontainer의 IP 주소가 있는 호스트 항목을 만들었다. 호스트 항목은 다음 명령으로 확인할 수 있다.

```
more etc/hosts
```

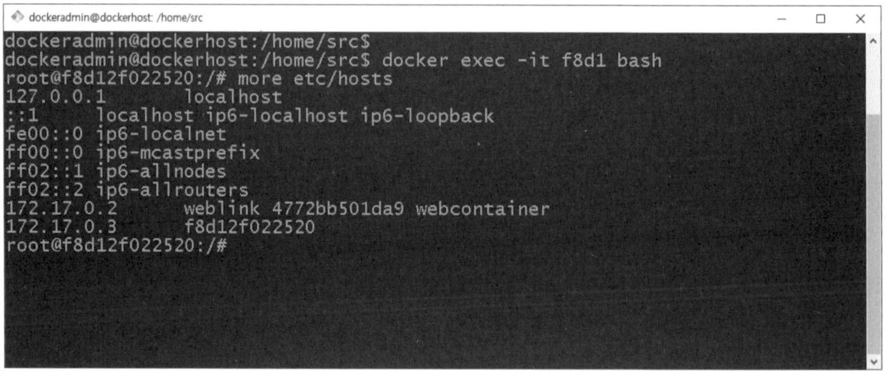

▲ 그림 2.26 webcontainer2의 /etc/hosts에 등록된 연결된 컨테이너 항목

호스트 항목 외에, 도커는 webcontainer2를 시작하는 동안 연결된 컨테이너에 관한 정보를 담고 있는 환경 변수도 설정한다. printenv를 실행하면 그림 2.27과 같은 결과를 보게 된다. WEBLINK로 시작하는 환경 변수는 연결된 컨테이너에 관한 정보를 포함하는 환경 변수다.

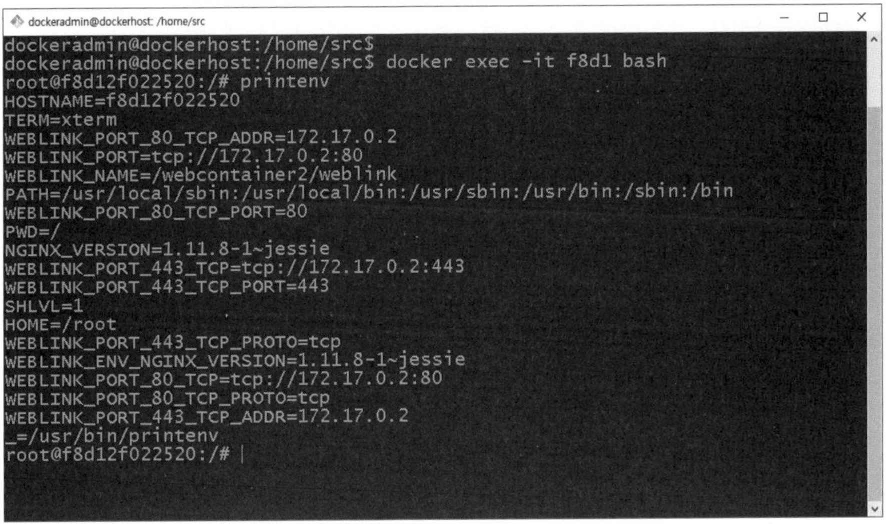

▲ **그림 2.27** webcontainer2의 환경 변수

고급 네트워킹 시나리오는 다음 URL을 살펴보기 바란다.

http://docs-stage.docker.com/v1.10/engine/userguide/networking/

환경 변수

환경 변수는 컨테이너의 서비스 추상화를 고려하기 시작할 때 중요하다. 좋은 예가 구성 및 연결 문자열 정보다. 환경 변수는 docker run에서 -e 플래그를 사용해 설정할 수 있다. 다음은 환경 변수 SQL_CONNECTION을 만들고 값을 staging으로 설정하는 예다.

```
docker run --name webcontainer2 --link webcontainer:weblink -d -p 85:80 -e
SQL_CONNECTION='staging' customnginx
```

4장과 6장에서 환경 변수의 사용에 관해 더 자세히 다룬다.

⚙ 요약

2장에서는 컨테이너와 가상 머신, 프로세스들 사이의 차이점에 관해 생각해보는 것으로 시작해서 도커 컨테이너의 기본 개념 몇 가지를 다뤘다. Azure에서 도커 호스트로 동작하는 가상 머신을 만드는 방법도 배웠다. 이어서 이미지와 컨테이너, 데이터 볼륨, Dockerfile, 계층 등의 기본 도커 개념에 관해 배웠다. 2장을 통해 기본 도커 명령에 익숙해지기도 했다. 지금까지 살펴봤듯이, 컨테이너는 향후에 애플리케이션을 만드는 방법을 다시 생각해보게 만드는 강력한 기술이다.

3장에서는 지금까지 배운 지식을 바탕으로 컨테이너로 작업하는 방법과 컨테이너 위에 마이크로서비스 아키텍처를 만드는 방법을 더 자세히 살펴본다.

애플리케이션 설계

3장에서는 마이크로서비스 아키텍처 스타일을 사용해 애플리케이션 아키텍처를 잡고 설계하기 위한 고려 사항뿐만 아니라 마이크로서비스 아키텍처로 가는 길을 다룬다. 다양한 서비스의 경계를 어떻게 정의하고 각 서비스의 규모를 어떻게 잡아야 할까? 경계를 정의하기 전에, 잠깐 멈춰서 마이크로서비스가 현재 프로젝트에 최선의 접근 방법인지를 생각해보자. 마이크로서비스 아키텍처의 경로는 실제로 모놀리스에 가까운 개념으로 시작한다.

오늘날 경험에서 끌어내야 하는 대부분의 성공적인 마이크로서비스 사례는 실제로 모놀리스로 시작해서 마이크로서비스 아키텍처로 발전하는 것이다. 그렇다고 프로젝트를 마이크로서비스 아키텍처 접근 방식으로 시작할 수 없다는 뜻은 아니지만, 신중하게 고려할 사항이다. 팀에서 이러한 접근 방식에 대한 경험이 많지 않다면, 예상하지 못한 위험이 발생할 수 있다. 준비가 안 된 프로젝트에서 마이크로서비스 아키텍처는 비용이 높을 수 있다. 이러한 고려 사항을 서비스 경계 정의에 대한 몇 가지 생각할 거리와 함께 자세히 다룬다.

⫶ 어디서 시작할지 결정하기

마이크로서비스 설계와 비즈니스 도메인 분할로 건너뛰기 전에, 먼저 잠깐 멈춰서 마이크로서비스 아키텍처로 시작할지 여부와 궁극적으로 프로젝트를 이 방식으로 진행할 계획인지 생각해보자. 요즘의 프로젝트에서는 모놀리식 아키텍처도 아무 문제가 없으며, 좋은 출발점이기도 하다. 아니면 두 가지 아키텍처 사이의 어딘가에서 시작할 수도 있다. 마이크로서비스 아키텍처는 초기 비용이 높아 최초 릴리스를 느리게 하고 특히 시작 상황에서 신속하게 최소한의 실행 가능한 제품을 얻기 어렵다. 고려해야 할 다른 부분은 팀과 애플리케이션의 현재와 향후 규모다. 애플리케이션을 가치 있게 만드는 규모로 확장하지 못한다면, 마이크로서비스 접근 방식을 다시 고려해야 할 수도 있다. 성공적으로 수행할 수 있는 기량과 필요한 데브옵스 실천 규범을 가지고 있는가? 팀을 구성할 때 어떤 기량과 숙련도가 필요한가? 이런 점들 모두가 고려해야 할 것이다.

코스 그레인드 서비스

마이크로서비스 아키텍처에서는 동작하는 부분이 많으며, 초기 비용이 높다. 자립적인 코스 그레인드^{Coarse-Grained} 서비스 몇 가지로 시작한 다음, 애플리케이션이 성숙해짐에 따라 더 세분화된 서비스로 분해하는 것이 좋을 때가 있다. 새로운 프로젝트를 모놀리스나 다수의 코스 그레인드 서비스로 시작하면 좀 더 신속하게 시장에 초기 제품을 내어놓을 수 있다. 아키텍트와 개발자, 운영에서는 이러한 접근 방법에 좀 더 익숙하며, 오늘날 우리가 사용하는 도구는 이 방식에 잘 맞게 만들어졌다. 새로운 애플리케이션을 시장에 출시함으로써, 마이크로서비스 아키텍처를 관리에 필요한 기량을 더 높일 수 있다. 애플리케이션 경계는 훨씬 더 안정적이고 경계를 어디다 둬야 할지 더 잘 이해할 수 있다.

모놀리식 방식에서 마이크로서비스 아키텍처로 전환해서 뭔가를 시작할 계획이 있는 경우 설계할 때 몇 가지 고려할 사항이 있다. 마이크로서비스로 이행을 간소화하려면 모듈화에 주의를 기울이면서 애플리케이션을 설계해야 한다. 이는 이론적으로는 멋지지만, 실제 모놀리스에서 모듈화를 지키는 것은 어려운 일이다. 마이크로서비스 아키텍처로 쉽게 리팩토링할 수 있는 방식으로 모놀리스를 만들려면 많은 훈련이 필요하다.

> **♪ 노트 ♪**
> 모놀리스의 각 컴포넌트에 대한 데이터는 동일한 데이터베이스나 별도의 데이터베이스에 별도 스키마로 배포할 수 있다. 이는 데이터 저장소의 자율성을 적용하고 마이크로서비스 아키텍처로 쉽게 전환시킬 수 있다.

어떤 상황에서는 시장에 신속하게 내어놓는 모놀리스를 만들 계획을 세우고 나서, 마이크로서비스 아키텍처로 대체하고 간단 모놀리스를 버린다고 해서 문제될 건 없다. 여기에는 궁극적으로 모놀리스를 언제쯤 어떻게 바꿀지에 대한 계획이 필요하다.

비즈니스와 기술 요구 사항뿐만 아니라 팀의 경험과 지식에 따라, 그림 3.1에서 보는 것처럼 모놀리스에서 시작하거나 모놀리스와 세분화된 마이크로서비스 사이의 특정 지점에서 시작할 수 있다. 마이크로서비스에서 더 많은 이점을 얻는 요구 사항을 가진 애플리케이션은 그래프의 오른쪽에 더 가깝게 시작하며, 경험이 부족한 팀은 왼쪽에 가깝게 시작하고 필요에 따라 더 세분화할 계획을 갖는다.

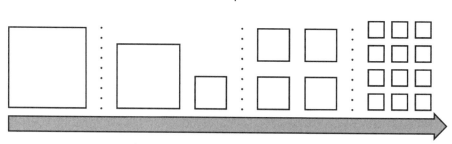

▲ **그림 3.1** 모놀리스에서 마이크로서비스 아키텍처로 진화

유효한 접근 방식은 더 적은 코스 그레인드 서비스로 시작하고 시간이 지남에 따라 더 세분화된 서비스로 나눈다. 마이크로서비스 아키텍처로 접근할 때처럼 여전히 서비스 분해와 설계에 동일한 원칙과 관례를 사용해 애플리케이션을 분해한다. 그 다음 마이크로서비스의 운영 측면에서 얼마나 준비가 됐는지, 팀의 경험과 도구, 프로세스가 성숙되면서 더 세분화된 서비스로 나아갈 수 있는지를 결정할 수 있다. 몇 개의 서비스만으로도 어려움을 겪고 있다면, 십여 개의 서비스를 관리하는 일은 고통스런 일이다.

> **⚠ 코스 그레인드 서비스 분해**
> 코스 그레인드된 서비스로 시작하는 접근 방식을 취할 때, 마이크로서비스 아키텍처를 통해 서비스 분해에 대한 원칙과 관례를 사용한다. 애플리케이션 계층화가 아니라 비즈니스 기능을 중심으로 서비스를 분해한다.

마이크로서비스로 시작하기

앞서 언급한 것처럼 모놀리스나 더 코스 그레인드된 서비스로 시작하지 못할 이유는 없다. 새로운 대규모 애플리케이션을 작업하는 아주 큰 규모의 팀이 있을 수 있고 도메인을 잘 이해할 수 있다. 모놀리스로 시작하는 데 대한 논쟁은 최종 목표가 마이크로서비스 아키텍처인 경우, 처음부터 거기서 시작할 이유가 충분하다.

마이크로서비스 아키텍처로 시작함으로써 나중에 리팩토링 비용을 피할 수 있으며, 잠재적으로 마이크로서비스의 이점을 빨리 누릴 수 있다. 컴포넌트를 신중하게 설계하고 경계가 강하게 결합되지 않도록 하며, 일반적으로 어느 정도 단일 코드 베이스에서 그 간의 이력을 기반으로 한다. 팀은 시작부터 마이크로서비스 기반 애플리케이션을 만들고 관리하는 데 아주 익숙해진다. 팀은 필요한 경험을 하고, 마이크로서비스 아키텍처를 지원하는 데 필요한 인프라와 도구를 구축할 수 있다. 나중에 애플리케이션의 설계가 구조를 다시 변경할 것인지 여부를 염려할 필요가 없으며, 잠재적인 기술 부채를 피할 수 있다. 도구와 기술이 성숙해질수록, 이런 접근 방식으로 시작하는 것이 더 쉬워질 것이다.

일단 결정을 하면, 리팩토링이 필요한 모놀리식이나 코스 그레인드 서비스와 파인 그레인드 서비스의 어떤 조합을 사용하여 만들어야 하는 새로운 애플리케이션을 갖게 된다. 어쨌든, 애플리케이션을 마이크로서비스 아키텍처에 적합한 부품으로 나누는 접근 방식에 관해 생각해봐야 한다.

서비스와 인터페이스 정의

서비스를 만들기 전에, 이들 서비스와 인터페이스가 무엇인지를 정의해야 한다. 서비스를 분해하기 시작할 때, 염두에 둬야 할 질문 중 하나는 서비스가 어느 정도 규모가 될 것인가? 하는 것이다. 서비스의 수와 크기를 정의하는 일은 힘든 작업일 수 있다. 최적의 크기에 대한 특정 규칙은 없다. 서비스를 더 분해할지 고려해야 하는지 결정하는 데 도움을 얻기 위해 몇 가지 기술의 조합을 사용할 수 있다. 파일의 수나 코드 줄 수로 서비스를 분할할지를 알 수 있다. 또 다른 이유로는 한 서비스에서 너무 많은 책임을 제공해 추론과 테스트, 유지관리가 어려워진 경우다. 서비스 분할과 팀 구조 둘 다의 변경이 필요한 팀 조직이 요인이 될 수 있다. 인증 처리와 웹 페이지 서비스와 같은 혼합된 서비스 유형이 서비스를 추가로 분해할 또 다른 좋은 이유일 수 있다.

여기서는 비즈니스 도메인에 대한 이해가 중요하다. 애플리케이션의 기능과 능력에 관해 더 잘 알수록 그 애플리케이션을 작성하는 데 사용된 서비스와 인터페이스를 더 잘 정의할 수 있다.

결국 우리는 서비스에서 밀접하게 관련된 동작을 함께 묶은 소규모의 느슨하게 결합된 서비스를 원한다. 느슨하게 결합된 서비스는 다른 서비스의 변경 없이 한 서비스를 변경할 수 있게 한다. 서비스의 독립적 업데이트 가능 여부는 아주 중요하다. 서비스들 간의 통합을 계획할 때 부주의로 서비스 간의 결합이 생기지 않도록 주의를 기울여야 한다. 부주의한 결합은 공유된 코드나 경직된 프로토콜, 모델, 공유 데이터베이스, 버전 관리 전략 부재, 내부 구현 세부 내용 노출 등으로 발생한다.

애플리케이션 분해

기존 애플리케이션이나 새로운 애플리케이션에 접근할 때, 올바른 마이크로서비스 아키텍처를 얻기 위해 더 많은 도전과 중요한 것들 사이에서 경계선이 어딘지, 그리고 애플리케이션을 더 작은 서비스로 분해하는 방법을 결정해야 한다. 결합을 최소화하고 관련있는 것들을 함께 유지해야 한다. 좋은 컴포넌트 설계처럼, 서비스 설계에서 높은 응집도와 느슨한 결합을 위해 노력하자.

결합은 상호 의존성의 정도이며, 느슨한 결합은 상호 의존성의 수가 매우 적다는 의미다. 이것은 서비스에 대한 독립적인 생명주기를 유지하는 데 중요하다. 느슨한 결합을 유지하려면, 애플리케이션을 분할하는 방법뿐만 아니라 서비스를 통합하는 방법을 주의 깊게 고려해야 한다.

마이크로서비스 아키텍처와 관련하여 고려해야 할 중요한 점은 높은 응집도를 논의할 때 일반적으로 기능적 응집력을 의미한다는 것이다. 응집력은 어떤 것이 관련되어 있는 정도이며 응집도가 높은 경우, 매우 밀접하게 관련돼 있는 것이다. 응집도가 매우 높은 경우 일반적으로 함께 변경되어야 한다. 우리는 서비스를 변경하는 경우, 하나의 서비스만 변경하고 릴리스하길 원한다. 여러 서비스에서 변경과 릴리스를 조정하지 않아야 한다. 서비스에서 밀접하게 관련된 부분을 함께 유지시키면 이런 부분을 훨씬 쉽게 달성할 수 있다. 이는 서비스 간에 혼란을 줄이려는 것이기도 하다. 전통적인 SOA와 비교할 때 마이크로서비스 아키텍처와의 중요한 차이점은 논리적 응집력보다 기능에 중요성을 둔다.

> ⚠ **경계 리팩토링**
> 서비스 경계를 리팩토링하는 것은 비용이 높으며 할 수 있는 한 피하기 원하는 것이다. 기능이 한 서비스에서 다른 서비스로 이동될 때 계획 및 조정, 데이터 마이그레이션이 수반될 것이다.

개별 서비스와 서비스의 인터페이스를 정의하는 데 사용할 애플리케이션의 경계를 확인해야 한다. 앞서 언급했듯이, 이들 경계는 밀접하게 관련된 것들이 함께 그룹화되고 무관한 것들은 다른 곳에 있어야 한다. 경계는 애플리케이션의 규모와 복잡성에 따라 애플리케이션에서 사용된 명사와 동사를 확인하고 그룹화하는 문제일 수 있다.

DDD^{Domain-Driven Design} 개념을 사용해 애플리케이션 내에서 개별 서비스로 나누는데 사용할 경계를 정의하는 데 도움을 얻을 수 있다. DDD에서 유용한 개념이 제한 영역^{bounded context}이다. 제한 영역은 문제 공간을 분해하고 구성하는 데 사용할 수 있는 애플리케이션의 구체적인 책임을 나타낸다. 제한 영역은 서비스 인터페이스 또는 API라고 하는 매우 잘 정의된 경계를 갖는다.

도메인에서 제한 영역을 파악할 때, 비즈니스 기능과 용어에 관해 생각해보자. 두 가지는 도메인에서 제한 영역을 확인하고 유효성을 검사하는 데 사용된다. DDD를 자세히 살펴보는 것은 이 책의 범위 밖이지만, 이 내용을 자세히 다룬 좋은 책이 시장에 많다. 에릭 에반스가 쓴 『Domain-Driven Design』*과 스콧 밀레와 닉 튠이 쓴 『Patterns, Principles, and Practices of Domain-Driven Design』을 추천한다. 크고 복잡한 도메인에서 이러한 경계들을 정의하는 일은 도전적일 수 있는데, 특히 도메인을 잘 이해하지 못한 경우는 더욱 그렇다.

제한 영역 내에서 컴포넌트를 고유 서비스로 더 분할하지만 데이터베이스는 여전히 공유하게 만들 수 있다. 분할은 애플리케이션의 확장성이나 구현해야 하는 기능에 다른 기술을 사용할 필요성과 같은 비기능 요구 사항을 만족시킬 수 있다. 예를 들어, 제품 카탈로그를 단일 서비스로 결정한 후, 검색 기능이 애플리케이션의 나머지와는 다른 리소스와 규모 요구 사항이 있음을 알았다. 보안이나 가용성, 관리, 배포 등의 이유로 이 기능을 개별 서비스로 더 분할할 수 있다.

서비스 설계

서비스를 만들 때 다른 팀의 서비스와 결합되지 않도록 해야 릴리스의 조정을 요구받지 않는다. 독립성도 유지해야 한다. 변경을 비롯해 업데이트를 배포할 때 사용자를 방해하는 일도 없어야 한다. 이런 요구를 달성하려면 인터페이스와 테스트, 버전

---

* 위키 북스에서 『도메인 주도 설계 : 소프트웨어의 복잡성을 다루는 지혜』라는 이름으로 한국어판이 출간됐다.
　－ 옮긴이

관리 전략을 주의 깊게 설계하고 이렇게 하는 동안 서비스를 문서화해야 한다.

인터페이스를 정의할 때, 서비스의 모델이나 내부에서 불필요한 정보를 노출하지 않아야 한다. 반환되는 데이터가 어떻게 사용되는지 가정할 수 없으며, 속성을 제거하거나 부주의하게 노출된 내부 속성을 변경하면 사용자의 서비스 이용을 중단시킬 수 있다. 필요한 것 이상을 노출하지 않도록 주의해야 한다. 반환되는 것을 제거하거나 변경하는 것보다는 반환된 모델에 추가하는 것이 더 쉽다.

업데이트를 릴리스할 때 잠재적으로 중단을 일으키는 변경 사항을 파악하기 위해 통합 테스트를 수행할 수 있다. 서비스 테스트의 문제점 중 하나는 운영 환경에서 사용되는 실제 버전으로 테스트하지 못할 수 있다는 점이다. 서비스의 소비자는 끊임없이 서비스를 발전시키고 있으며, 다른 서비스에 종속성을 갖는 서비스에 의존할 수 있다. 소비자 서비스와 서비스 종속성 테스트를 위한 소비자 주도 계약과 모형, 스텁을 사용할 수 있다. 이 내용은 6장, '데브옵스와 연속 업데이트'에서 다룬다.

소비자에게 중요한 변경을 일으켜야 할 때가 올 것이고 그런 변경을 일으킬 때, 서비스 전반에 적절한 버전 관리 전략을 수립하는 일이 중요하다.

> ⚠ **공통 버전 관리 접근 방식**
>
> 모든 서비스에 걸친 공통 버전 관리 전략을 권장한다. 서비스 소유자는 많은 기술적 자유도를 갖지만, 공통 버전 관리 전략뿐만 아니라 공통 로깅 형식에 동의하면 조직 전반에 걸쳐 관리와 서비스 사용이 쉬워진다.

버전 관리 서비스에 대한 여러 가지 다른 접근 방식이 있다. 헤더, 쿼리 문자열에 버전을 넣거나, 간단히 여러 버전의 서비스를 병렬로 실행할 수 있다. 여러 버전을 병렬로 배포한다면 두 개의 브랜치를 유지해야 한다는 사실을 기억해야 한다. 우선순위가 높은 보안 업데이트를 여러 버전의 서비스에 적용해야 할 수도 있다. 마이크로소프트 패턴스 앤드 프랙티스 팀은 일반적인 API 설계와 버전 관리에 대한 멋진 가이드와 모범사례를 다음 URL에서 제공한다.

https://docs.microsoft.com/ko-kr/azure/best-practices-api-design

서비스를 문서화하는 것도 중요하다. API를 빠르게 사용할 수 있게 해줄 뿐만 아니라 API를 사용하기 위한 모범사례를 제공한다. API에서는 서비스들 간에 복잡성을 줄이는 데 유용한 배치 기능을 포함할 수 있지만, 소비자가 이들 배치 기능을 알지 못하는 경우 도움이 되지 않는다. 스웨거^{Swagger}(http://swagger.io)는 우리의 API를 대화형 문서뿐만 아니라, 클라이언트 SDK 생성 및 발견하기 쉽게 하는 데 사용할 수 있는 도구다.

⫶ 서비스와 서비스 통신

그 밖에 고려해야 할 것은 서비스가 서로 통신하는 방법이다. 계산 서비스는 카탈로그 서비스의 정보가 필요하거나, 알림 서비스로 정보를 보내야 할 수 있다. JSON 직렬화를 사용하는 REST 기반 API over HTTP/S의 형식을 자주 사용하지만, 특정 상호작용에서 항상 최선의 선택이 아닐 수 있다. 여러 가지 프로토콜과 직렬화 형식, 고려해야 할 절충점이 있다. 온라인에서 검색해보면 다양한 직렬화 옵션으로 성능과 관리의 절충점을 다루는 많은 정보를 찾아 볼 수 있다.

> **Ⓐ 직렬화 오버헤드**
>
> 직렬화는 종종 서비스 간 통신에서 비용이 높다. 다양한 크기와 직렬화, 역직렬화, 스키마 절충에 여러 가지 직렬화 형식을 사용할 수 있다. 이 비용을 피할 수 있다면 시스템의 성능을 높일 수 있다. 때때로 업스트림에서 다운스트림 서비스로 데이터를 전달하고 대신 헤더에 데이터를 추가할 수 있다.

마이크로서비스 아키텍처를 설계할 때, 서비스의 통신 방법을 고려해야 한다. 서비스 간의 불필요한 통신을 피하고 가능한 효과적으로 통신해야 한다.

인터페이스로 무엇을 선택하든 잘 정의된 인터페이스여야 하며 변경으로 인해 특정 버전의 소비자에게 중단을 일으키지 않아야 한다. 인터페이스를 변경할 수 없다는 것이 아니다. 주요 차이점은 중단을 일으키는 변경이다. 서비스 간에 사용되는 두 가지 다른 통신 스타일은 동기와 비동기 요청/응답이다. 이는 구현된 서비스가 궁극적으로 인터페이스를 중단시키는 경우 버전 관리 전략을 사용해야 한다는 의미다.

동기 요청/응답

많은 개발자가 동기 메시징 접근 방식에 아주 익숙하다. 클라이언트는 백엔드로 요청을 보낸 다음 응답을 기다린다. 이 스타일은 추론하기 쉽고 오랫동안 사용했기에 자주 사용된다. 구현 세부 내용은 시간이 지나면서 발전했다.

규모에 따른 동기 메시징의 문제점 중 하나는 리소스가 응답을 기다리느라 묶일 수 있다는 것이다. 스레드에서 요청을 하면, 응답을 기다리면서 귀중한 리소스를 소진하고 아무일도 하지 않을 때가 종종 있다. 많은 클라이언트에서 이벤트 기반 구현을 사용해 스레드로 작업을 작업을 계속 수행시킨 다음, 응답이 반환될 때 콜백을 실행한다. 서비스에 동기 요청을 해야 한다면, 이 방법을 사용한다. 하지만 클라이언트에서는 서비스에서 시의적절한 응답을 기대한다. 부록 A에서 ASP 닷넷으로 API를 구현하고 사용할 때 모범사례에 대해 설명했다. 설명한 많은 개념은 다른 언어와 프레임워크에도 적용할 수 있다.

비동기 메시징

분산 시스템에서 서비스 간 통신의 또 다른 유용한 접근 방식이 비동기 메시징이다. 비동기 메시징 접근 방식을 사용하면 클라이언트는 메시지 보내는 요청을 완료한다. 그 후 클라이언트에서 다른 작업을 계속하고, 서비스에서 응답을 전송할 경우, 또 다른 메시지를 다시 보내 요청에 응답한다. 클라이언트는 일반적으로 메시지가 수신되고 대기열에 들어갔음을 통지받기 위해 대기하지만, 요청을 처리해서 응답을 줄 때까지 기다릴 필요는 없다. 어떤 경우에는 클라이언트에서 응답이 필요 없거나 나중에 요청의 상태에 대해 서비스를 다시 확인한다.

비동기 메시징에는 여러 가지 장점이 있지만, 고려해야 할 절충점과 문제도 있다. 비동기 메시징을 잘 설명하는 자료로 Microsoft Patterns & Practices 팀에서 공개한 다음 URL을 참고하자. 이 자료는 새로운 비동기 메시징 개념을 이해하는 데 큰 도움이 된다.

https://msdn.microsoft.com/en-us/library/dn589781.aspx

앞서 언급한 것처럼, 마이크로서비스 접근 방법을 사용해 애플리케이션을 설계할 때, 통신 스타일과 프로토콜, 사용된 직렬화 형식에 관해 고려할 사항이 많다.

다음은 서비스 간 통신에서 고려할 사항이다.

- 상호 작용에 가장 적합한 통신 방식을 선택하고 가능한 비동기 메시징을 사용한다.

- 프로토콜과 직렬화 형식, 다양한 절충안을 고려한다. 성능은 중요하지만 상호 운영성과 유연성, 사용 편의성도 중요하다.

- 서비스가 결합될 때 마이크로서비스 아키텍처의 많은 장점을 잃을 수 있기 때문에 결정할 때 결합이 어떻게 영향을 끼치는지 항상 고려한다.

- 외부 시스템에서 요청이 올 때 항상 캐싱을 고려한다.

- 다른 서비스를 호출할 때 1장의 '모범사례' 절에서 다룬 복원 패턴을 항상 구현한다.

- 한 서비스가 또 다른 서비스에 종속성을 가질 때, 배포할 때 종속 서비스를 사용하도록 요구하거나 시작에 영향을 주지 않아야 한다. 특정 순서로 배포가 필요하거나 서비스를 시작하지 않아야 한다.

- 오버헤드를 줄이기 위해 대체 접근 방법을 고려한다. 예를 들어, 한 서비스가 요청에서 받은 정보를 사용해 또 다른 서비스를 추가 정보로 호출하면 원래 메

시지를 다시 직렬화할 필요가 없어야 한다. 원래 메시지는 헤더의 추가 정보와 함께 전달될 수 있다.

요즘 시스템에서는 동기 요청/응답 및 비동기 메시징 둘 다 사용하는 경우가 있다. 우리는 실제로 이 절에서 서비스 간 통신 개념의 일부를 훑어본 것이다. 서비스로 요청을 라우팅하는 방법은 5장의 '서비스 검색' 절에서 자세히 설명한다. 서비스 간 통신은 마이크로서비스 아키텍처를 기반으로 애플리케이션을 설계할 때 중요한 고려 사항이다.

모놀리스에서 마이크로서비스로

마이크로서비스 아키텍처로 전환을 기존 모놀리식 애플리케이션에서 시작하고 싶을 것이다. 이는 결국 모놀리스로 시작할 때 마이크로서비스 아키텍처로 전환을 고민하고 결정한 결과일 수 있다. 어떻게 모놀리스로 결론을 내렸는지 상관없이, 지금은 마이크로서비스 애플리케이션으로 전환하고 관리하는 비용보다 이점이 크기 때문에 모놀리스 애플리케이션을 마이크로서비스로 리팩토링하기를 원하는 것이다. 이 작업은 여러 가지 방식으로 수행할 수 있으며, 이 절에서 몇 가지를 다룬다. 꽤 잘 수립된 비즈니스 모델과 서비스 경계를 정의하는 데 도움이 되는 데이터를 얻을 수 있는 이점이 있다.

모놀리스를 마이크로서비스로 분해할 때 종종 만나는 문제는 시스템 내의 강한 결합으로, 애플리케이션 전체에 관련 없는 모든 코드가 얽혀 있는 것이다. 애플리케이션을 별도의 서비스로 분해하고 싶은 기능을 풀어내는 일이 아주 어려울 수 있다.

접근 방식과 우선순위에 영향을 주기 때문에 모놀리식 애플리케이션을 마이크로서비스로 리팩토링하는 동기를 먼저 결정해야 한다. 다른 기술을 사용해 새로운 기능을 추가하기 원한다면, 모놀리스를 리팩토링할 필요가 없을 수 있고, 대신에 모놀리스에 나란히 기능을 추가할 수 있다. 한 기능이 문제를 일으키거나 모놀리스의 나머지 기능이 일부 기능 구현을 방해한다면, 먼저 해당 기능을 이동해야 한다.

모놀리스 리팩토링은 한 번에 하나의 서비스를 분리하는 과정이다. 모놀리스 기능들은 마이크로서비스로 대체되며, 시간이 지남에 따라 전체 모놀리스가 마이크로서비스 아키텍처로 완전히 분해된다. 모놀리스의 규모가 줄어들면, 결국 최종으로 남은 몇 가지 어려운 항목을 다루기 쉬워진다. 먼저 어디서 시작하고 무엇을 잘라내야 하는지 신중하게 생각해야 한다.

> **⚠ 데이터 수집**
>
> 모놀리스에서 적절한 로깅과 원격 분석은 마이크로서비스 아키텍처로 분해하는 작업의 접근 방식에서 아주 유용한 정보다. 이 정보는 분할 규모를 알아야 하거나 데이터 저장소의 결합을 파악할 때 특히 유용하다. 모놀리스에서 마이크로서비스로 분해하는 경계를 파악하는 데 필요한 정보를 모으는 수단이 필요할 수 있다.

애플리케이션의 도메인 내에서 비즈니스 기능과 제한 영역을 파악한 다음, 코드 분석을 시작할 수 있다. 코드에서 경계를 발견한 기능은 다른 기능보다 더 쉽게 분리할 수 있다. 종속성 도구와 프로파일러가 애플리케이션의 구조와 동작을 이해하는 데 더 유용할 수 있다. 오늘날 매우 신속한 릴리스 요건처럼 마이크로서비스 아키텍처에서 만족시켜야 하는 특정한 요구 사항을 갖는 기능도 있을 것이다. 이 기능은 모놀리스로 릴리스할 때 자주 깨지고 중단을 일으킬 수 있다. 분할하기 쉬운 기능으로 시작해서 마이크로서비스를 시험해보고 싶을 수도 있다. 다음 목록은 모놀리스를 분할하는 접근 방식을 취할 때 심사숙고해야 할 내용이다.

다음은 분할과 우선순위에 대한 고려 사항이다.

- **변경 비율**: 변경 중이고 자주 릴리스해야 되는 기능, 또는 매우 안정적이어서 거의 변경이 일어나지 않는 기능이다.
- **규모**: 애플리케이션의 나머지보다 다른 규모 요구 사항을 필요로 하는 기능이다.

- **기술**: 새로운 기술을 활용하는 기능은 모놀리스를 분할하는 좋은 후보가 된다.
- **조직 구조**: 기능을 작업하는 팀이 다른 지역에 있을 수 있다.
- **용이성**: 모놀리스에서 쉽게 분할하고 시험할 수 있는 일부 기능과 경계가 있다.
- **보안**: 애플리케이션에서 아주 민감한 정보를 다루고 추가적인 보안을 필요로 하는 기능이 있다.
- **가용성**: 어떤 기능이 다른 가용성 요구 사항을 가질 수 있고 고유한 서비스로 분해함으로써 이들 요구 사항을 더 쉽게 충족할 수 있다. 이를 통해 솔루션의 대상 영역에 대한 비용을 효과적으로 분리할 수 있다.
- **규정 준수**: 애플리케이션의 특정 측면은 규정 준수에 해당할 수 있으며 애플리케이션의 나머지 부분과 분리되어 규정 준수 규칙을 적용받지 않도록 하는 것이 이로울 수 있다.

모든 기능을 마이크로서비스로 분해할 필요가 없다는 사실도 고려하자. 애플리케이션에 적합한 경우만 분할 정복이 나을 수 있다. 모놀리스를 몇 개의 코스 그레인드 서비스로 분해한 다음, 계속해서 한두 개의 큰 서비스를 병렬로 조금씩 잘라낸다.

해당 코드를 또 다른 서비스로 분리하는 일 외에도, 데이터를 분산시키고 별도의 데이터 저장소에 넣을 때 데이터 마이그레이션과 데이터 일관성도 고려해야 한다. 데이터베이스에서 컴포넌트와 기능 간에 결합이 있을 수 있다. 데이터베이스는 공유 데이터와 테이블, 트랜잭션, 외래 키 제약조건, 리포팅 필요성과 같은 문제들을 수반할 수 있다. 우리는 첫 단계로 동작을 분해하고 해당 모놀리스와 새로운 서비스에서 일정 기간 동안 데이터베이스를 공유하게 할 수 있다.

서비스가 모놀리스에서 분리되면서 계속해서 모놀리스와 협력하고 통합해야 한다. 프록시를 모놀리스 앞에 놓아서 분리된 새로운 서비스로 트래픽을 라우팅할 수 있다. 모놀리스에서 분할된 기능은 새로운 서비스를 호출하는 데 사용되는 클라이언트 프록시로 대체해야 한다. 서비스가 기존 모놀리식 애플리케이션과 상호작용해야 하는 곳에서는 오류 방지 계층의 추가도 고려해야 한다. 오류 방지 계층은 에릭 에

반스의 DDD에서 소개했다. 이러한 접근 방식은 모놀리식 애플리케이션에 퍼사드 facade를 만들고 모놀리스의 도메인 모델에서 우리가 만들고 있는 마이크로서비스를 훼손시키지 않는다.

Flak.io 전자상거래 샘플

Flak.io는 마이크로서비스 개념을 보여주고 관련 기술을 탐구하는 데 사용하는 오픈소스 마이크로서비스 샘플 애플리케이션이다. 이 절에서는 이 샘플 애플리케이션 설계와 고려 사항을 살펴본다. 이 애플리케이션은 작고 단순하며, 이 책에서 설명하는 많은 개념을 다루기에 충분한 예를 제공한다.

Flak.io는 쇼핑객이 카탈로그에서 제품을 찾아보고 구매할 수 있는 전자상거래 애플리케이션이다. 먼저 Flak.io 요구 사항 몇 가지를 살펴보자.

Flak.io

Flak.io는 현대 우주 탐험가를 위해 독특한 제품을 온라인으로 판매하는 고급 기술 리셀러다. 우주 탐험은 빠르게 성장하고 있으며, 그와 함께 장비에 대한 요구가 급속히 늘어나고 있다. Flak.io는 예상되는 요구 사항을 처리할 수 있도록 확장할 수 있는 전자상거래 솔루션을 출시해야 한다. 우주 탐험 장비에 대한 온라인 소매 시장은 경쟁이 치열해지고 있으므로, Flak.io는 여전히 민첩하고 지속적인 혁신을 할 수 있어야 한다. Flak.io는 마이크로서비스 아키텍처를 사용해 새로운 온라인 매장 기술을 만들기로 결정했다. 이 팀은 마이크로서비스 아키텍처의 장점과 잘 맞는 몇 가지 고수준 요구 사항을 갖고 있다.

초기에 사용자는 간단히 제품의 카탈로그를 찾아보고 이 상품을 온라인으로 구매할 수 있어야 한다. 사용자는 처음에 바로 로그인하거나 계정을 만들 필요는 없지만, 결국 이 기능을 추가하게 될 것이다. 이 카탈로그는 기본 탐색과 검색 기능뿐 아니라 사용자가 검색 용어를 입력하고 범주별로 제품을 탐색해 찾게 한다. 사이트에서 제품을 확인할 때, 사용자에게 과거 주문과 검색 이력의 분석을 기반으로 관련 목록과 권장 제품이 나타난다. 사용자는 장바구니에 구매를 원하는 상품을 추가하고 나서 구매를 진행한다. 그다음 사용자는 영수증과 구매 내역에 대한 전자메일 알림을 받는다.

요구 사항

- **지속적인 혁신**: 시장에서 입지를 유지하기 위해 Flak.io 팀은 새로운 기능을 시험하고 시장에 신속하게 이들 기능을 출시해야 한다.
- **평균 복구 시간**^{MTTR, Mean Time to Recovery} **줄이기**: 데브옵스 팀은 수정 사항을 신속하게 파악하고 서비스에 반영해 출시해야 한다.
- **기술 선택**: 새로운 기술이 끊임없이 애플리케이션의 핵심 영역에서 활용될 수 있는 시장에 등장하고 있으며, 비즈니스에 적합하다면 팀에서 이런 기술을 신속하게 적용해야 한다.
- **리소스 최적화**: 애플리케이션이 최적화돼 클라우드 인프라 비용을 줄여야 한다.
- **애플리케이션 가용성**: 애플리케이션의 일부 기능에 고가용성을 제공해야 한다.
- **개발자 준비기간 줄이기**: 팀이 빠르게 성장했다면 새로운 개발자가 들어와 즉시 일을 시작할 수 있어야 한다.

Flak.io 전자상거래 애플리케이션은 마이크로서비스 아키텍처에서 장점이 있고 비용을 투자했을 충분히 가치가 있다고 나타났다. 팀은 마이크로서비스를 다루는 서비스 설계 경험이 충분하므로, 애플리케이션을 다음 일련의 서비스로 분해했다.

아키텍처 개요

그림 3.2에서 보는 것처럼 애플리케이션은 다음의 4가지 서비스로 분해된다.

- 카탈로그 서비스에는 범주와 제품 정보, 이미지가 포함된다.
- 주문 서비스는 주문 처리를 담당한다. 주문 서비스의 상품 모델은 다른 컨텍스트에 속하기 때문에 카탈로그 서비스의 상품 모델과는 달라야 한다.
- 추천 서비스는 이력 정보와 가능한 실시간 정보를 더 분석해 추천하는 작업을 담당한다.
- 알림 서비스는 전자메일 알림을 보내는 것뿐만 아니라 전자메일 템플릿을 저장하고 관리하는 작업을 담당한다.

이 애플리케이션은 동기와 비동기 메시징 기술을 혼합해 사용한다. 클러스터 관리와 오케스트레이션 도구를 사용해 애플리케이션을 클러스터로 배포하는 부분은 5장에서 더 자세히 다룬다.

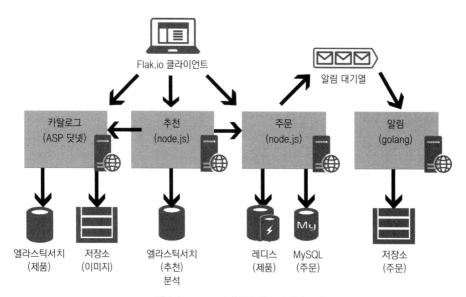

▲ **그림 3.2** Flak.io 아키텍처 개요 다이어그램

고려 사항

애플리케이션을 개별 서비스로 분해할 때 고려 사항은 다음과 같다.

- 지금은 클라이언트에서 카탈로그 정보와 추천 정보를 요청한다. 우리는 클라이언트에서 일어나는 요청을 줄이고 프록시로 요청을 모으거나 서비스 중 하나에서 그 부분을 담당하게 하길 원한다. 예를 들어, 추천 서비스에 추천을 요청할 수 있는 카탈로그 서비스로 요청을 전송하거나, 에지 프록시에서 양쪽 서비스를 모두 호출하고 결과를 결합해서 반환하게 할 수 있다.

- 비즈니스 구성 요소나 컴포넌트, 또 다른 것들로 인한 제한 영역을 더 분해하길 원한다. 예를 들어, 애플리케이션 규모에 따라 검색 기능을 다른 카탈로그 기능과 분리할 수 있다. 분할이 더 필요하다는 판단이 설 때까지 코스 그레인드 상태를 유지한다.

- 엘라스틱서치^{Elasticsearch}는 몇 가지 이유로 추천을 제공하는 그래프 데이터베이스로 사용된다. 엘라스틱서치는 아주 강력한 그래프 API를 포함하며, 다른 영역에서도 사용되기 때문에 많은 기술을 대체하고 모범사례용 정보를 공유할 수 있다.

- 추천과 제품을 동일한 엘라스틱서치 클러스터의 다른 인덱스로 넣을 수 있다. 한 서비스가 다른 서비스의 인덱스에 직접 액세스를 허용받지 않는 한, 다수의 클러스터를 실행해 비용을 줄일 수 있어야 한다.

- 서비스 중 상당수가 더 많은 마이크로서비스로 분해될 수 있다. 예를 들어, 팀에서 주문 서비스를 더 많은 서비스로 더 분해하는 것을 고려하면서 일부 기능을 지불/계산 서비스로 이동할 수 있다. 하지만, 팀에서 나중에 리팩토링에서 최소한의 작업만 해야 한다고 판단했다면, 이 시점에 더 많은 서비스나 복잡성을 관리할 준비가 안 된 것이다.

- 도메인 주도 설계^{DDD}는 접근 방식이자 도구다. 이런 상황에서 멋진 도구 이지만, 한 도메인을 별도의 서비스로 분해하는 유일한 접근 방식은 아니다.

- 현재 고객은 익명이며 구매할 때마다 간단히 지불 정보를 입력한다. 향후에는 고객 계정을 사용할 수 있는 기능이 애플리케이션에 추가된다.

⫶ 요약

애플리케이션을 마이크로서비스 아키텍처를 기반으로 설계할 때 가장 큰 도전들 중 하나는 경계를 정의하는 것이다. 우리는 DDD의 기술을 사용해 경계를 정의할 수 있다. 마이크로서비스 아키텍처로 가는 최적 경로는 실제로 오늘날 모놀리식에서 시작할 수 있다고도 배웠다. 업계의 경험과 기술이 성숙해짐에 따라, 접근 방식은 변할 수 있다. 시작하는 방법과 상관없이, 비즈니스 도메인에 대한 깊은 이해가 필요하다. 모든 아키텍처적인 접근 방식에서처럼, 마이크로서비스 아키텍처는 크고 작은 절충점들로 균형을 잡는다. 이제 애플리케이션과 설계가 준비됐으므로, 마이크로서비스를 만들고 배포하고, 관리하는 얘기로 넘어가보자.

개발 환경 설정

4장에서는 다수의 컨테이너를 관리하는 도커 컴포즈^{Docker Compose}와 도커 문제를 진단하는 일반적인 기법을 사용해 로컬 개발, 도커 이미지 관리, 로컬 개발과 운영 준비 개발을 포함하는 개발 환경에서 도커를 사용할 수 있는 방법을 다룬다.

⫶ 로컬 개발을 위한 도커 사용

로컬 도커 개발을 위한 3가지 일반적인 사용 사례를 검토하고 이 장과 뒤에 나오는 장들에서 더 자세히 더 자세히 설명한다.

로컬 개발용 도커

로컬 개발의 경우 애플리케이션용 호스트로서 컨테이너를 사용하지만, 개발 생산성과 디버깅을 위해 최적화된 환경이다. 예를 들어, 로컬 소스 코드를 볼륨 마운트하고, 전체 추적이나 디버깅 기능을 켜고 디버깅을 단순화하기 위해 원래의 자바스크립트를 포함시킨다.

운영 유효성 검증을 위한 도커

운영 검증을 위해, 개발자는 완전히 최적화된 코드로 컨테이너를 만들고, 개발 전용 기능을 제거한다. 소스 코드를 볼륨 마운트하는 대신, 운영 이미지는 일반적으로 소스 코드를 해당 이미지로 직접 복사하는 Dockerfile 명령을 포함한다. 이를 통해 개발자는 개발에서 만든 동일한 이미지가 스테이징 및 운영에서 정확히 동일한 방식으로 동작하는지 테스트할 수 있다.

빌드/테스트 호스트로서 도커

몇몇 개발 팀은 운영에서 애플리케이션에 대한 호스트가 아닌 필요 시 컴파일과 테스트를 위한 격리된 환경으로 도커 컨테이너를 사용한다. 개발자는 컨테이너 내에서 빌드를 쉽게 돌리고, 실행할 테스트를 지정하며, 로컬 머신 대신에 컨테이너에서 테스트를 실행할 수 있다. 이런 작업이 편리한 한 가지 이유는 개발자가 공유 라이브러리와 같은 서로 다른 종속성이나 자신의 로컬 머신에서 설치하고 싶지 않은 시험판 소프트웨어를 설치하고 검증해야 하는 경우다. 빌드를 컴파일하고 단위 테스트를 통과한 후, 해당 컨테이너는 버린다. 도커를 사용해 빌드와 테스트 검증을 하는 좀 더 일반적인 사용 사례는 로컬 머신이 아니라, 연속 통합 워크플로의 일부로 사용하는 경우인데, 이에 대해서는 6장, '데브옵스와 연속 업데이트'에서 다룬다.

개발자 구성

도커로 개발할 때 첫 번째로 고려할 사항 중 하나는 개발 팀의 구성을 설정하는 방법이다. 다음은 3가지 가장 일반적인 사용 패턴이다.

로컬 개발

이 구성에서는 모든 개발이 랩톱에서 로컬로 수행되는데, 일반적으로 가상 머신 내부에서 실행되는 컨테이너를 사용한다. 일부 개발자들은 도커를 사용하지 않고 로컬 머신에서 더 생산적인 코드를 작성한다고 여겼고, 주 개발이 끝나고나면 도커 컨테이너에서 실행하는 자신의 코드를 테스트하고 다른 서비스와 통합한다.

로컬 및 클라우드

이 구성에서, 초기 개발은 앞서 설명한 것처럼 로컬로 수행하지만, 더 광범위한 테스트/개발이 공유 환경에서 수행되는데, 이 환경은 마이크로서비스의 실세계 운영 환경을 가장 가깝게 모사한 공용 또는 사설 클라우드에서 실행되는 가상 머신을 제공한다.

클라우드 전용

이 구성에서, 모든 개발은 공용 또는 사설 클라우드에서 가상 머신 위에 컨테이너를 올려 수행한다. 개발 팀은 그들의 로컬 PC가 가상화 소프트웨어를 실행할 수 없거나 기업 정책에서 PC에서 가상화 실행을 허용하지 않기 때문에 이 옵션을 선태해야 할 때도 있다. 이러한 제약 사항을 피하려면 각 개발자는 클라우드에서 호스팅되는 기본 기능의 가상 머신을 받아서 컨테이너를 실행해야 한다.

도커 인증 관리

개발 환경을 어떻게 설정할지 선택했다면, 다음 고려 사항은 도커 인증에 관한 것이다. 도커는 전형적으로 2376 포트를 사용하는 TLS^{Transport Layer Security}를 사용해 도커 클라이언트의 원격 액세스를 가능케 하기 위해 일련의 인증서를 설정한다. 인증서를 만들고 도커 데몬을 구성하는 방법에 대한 지침은 http://bit.ly/ch4certs에서 찾아볼 수 있다. 인증서를 만들때 cert.pem와 key.pem, ca.pem라는 세 가지 인증서를 만드는 데, 이들 인증서는 모두 맥과 윈도우의 사용자 폴더인 ~/.docker나 C:\Users\<username>\.docker에 추가해야 한다고 2장, 'Azure의 컨테이너'에서 설명했다.

한 가지 일반적인 문제는 여러 개의 인증서를 관리해야 하는 것이다. 예를 들어, 로컬 개발 환경이나 CI, 스테이징 환경에 대해 다른 인증서를 갖는 경우다. 마찬가지로, 여러 팀 간에 걸쳐 개발을 진행 중이라면, 예를 들어 재무와 인사 관리 부서에 대한 마이크로서비스 개발의 경우 각 팀에서 자신들의 환경에서 사용하는 다른 인증서 집합을 가질 수도 있다. 인증서를 구성하는 한 가지 간단한 방법은 모든 인증서를 .docker 머신 디렉터리 아래에 고유한 키 집합을 갖는 별도의 하위폴더로 각 환경을 구성하는 것이다. 그다음 DOCKER_CERT_PATH 환경 변수를 사용해 각 환경의 키를 설정한다. 재무 개발 환경 같은 경우는 다음과 같다.

```
set DOCKER_CERT_PATH=c:\users\<username>\.docker\machine\machines\finance-dev
```

맥의 경우는 다음과 같다.

```
export DOCKER_CERT_PATH=~/.docker/machine/machines/finance-dev
```

각 도커 호스트(가상 머신)는 자체 키 집합이 필요하기 때문에, 다수의 개발자와 다수의 가상 머신 간에 인증 키 집합을 관리하는 편리한 방법을 원할 수 있다. 소스 제어 시스템에는 도커 인증서를 포함하지 않아야 하는데, 포함하려면 소스 제어 시스템에 액세스하는 모든 사람을 완전히 신뢰하고 제어할 수 있어야 한다. 더욱이 해커는 암호와 인증서를 얻고자 소스 제어 시스템을 재귀적으로 검색하는 자동화된 스니퍼를 사용할 수 있으므로, 소스 제어 시스템에 액세스만 얻어 내는 것이 아니라, 배포 서버를 완전히 통제할 수 있게 된다.

- 로컬 개발의 경우, 각 개발자별로 고유한 내장 도커 키를 사용한다. 이들 키는 기본 디렉터리에 저장되는데 윈도우의 경우는 C:\users\⟨username⟩.\docker\machine\machines\default이며, 맥의 경우 ./docker/machine/machines/default다.

- 공유 개발 환경의 경우, 개발자는 전형적으로 개발자가 로그와 상태, 성능을 포함해 직접 컨테이너를 관리하고 모니터링할 필요가 있을 때 팀 전체에 도커 키 집합을 공유한다.

- 개발과 스테이징 환경처럼 여러 환경 간의 소스 코드 승격은 일반적으로 아틀란시안^{Atlassian} 같은 릴리스 관리도구나, 자동화된 프로세스를 사용하는 Visual Studio 팀 서비스에서 다룬다. 스테이징과 운영에서 도커 인증서는 일반적으로 개발자 대신 운영 팀에서 관리된다.

기본 이미지 선택

이미지를 만드는 실행 명령 집합이 있는 Dockerfile을 사용해 도커 이미지를 정의했던 2장의 설명을 다시 떠올려보자. 이들 명령에는 애플리케이션이나 패키지 다운로드와 설치, 파일 복사, 환경 변수 설정, 컨테이너 시작 시 실행할 내용 구성 등을 포함할 수 있다. Dockerfile의 각 명령은 별도 계층으로 만들어지고 Dockerfile 명령은 계층구조에서 차곡차곡 쌓인다. 이것이 의미하는 바는 개발 팀에서 모든 공유 컴포넌트나 구성 설정을 포함하는 기본 이미지를 만드는 데 계층화를 이용할 수 있다는 것이다. 팀에서는 기본 이미지로 시작해서 재사용성을 향상시킬 필요가 있을 때마다 조정할 수 있다.

마이크로서비스에 대한 기본 이미지 선택에는 많은 요인의 영향을 받는다. 첫 번째 고려 사항은 전문화된 하드웨어에서 실행할 것인지 여부다. 예를 들어, IoT^{Internet of Things} 솔루션을 도커와 함께 구축한다면, 고려해야 할 옵션 중 하나가 Resin.IO 기본 이미지(https://hub.docker.com/u/resin/)인데, 이 이미지는 라즈베리 파이^{Raspberry Pi}나 인텔 에디슨^{Intel Edison} 같은 장치에서 실행할 수 있도록 특별히 튜닝됐다.

미니멀리스트를 출발점으로 한 경우, 단지 5MB 크기인 알파인^{Alpine}이 인기 있는 리눅스 이미지다. 알파인의 주요 장점은 크기가 작을 뿐만 아니라, 핵심 기능을 추가해서 애플리케이션이 필요로 하는 최소한의 종속성을 정확히 얻을 수 있는 알파인 패키지 킷^{APK}을 통해 사용할 수 있는 패키지를 많이 포함하고 있는 것이다. 더 자세한 정보는 http://wiki.alpinelinux.org/를 살펴보자.

완전한 제어가 필요하다면, 공식 이미지를 사용하지 않아야 한다. 자체 기본 Dockerfile(빈 이미지라는 예약된 단어인 FROM scratch 사용)을 만들어 이미지를 만드는 방법을 완전히 제어할 수 있다. 완전한 제어에는 도커 이미지 전체를 유지관리하고 패치할 책임이 따른다.

팀의 기본 이미지에 대한 가장 일반적인 선택은 도커 허브(http://hub.docker.com)에서 나온 공식 기본 이미지로 시작하는 것이다. 여기에는 ASP 닷넷, 노드, Go, 파이썬, 자바 같은 프로그래밍 언어에 대한 공식 이미지가 많다. 이 접근 방식의 이점은 다른 사람이 이미지의 보안과 유지관리, 성능 및 버전 관리를 담당한다는 점이다. 여기에는 공식 이미지의 관리자가 이미지를 안전하고 성능을 최적화하며, 정기적으로 유지관리한다는 신뢰가 바탕이 된다. 다른 이점으로는 공식 리포지토리에서 태그를 사용해 그룹화된 이미지의 컬렉션과 다른 구성을 포함하고 있는 것이다. 예를 들어, 공식 자바 리포지토리에는 오픈 JDK 6, 7, 8 버전처럼 다른 JRE^{Java Runtime Environment} 버전을 포함하는 태그된 이미지가 있다.

많은 공식 플랫폼 이미지의 경우, 도커나 리눅스가 처음인 개발자에게 혼란을 주는 태그가 많이 있다. 예를 들어, 그림 4.1에서는 https://hub.docker.com/_/node/ 의 공식 노드 이미지에서 사용된 태그 몇 가지를 나타냈다.

```
Short Description

Node.js is a JavaScript-based platform for server-side and networking applications.
```

```
Full Description

Supported tags and respective Dockerfile links

• 7.5.0, 7.5, 7, latest (7.5/Dockerfile)
• 7.5.0-alpine, 7.5-alpine, 7-alpine, alpine (7.5/alpine/Dockerfile)
• 7.5.0-onbuild, 7.5-onbuild, 7-onbuild, onbuild (7.5/onbuild/Dockerfile)
• 7.5.0-slim, 7.5-slim, 7-slim, slim (7.5/slim/Dockerfile)
• 7.5.0-wheezy, 7.5-wheezy, 7-wheezy, wheezy (7.5/wheezy/Dockerfile)
• 6.9.5, 6.9, 6, boron (6.9/Dockerfile)
• 6.9.5-alpine, 6.9-alpine, 6-alpine, boron-alpine (6.9/alpine/Dockerfile)
• 6.9.5-onbuild, 6.9-onbuild, 6-onbuild, boron-onbuild (6.9/onbuild/Dockerfile)
• 6.9.5-slim, 6.9-slim, 6-slim, boron-slim (6.9/slim/Dockerfile)
• 6.9.5-wheezy, 6.9-wheezy, 6-wheezy, boron-wheezy (6.9/wheezy/Dockerfile)
• 4.7.3, 4.7, 4, argon (4.7/Dockerfile)
• 4.7.3-alpine, 4.7-alpine, 4-alpine, argon-alpine (4.7/alpine/Dockerfile)
• 4.7.3-onbuild, 4.7-onbuild, 4-onbuild, argon-onbuild (4.7/onbuild/Dockerfile)
```

▲ **그림 4.1** 공식 노드 도커 이미지용 이미지 태그

이들 태그 중 대다수가 다른 도커 허브 이미지에서 주로 사용되기 때문에, 태그들을 살펴보자.

- latest: 이미지의 최신 버전이다. 이미지를 가져올 때 태그를 지정하지 않으면 이 태그가 기본값이다.
- slim: 기본 이미지에서 포함하는 공통 패키지나 유틸리티를 포함하지 않는 최소한의 이미지다. 이미지의 크기가 팀에서 중요하다면 이 이미지를 선택하는데, 슬림 이미지는 종종 전체 이미지 크기의 절반이다. 슬림 이미지를 사용하

는 또 다른 이유는 이미지가 작을수록 공격 면적이 더 작아지므로, 일반적으로 더 안전하다고 생각한다.

- jessie/wheezy/sid/stretch: 이들 태그는 데비안 운영체제의 버전이나 분기에 대한 코드명으로 영화 토이 스토리에서 등장인물에 붙인 이름을 나타낸다. jessie와 wheezy는 각각 데비안 OS 6.0과 7.0 버전을 나타내고, sid는 불안정한 트렁크의 코드명이고, stretch는 테스트 분기의 코드명이다.

- precise/trusty/vivid/wily: 이들 태그는 우분투 운영체제의 12.04 LTS와 14.04 LTS, 15.04,15.10 버전에 대한 코드명을 나타낸다.

- onbuild: `onbuild` 태그는 개발과 테스트용 기본 이미지로 사용되게 설계된 Onbuild Dockerfile 명령을 포함하는 이미지다. 일반적인 Dockerfile 명령에서, 실행은 이미지가 만들어질 때 일어난다. Onbuild Dockerfile 명령은 실행이 '지연'되고 대신 다운스트림 빌드로 실행된다는 점에서 다르다.

이미지의 계층구조 만들기

실세계 이미지를 분석하는 방법을 더 잘 이해하기 위해, 노드의 계층구조를 살펴본다. 이 책을 쓸 당시 최신 이미지는 계층구조에서 첫 번째 이미지에서 시작한다.

- debian:jessie: 이 Dockerfile이 첫 시작이며, 기본 이미지다. `bash`와 `cat`, `ping` 같은 명령줄 도구도 추가한 루트 파일시스템인 `rootfs`를 추가하는 하나의 명령이 포함되어 있다. 데비안 컨테이너를 만든다면 `bash`를 기본 명령으로 설정한다.

- buildpack-deps:jessie-curl: 이 Dockerfile은 debian:jessie에서 시작하며 apt-get 패키지 관리자를 실행해 curl과 wget, ca 인증서를 설치한다.

- buildpack-deps:jessie-scm: 이 Dockerfile은 buildpack-deps:jessie-curl에서 시작하고 apt-get 패키지 관리자를 실행해 Git과 Mercurial, Subversion 같은 소스 제어 관리[SCM, source control management] 도구를 설치한다.

- **buildpack-deps:jessie**: 이 Dockerfile은 buildpack-deps:jessie-scm에서 시작하며 apt-get 패키지 관리자를 실행해 GCC와 Libtool, Make와 같은 개발자 유틸리티를 설치한다.
- **node**: 이 Dockerfile은 buildpack-deps:jessie에서 시작하고 인증서 설치와 환경 변수 설정, Node 다운로드/구성을 통해 Node를 올려 실행한다. Node를 컨테이너를 시작할 때 실행할 기본 명령으로도 설정한다.

앞서의 목록에서 볼 수 있듯이, 각 Dockerfile은 재사용에 영향을 끼치므로, curl과 Git, GCC와 같은 모든 유틸리티를 하나의 Dockerfile에 넣지 말고 별도의 Dockerfile에 넣어 개발자가 애플리케이션에 필요한 종속성을 고르게 할 수 있다. 한 이미지의 모든 Dockerfile이 어떻게 계층화됐는지 잘 이해하기 위해, 무료 웹 유틸리티인 ImageLayers(https://imagelayers.io/)를 사용할 수 있다. 그림 4.2에서 NodeJS latest(왼편)과 slim(오른편) 도커 이미지의 비교를 나타냈다. 왼편에서 앞서 나열한 5개의 Dockerfile 모두가 별도의 도커 계층으로 결합된 방식을 나타냈는데, node Dockerfile에서 Node를 시작하기 위해 rootfs 파일시스템을 최종 명령에 추가한 첫 번째 debian:jessie Dockerfile로 시작하고 있다. 자세히 살펴보면, latest와 slim Dockerfiles 사이의 유일한 차이점은 슬림 이미지는 buildpack-deps:jessie-scm(122MB)과 buildpack-deps:jessie(315MB) Dockerfile에서 소스 제어 관리와 개발자 도구 Dockerfile을 건너 뛰어 공간을 절약했다.

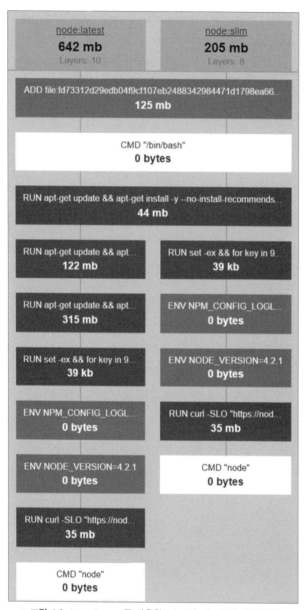

▲ 그림 4.2 ImageLayers를 사용한 latest와 slim 도커 이미지 비교

여러분 이미지의 경우 도커 허브의 공식 이미지로 시작한 다음, 단위 테스트 프레임워크 또는 웹 도구(Gulp, NPM, Bower 등)와 처럼 조직에서 재사용하기 원하는 공용 도구나 유틸리티로 별도의 Dockerfile을 정의할 수 있다. 이렇게 다음과 비슷한 원하는 이미지 계층구조를 만들 수 있다.

- 도커 허브에서 공식 이미지를 시작한다.
- 공식 이미지에서 상속받아 마이크로서비스 간에 재사용하려는 공통 패키지나 파일, 유틸리티, 특정 구성을 포함하는 팀 이미지 집합을 Dockerfile로 만든다.
- 그다음 각 마이크로서비스는 팀 이미지에서 상속받아 마이크로서비스 코드를 포함한 자체 이미지와 해당 Dockerfile을 갖는다.

> **Ⓐ 공식 이미지 Dockerfile은 오픈소스다**
> 이미지를 만드는 모든 Dockerfile은 오픈소스다. 앞서 도커 허브를 보인 그림 4.1처럼 간단히 Dockerfile 링크를 클릭하면 이미지가 어떻게 만들어졌는지 정확히 알 수 있다.

빌드 자동화

프로세스를 더 쉽게 만들고, 품질이 좋은 빌드만 도커 허브 리포지토리에 올리려면, 연속 통합CI, continuous integration 도구를 사용해 이미지를 만드는 과정을 자동화할 수 있다. 예를 들어, 공식 ASP 닷넷 이미지는 CircleCI와 깃허브 후크를 사용해 http://bit.ly/aspnetci에서 공식 이미지 업데이트를 자동화 한다. 마찬가지로 도커 허브는 커밋을 하는 경우 도커 이미지 빌드가 트리거 되도록 커밋 후크를 추가해 깃허브나 비트버킷Bitbucket에서 이미지를 만들고 업데이트하는 작업을 자동화하는 기능을 추가했다.

기본 이미지가 보안 문제 수정으로 업데이트되는 경우 어떻게 될까? 기본 이미지에 대한 링크 처럼 여러분의 이미지 리포지토리를 또 다른 리포지토리로 연결하는 리포지토리 링크를 사용할 수 있다. 이런 작업을 하면 기초가 되는 기본 이미지에 대한 변경을 기반으로 이미지를 자동으로 다시 만들 수 있다.

태그를 사용한 이미지 체계화

공식 이미지처럼, 여러분의 이미지를 만들 때, 조직을 위해 소프트웨어 종속성과 운영체제의 매트릭스를 기반으로 태그를 사용해 논리적으로 체계화한다. 여러분 애플리케이션의 경우 노드의 공식 이미지에서 본 것처럼 또 다른 공통 규칙은 jessie와 slim 기본 이미지처럼 기본 이미지로 나누고 각 버전에 대한 태그(major/minor/patch 버전관리 규칙 사용)를 붙여 체계를 만든다. 결과는 다음과 같다.

- 2.1.1-slim, 2.1-slim, 2-slim, latest
- 2.1.1-jessie, 2.1-jessie, 2-jessie, latest
- 1.0.1-slim, 1.0-slim, 1-slim
- 1.0.1-jessie, 1.0-jessie, 1-jessie

두 가지 운영체제(jessie와 slim)를 추가하면 빌드와 유지관리에 거대한 매트릭스가 만들어지므로 단순함을 유지해야 한다. 실제로 필요하지 않으면 수십 개의 Dockerfile을 과도하게 설계해서 계층구조를 복잡하게 만들지 않도록 하자. Dockerfile을 만드는 데 도커의 모범사례를 따르자. 다음 URL에서 도커의 계층 시스템을 활용해 Dockerfile 설계를 도와주는 모범사례를 제공한다.

https://docs.docker.com/engine/userguide/eng-image/dockerfile_best-practices/

조직에서 이미지 공유

대부분의 조직은 도커 이미지를 도커 허브의 공용 리포지토리에 게시하지 않는다. 대신, 더 개인적이고 안전한 옵션을 선택한다. 이를 위해 고려할 몇 가지 옵션이 있다.

- "도커 사Docker, Inc."에서는 도커 호스트에서 사용하고 실행할 수 있는 레지스트리registry라는 도커 이미지를 제공한다. 이 예에서는 여러분이 이미지와 기반 데이터 저장소 관리를 완전히 책임진다. 레지스트리는 팀이 사용할 모든 이미지가 포함되므로 내구성이 있고 이들 이미지에 대한 신뢰할 수 있는 저장소

임을 보장하는 것이 중요하다. http://bit.ly/azureregistry에서 Azure Blob Storage로 도커 레지스트리 이미지를 구성하는 방법에 대한 지침을 확인할 수 있다.

- 도커 허브는 사설 리포지토리를 지원한다. 이들 리포지토리는 인증된 도커 허브 계정으로만 액세스할 수 있고 공용 클라우드에서 이미지를 안전하게 저장하는 데 사용된다. 사설 리포지토리 가격 계획을 검토하려면 다음 URL을 방문해보자.

  https://hub.docker.com/account/billing-plans/

- 기업의 경우, 기업에서 소유하고 관리하며, 온프레미스나 선택한 클라우드 공급자에서 실행할 수 있는 사설 도커 레지스트리인 DTR^{Docker Trusted Registry}을 제공한다. 기업의 LDAP 저장소(예를 들어, 액티브 디렉터리^{Active Directory})와 통합과 사용자 통계, 관리, 모니터링 및 상용 지원과 같은 엔터프라이즈 관리 기능을 추가한다. Azure에서는 다음 URL의 Azure 마켓플레이스에서 DTR에 대한 자체 지원을 제공한다.

  https://azuremarketplace.microsoft.com/en-us/marketplace/apps/docker.dockerdatacenter

- Quay.io는 서드파티 공용 도커 레지스트리로 도커 허브와 유사하다. 월 단위로 지불하는 사설 리포지토리를 제공한다. 자세한 정보는 https://quay.io/를 살펴보자.

- Quay Enterprise는 DTR과 비슷하다. 여러분이 소유하고 관리하며 인기 있는 클라우드 공급자에서 실행할 수 있는 Quay.io 도커 레지스트리의 사설 인스턴스다.

이미지 관리

지속적인 이미지 유지관리 또한 고려할 사항이다. 이미지 유지관리 작업에는 보안 패치나 버그 수정 배포처럼 소프트웨어 패키지의 업데이트와 운영체제의 업데이트를 이해하는 것이 포함된다. IT의 의사 결정이 중앙에서 이뤄지는 규모가 큰 기업의 경우, 기본 이미지 관리는 이미지 유지관리와 품질, 보안, 그리고 팀이나 조직 간에 일관성 보장을 담당하는 중앙 팀에서 처리한다. 의사결정이 분산된 다른 조직에서는 각 팀이나 기능 담당자가 자체 이미지 관리를 담당한다.

도커 보안 도구는 실제로 책에서 한 장을 차지할 내용이지만, 운영에서 도커 컨테이너를 배포하는 일반적인 모범사례를 확인하는 CIS^{Center for I nternet Security}의 Docker 1.6 Benchmark(https://bit.ly/ch4security)를 기반으로 도커에서 만든 스크립트인 Docker Bench(https://dockerbench.com)라는 게 있다는 정도만 언급하겠다.

모든 조직에서 직면하는 또 다른 일반적인 관리 작업이 도커 호스트에서 이미지가 폭발적으로 늘어나는 것이다. 각 이미지는 500MB에서 1GB가 될 수 있으므로, 공유된 개발 또는 스테이징 환경에서 오래되거나 사용되지 않은 수많은 이미지가 나올 수 있다. 이 문제를 해결하기 위해, docker rmi 명령을 사용해 특정 기간에 도달한 이미지를 삭제하는 관리 스크립트를 설정할 수 있다.

로컬 개발 환경 설정

이제 팀을 위해 도커를 설정할 때 고려할 몇 가지 사항을 검토했으므로, 로컬 개발 환경을 설정하고 도커를 사용할 준비를 하자. 다음은 개발을 위해 설치할 공통 소프트웨어 목록이다.

도커 도구 설치

2장에서 언급한 것처럼, https://docs.docker.com/toolbox/overview에서 윈도우용 도커 도구를 설치한다(이 페이지에서 맥 OS X에 대한 링크도 제공한다). 사용하는 운영체제에 따라 다른 도구가 설치된다. 다음 몇 가지가 될 것이다.

- **도커 엔진**Docker Engine: 도커 클라이언트와 도커 데몬을 포함한다. 도커 클라이언트는 명령을 데몬으로 보내고 데몬은 그 명령을 실행한다.

- **도커 카이트매틱**Docker Kitematic: 도커 클라이언트처럼 이미지와 컨테이너를 만들고 관리하는 데 사용되는 선택적 GUI 앱이다.

- **도커 머신**Docker Machine: 간단히 도커 호스트를 만들기 위해 설계된 명령줄 인터페이스다.

- **도커 컴포즈**Docker Compose: 도커 이미지의 그룹을 만들거나 구성하는 YAML 기반 도구다.

- Oracle VirtualBox 이미지: 로컬 도커 개발을 위해 사전 구성된 리눅스 ISO를 포함하는 가상화 소프트웨어다.

> **⚠ 윈도우와 맥을 위한 도커**
>
> 2016년 3월에 도커는 'Docker for Windows'와 'Docker for Mac'이라는 새로운 클라이언트 도구 2개를 발표했다. 도커 툴박스(Docker Toolbox)처럼 이들 도구는 도커와 도커 컴포즈를 설치하고 여러분의 PC/맥에서 도커 컨테이너를 설정하고 실행할 수 있게 한다. 도커 툴박스는 지금도 설치 옵션으로 남아있지만, 대부분의 개발 팀은 공식적으로 출시된 새로운 도커 도구들로 전환할 가능성이 높다.

개발자 도구 설치

개발자 도구는 항상 개인적인 선택이지만 윈도우와 맥, 리눅스 개발자는 Node, C#, Go 등 다른 많은 프로그래밍 언어에 대한 지원을 포함하는 무료 코드 개발 IDEintegrated development environment인 Visual Studio 코드를 http://code.visualstudio.com/에서 설치할 수 있다. Visual Studio 코드에서는 Dockerfile과 도커 컴포즈 색 지정과 구문 강조, 구문 완성 지원도 제공한다.

Windows 유틸리티 설치

- 다음 절에서 사용하는 샘플을 복제하기 위해 https://git-scm.com/downloads 에서 Git 명령줄을 설치해야 한다.

- 윈도우의 경우 http://bit.ly/gitcredentialmanager에서 자격증명을 안전하게 저장하는 Git 자격증명 관리자를 설치한다.

- 윈도우에서 리눅스 서버로 SSH 연결을 위해 http://www.putty.org/에서 인기 있는 퍼티Putty 클라이언트를 설치할 수 있다.

- 윈도우 10 1주년 업데이트 버전을 사용하는 개발자는 SSH와 같은 명령줄 유틸리티를 설치할 필요 없이 윈도우에서 우분투와 리눅스 배시 셸을 사용할 수 있다.

OS X 유틸리티 설치

다음 절에서 사용하는 샘플을 복제하기 위해 https://git-scm.com/downloads에서 사용할 수 있는 Git 명령줄을 설치해야 한다. OS X의 경우 osxkeychain 모드를 포함하는데, 이는 별도의 설치가 필요 없도록 운영체제의 보안 키체인을 사용해 자격증명을 캐시에 저장한다. OS X은 SSH를 위한 명령줄 지원도 포함하므로 별도 설치가 필요 없다.

⁞▶ 로컬 개발을 위한 도커

로컬 개발을 수행할 때 개발자가 고려해야 할 주요 질문 중 하나는 복제하려는 운영 환경의 규모다. 로컬 개발은 마이크로서비스의 개발을 빠르고 생산적으로 만드는 데 초점을 맞춰야 한다. 다음 절에서 로컬 개발 최적화에 관해 선명히고 마이크로서비스 운영을 준비하는 방법에 대해 논의한다. 6장, '데브옵스와 연속 업데이트'에서 성능과 부하 테스트를 비롯해 마이크로서비스를 검증하는 방법을 설명한다.

로컬 개발 설정

마이크로서비스를 개발할 때 애플리케이션 코드를 디버그하고 진단하기 위해 설정해야 하는 유용한 공통 설정 몇 가지가 있다.

- **추적 사용과 로그 수준 설정**: 자바와 C#, Node, Go 같은 프로그래밍 언어 모두는 추적과 로깅의 개념을 갖고 있다. 앱을 처음 개발할 때, 자세한 정보 표시 verbose 메시지를 사용하고 적절한 로그 수준을 설정해서 디버깅하는 동안 더 많은 정보를 잡아내길 원한다.

- **환경 변수를 사용한 디버깅 및 진단 설정 세부 조정**: 각 프로그래밍 언어에서는 런타임과 디버깅 정보의 추가 제어를 위해 일련의 런타임 설정을 제공한다. 예를 들어, Go 개발자는 런타임 패키지를 사용하고 GODEBUG 변수를 설정해서 가비지 수집 설정을 제어하고, 자바 개발자는 비슷하게 JAVA_OPTS 환경 변수를 설정해 JVM을 제어한다.

- **자바스크립트를 최적화하지 않는다**: 웹 프런트엔드 프로젝트의 경우 자바스크립트를 최적화하지 않는 것이 최선이다. 축소되거나 분산되지 않은 형태로 자바스크립트나 CSS 파일을 디버그하는 것이 더 쉽다.

로컬 도커 호스트 시작

도커 툴박스 설치 후 도커 퀵스타트 터미널 Docker Quickstart Terminal 앱을 실행해 도커의 로컬 인스턴스를 시작한다. 그림 4.3에서 보는 것처럼 도커 버추얼박스 VirtualBox 이미지에서 사용된 IP 주소를 포함하는 화면을 볼 수 있다.

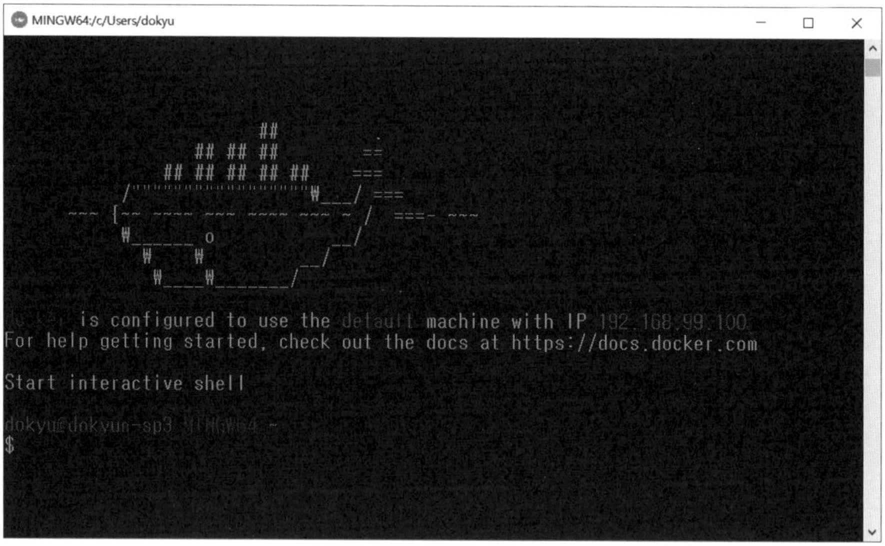

▲ **그림 4.3** 로컬 도커 호스트 시작

기본적으로, 버추얼박스 이미지는 사용자 디렉터리의 파일 공유를 마운트한다. 윈도우의 경우 C:\Users\가 /c/Users로 마운트되고 Users 디렉터리 아래의 모든 파일은 volume 명령을 통해 도커 컨테이너에 추가해 사용할 수 있다.

도커 호스트에 연결하기

다음으로, 별도 명령 프롬프트를 시작해 로컬 도커 호스트에 연결하고자 한다. 이렇게 하려면, 호스트의 URL을 설정하고 인증을 사용하는 경우 TLS를 사용하며, 다음의 환경 변수에서 본 것처럼 도커 인증서에 대한 올바른 위치를 지정해야 한다. 버추얼박스의 경우, 그림 4.3의 화면에서 보는 것처럼 인증서로 default 머신을 사용하고 IP는 192.168.99.100이다.

윈도우 환경 변수 설정

```
Set DOCKER_CERT_PATH=C:\Users\danielfe\.docker\machine\machines\default
Set DOCKER_TLS_VERIFY=1
Set DOCKER_HOST=tcp://192.168.99.100:2376
```

OSX 환경 변수 설정

```
export DOCKER_CERT_PATH=~/.docker/machine/machines/default
export DOCKER_TLS_VERIFY=1
export DOCKER_HOST=tcp://192.168.99.100:2376
```

제품 카탈로그 마이크로서비스

앞 장의 내용을 기억한다면, 제품 카탈로그 마이크로서비스는 엘라스틱서치 백엔드에 저장된 제품의 목록을 검색하고 필터링하기 위해 REST API를 노출하는 간단한 ASP 닷넷 코어 1.0 마이크로서비스다.

엘라스틱서치는 데이터를 쉽게 검색하고 필터링할 수 있는 높은 확장성을 갖는 엔진이다. 엘라스틱서치는 'elasticsearch'라는 이름의 공식 도커 이미지에서 사용할 수 있다. ASP 닷넷 마이크로서비스의 경우, Nest 클라이언트 라이브러리를 사용해 엘라스틱서치에 연결하고 쿼리한다.

샘플 복제

먼저 https://Github.com/flakio/catalog에서 로컬 머신으로 제품 카탈로그를 복제한다. 이 장 뒤에서 로컬 볼륨 마운트를 사용하기 때문에 [문서](C:\users\⟨username⟩\Documents)와 같은 사용자 폴더 내에서 clone 명령을 실행하는 것이 중요하다. 이는 버추얼박스에서 기본적으로 사용자 폴더만 마운트하기 때문이다.

맥 터미널에서는 다음과 같이 입력한다.

```
cd ~
mkdir DockerBook
cd DockerBook
git clone https://github.com/flakio/catalog
```

윈도우 명령 프롬프트에서는 다음(username은 적절히 변경한다)을 입력해 DockerBook
이라는 새로운 디렉터리를 만들고 그림 4.4에서 보는 것처럼 리포지토리를 복제
한다.

```
cd c:\Users\<username>\Documents\
mkdir DockerBook
cd DockerBook
Git clone https://github.com/flakio/catalog
```

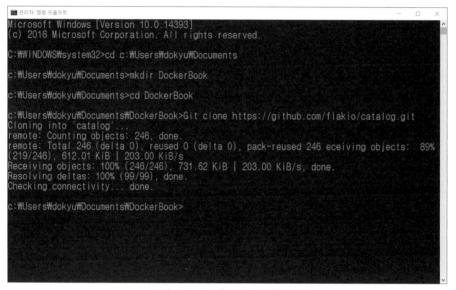

▲ **그림 4.4** 제품 카탈로그 프로젝트 복제

이제 로컬에 코드를 복제했으므로, 먼저 해야 할 작업은 프로젝트에 라이브 리로드
live reload, 즉 실시간 반영을 적용하는 것이다.

도커 컨테이너에서 라이브 리로드 사용하기

'라이브 리로드'라는 용어가 의미하는 것은 실제로 소스 코드를 변경하고 저장할
때, 컨테이너의 중지나 재시작 없이 변경이 반영된 것을 확인할 수 있다는 것이다.

이를 위해서는 몇 가지가 필요하다.

- 업데이트된 코드는 컨테이너에 있어야 한다. 이를 수행하는 가장 쉬운 방법은 도커 볼륨 마운트를 사용하는 것이다.

- 파일이 변경되면 애플리케이션을 다시 시작하기 위해 코드 변경을 감시하는 도구가 필요하다. 라이브 리로드 지원은 사용 중인 프로그래밍 언어와 플랫폼에 따라 다르다. Node의 경우, NPM 패키지 nodemon을 사용하고, Go의 경우 코드 변경 시 다시 컴파일하기 위해 Gin 유틸리티(https://github.com/codegangsta/gin)를 사용하며, ASP 닷넷의 경우 dotnet-watch(이전엔 dnx-watch)를 사용해 변경을 감시하고 애플리케이션을 다시 시작할 수 있다.

- Node의 경우 NPM, 닷넷의 경우 NuGet과 같은 패키지 관리자를 사용해 새로운 라이브러리를 추가한다면, 새로운 라이브러리가 컨테이너에 추가되도록 복원 명령을 실행해야 한다.

샘플 프로젝트를 시작하기 전에, 엘라스틱서치 백엔드 컨테이너를 시작해야 한다. 다음의 docker run 명령을 실행하면 공식 elasticsearch 이미지를 가져와 백그라운드에서 실행하고, 포트 9200에서 수신 대기한다.

```
docker run -d -p 9200:9200 elasticsearch
```

이 장의 뒤에서 연결된 컨테이너와 도커 컴포즈를 사용하는 더 간단한 방법으로 이를 수행하는 방법을 배운다. 이제 다음 명령을 실행하면 데이터 저장소를 사용해 제품 카탈로그 서비스를 시작할 수 있다.

```
docker run -d -t -p 80:80 -e "server.urls=http://*:80" -v /c/Users/
danielfe/Documents/DockerBook/ProductCatalog/ProductCatalog/src/
ProductCatalog:/app thedanfernandez/productcatalog
```

> ▸ 노트 ◂
>
> 앞서의 명령은 책이라는 특성으로 인해 몇 줄로 표시됐다. 이 명령은 모두 하나의 명령 구문이므로 한 줄로 입력한다.

docker run 명령은 버추얼박스 VM의 80번 포트에서 수신하면 컨테이너의 80번 포트로 요청을 전달하는 tty(-t) 지원이 포함된 백그라운드 모드^{detached mode} 컨테이너를 만든다. 이 명령에서 -e 플래그는 ASP 닷넷 웹 서버가 80번 포트에서 수신 대기하도록 환경 변수를 설정하고, -v 플래그로 볼륨을 마운트하고, 컨테이너는 공개적으로 사용할 수 있는 thedanfernandez/productcatalog 도커 이미지를 기반으로 한다.

볼륨

도커 볼륨 명령은 2장에서 보았던 명령줄 매개변수 -v와 동일하게 동작한다. 콜론(:)의 왼편에는 마운트할 윈도우/OSX/리눅스 디렉터리를 나타내고 오른편에는 도커 컨테이너 내의 대상 디렉터리를 나타낸다. 공유 폴더 기능을 사용해 윈도우/OSX/리눅스의 소스 코드를 버추얼박스 리눅스 도커 호스트에서 사용할 수 있다. 볼륨 명령을 사용해 도커 호스트에서 컨테이너로 공유한다. 다음에 보인 것처럼, 버추얼박스 공유 폴더는 C:\을 /c/로 변환하고 모든 윈도우 경로 역슬래시를 리눅스 호환 슬래시로 변환한다. 예를 들어, 다음은 도커 호스트의 소스 코드에 대한 디렉터리 변환 전과 후를 나타낸 것이다.

윈도우 경로

c:\Users\〈name〉\Documents\DockerBook\catalog\ProductCatalog\src\ProductCatalog

리눅스 버추얼박스 경로

/c/Users/〈name〉/Documents/DockerBook/catalog/ProductCatalog/src/ProductCatalog

마지막으로 시작될 때 NuGet 패키지를 복원하고 변경 사항을 수신 대기하는 dnx-watch를 시작하는 thedanfernandez/productcatalog 이미지를 사용한다. 이 이미지 자체는 microsoft/aspnet 공식 이미지를 상속하지만 이 책이 출간될 즈음에는 최신의 도구집합으로 동작하도록 설계됐다.

개발자를 위한 또 다른 옵션은 컨테이너를 대화형으로 시작하는 것이다(실행 중인 컨테이너 내부에 표준 리눅스 명령 프롬프트를 제공). 이 방식의 한 가지 장점은 앞서 세 번째 글머리 기호에서 언급했듯이 언제든지 직접 패키지 복원을 실행해 도커 이미지에 포함되지 않은 새로운 패키지를 다운로드할 수 있다는 점이다. 다음 예제에서 -i 플래그를 추가해 서비스를 대화형으로 시작하면, 그림 4.5에서 보는 것처럼 명령의 일부로 entrypoint 스위치를 지정했기 때문에 컨테이너에서 bash 명령 프롬프트를 시작한다.

```
docker run -i -t -p 80:80 -e "server.urls=http://*:80" --entrypoint / bin/
bash ?v /c/Users/danielfe/Documents/DockerBook/catalog/ProductCatalog/src/
ProductCatalog:/app thedanfernandez/productcatalog
```

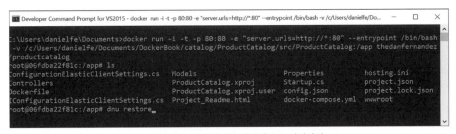

▲ 그림 4.5 컨테이너를 대화식으로 시작하기

보다시피 컨테이너 내에 bash 프롬프트가 나오면, ls와 같은 표준 리눅스 명령으로 디렉터리의 목록을 살펴보고 볼륨 마운트 명령이 올바로 동작했는지 확인할 수 있다. 다음으로 dnu restore 명령을 실행해 project.json 파일의 모든 종속성을 컨테이너로 복원해야 한다. 복원이 완료되면, dnx-watch 명령을 실행해 변경된 소스 코드내용을 수신하고 웹 요청을 전송/수신하기 시작한다.

웹 브라우저가 실행되면 `http://ipaddress/api/products`를 입력해 도커 호스트 IP 주소와 `ProductsController` 경로를 탐색할 수 있다. 기본적으로 IP 주소는 다음의 URL에 보인 192.168.99.100이며, 그림 4.6에서 보는 것처럼 JSON 제품 정보를 반환한다.

▲ **그림 4.6** Products REST API 호출

운영 환경을 위한 마이크로서비스 준비

주로 개발과 테스트 목적으로 로컬 볼륨 마운트를 보여주고 있지만, 대부분의 고객은 운영 환경에서 로컬 볼륨 마운트를 원하지 않으며 모든 소스 코드와 종속성을 컨테이너에 직접 복사하기를 원한다. 이렇게 하면 격리를 통해 릴리스 관리를 단순화하므로 호스트 가상 머신에서 소스 코드를 직접 동기화하거나 바꿀 필요 없이 컨테이너를 중지하고 시작하는 것만큼 배포가 쉬워진다. 운영 환경을 위해 마이크로서비스를 준비하려면 다음과 같은 일련의 단계가 필요하다.

모든 종속성 추가

도커 이미지를 만들 때 Dockerfile 정의에서 기본 이미지에 아직 없는 모든 필요한 패키지와 도구, 종속성이 복사되거나 다운로드되게 해야 한다. 빌드할 때마다 도구나 종속성의 일부가 변경되지 않으면, 도커 이미지를 빌드할 때마다 이들을 복사하는 대신 기본 이미지에 포함하도록 한다. 예제의 제품 카탈로그 마이크로서비스의 경우, NuGet 패키지를 복원하는 RUN 명령을 추가함으로써 NuGet 패키지 종속성을 이미지로 추가할 수 있다.

소스 코드 최적화

운영 환경을 위해 코드를 최적화할 필요도 있다. 이는 디버그에서 릴리스 전환, 디버깅이나 변경 추적 설정 제거, 또는 디버그 전용 환경 변수 제거처럼 개발을 위해 했던 작업을 정리하는 것이다. ASP 닷넷 코어 1.0의 경우 dotnet pack(현재는 dnu pack)을 사용해 기능을 게시하고 정적 또는 동적 컴파일 중에서 선택할 수 있다.

웹 애플리케이션은 일반적으로 자바스크립트 축소나 커피스크립트CoffeeScript 컴파일, LESS/SASS를 CSS 파일로 묶어서 축소하는 작업과 같은 일련의 클라이언트측 성능 최적화 작업이 있다. 이들은 일반적으로 Grunt나 Gulp 태스크 러너를 사용해 수행되며, 도커 이미지를 만들기 전 단계나 Docker Build 명령을 실행할 때 컨테이너 자체 내에서 실행하는 도커 이미지 구축 프로세스의 일부로 수행될 수 있다.

운영 환경을 위해 코드를 준비했다고 해서 코드가 올바로 동작하거나, 높은 성능을 낸다든지 부하를 처리한다는 의미는 아니다. 6장에서 연속 업데이트 파이프라인의 일부로 코드 품질을 측정하는 전체 테스트 수트를 살펴본다.

동적 구성 사용

마이크로서비스는 호스트에 무관하게 실행할 수 있어야 하는데, 이는 개발과 스테이징, 운영에서 실행할 수 있다는 의미다. 데이터베이스에 대한 연결 문자열이나 제품 권장 사항을 보이거나 숨기는 기능 플래그, 정보나 경고를 잡아내는 진단 설정과 같은 서로 다른 많은 구성 설정을 할 수 있다. 이들 각 설정은 컨테이너가 만들어질 때, 동적으로 변경되거나 설정 값을 하드 코딩해서 설정할 수 있다. 5장, '서비스 오케스트레이션과 연결'에서 Consul이나 주키퍼처럼 구성 설정이나 연결 문자열을 가져오는 더 동적인 방법을 제공하는 서비스 검색 옵션 몇 가지를 설명한다.

'운영 전환 준비된' 마이크로서비스 테스트

6장에서 다양한 형식의 테스트와 연속 통합 프로세스에 테스트를 통합하는 방법을 설명하지만, 핵심은 가능한 운영 환경에서 실행하는 방법으로 마이크로서비스와 도커 이미지를 테스트하는 것이다.

░ 도커 컴포즈

도커 컴포즈^{Docker Compose}는 선언형 yml 파일에서 여러 컨테이너와 종속성을 정의하는 도구다. YAML(마크업 언어가 아니다)은 JSON과 비슷한 선언형 언어이지만, 목적은 사람이 읽기 쉽게 하는 것이다. JSON처럼 인용부호와 괄호로 모든 내용을 감싸기 보다는, 계층구조로 들여쓰기를 사용한다. 도커 명령줄보다 더 읽기 쉽고 선언적 방식으로 여러 컨테이너를 쉽게 구성하고 연결할 수 있기 때문에 개발자는 도커 컴포즈를 좋아한다. 컴포즈를 이해하는 최고의 방법은 다음 경로에 있는 도커 컴포즈 파일을 열어보는 것이다.

c:\Users\⟨username⟩\Documents\DockerBook\catalog\src\Product Catalog\docker-compose.yml

맥의 경우는 다음과 같다.

~/DockerBook/catalog/ProductCatalog/src/ProductCatalog/docker compose.yml

> **ⓐ Visual Studio 코드**
>
> 비주얼 스튜디오 코드(Visual Studio Code)는 도커 컴포즈 파일을 지원하는 멋진 도구이며, 인텔리센스와 색 지정, 서식 지정, 인라인 도움말(마우스를 컴포즈 요소에 올리면 도커 웹사이트에서 바로 가져온 도움말 표시), 심지어 실시간 이미지 이름 조회(이미지의 이름을 입력하기 시작하면 도커 허브에서 바로 이미지 메타데이터를 가져온다)를 지원한다.

보다시피 다음의 컴포즈 파일은 도커 명령줄에서 했던 것과 동일한 작업을 수행한다. 파일을 읽어 보면서 내용을 자세히 살펴보자.

```
productcatalog:
    image: "thedanfernandez/productcatalog"
    ports:
        - "80:80"
    tty: true
```

```
    links:
        - elasticsearch
    environment:
        - server.urls=http://*:80
elasticsearch:
    image: "elasticsearch"
    ports:
        - "9200:9200"
```

이 컴포즈 파일은 상위 수준에서 productcatalog와 elasticsearch라는 두 개의
레이블을 사용해 컨테이너를 만든다. elasticsearch 컨테이너는 앞서 Docker run
명령에서 했던 작업으로 간단히 설명하면, 공식 elasticsearch 이미지를 사용하고
9200번 포트에서 수신 대기한다.

productcatalog 컨테이너는 ASP 닷넷 코어 1.0 마이크로서비스를 나타내고 앞서
사용했던 Docker run 명령과 아주 비슷하다. 이 컨테이너는 Dockerfile ADD 명령
을 사용해 소스코드를 넣은 thedanfernandez/productcatalog에서 기본 이미지
를 사용한다. 또한 호스트와 컨테이너에 대해 80번 포트 열기, tty 사용, ASP 닷넷
웹 서버에 80번 포트로 수신 대기를 지시하는 server.urls 환경 변수 설정과 같은
일반적인 단계를 수행한다.

연결된 컨테이너
컨테이너 연결은 두 개의 실행 컨테이너 간의 연결을 만드는 특별한 도커 기능이다.
productcatalog는 elasticsearch 컨테이너에 대한 연결을 link에 정의했다. 앱
의 연결 문자열을 elasticsearch 데이터 저장소에 대한 특정 IP 주소로 정의하는
대신, 컨테이너 연결은 elasticsearch 서비스에 대한 연결 문자열을 포함하는 환
경 변수의 집합을 productcatalog 컨테이너로 주입해 두 가지 컨테이너가 연결 문
자열 하드코딩 없이 서로 쉽게 통신하게 만든다.

두 가지 컨테이너가 동일한 호스트에서 실행돼야 하므로 여러 도커 호스트에 걸쳐 컨테이너를 연결할 수는 없다. 그렇게 하려면, Consul과 같은 검색 서비스를 사용해 여러 도커 호스트을 연결하는 방법을 제공하는 도커의 오버레이 네트워킹 기능을 사용해야 한다. 도커 네트워킹은 5장에서 자세히 다룬다.

컨테이너 종속성

컨테이너 연결은 종속성과 컨테이너에 대한 인스턴스 생성 순서도 정의한다. `productcatalog` 컨테이너가 `elasticsearch` 컨테이너에 연결되고 의존하기 때문에, 도커 컴포즈는 `elasticsearch` 컨테이너를 먼저 만들고, 그다음 `productcatalog` 컨테이너를 만든다.

ASP 닷넷과 환경 변수

ASP 닷넷 코어 1.0에는 저장소 구성 설정에 대한 완전한 확장 가능 방법을 제공한다. 다음 예제에는 config.json이라는 JSON 파일과 환경 변수의 두 가지 구성 설정 집합이 있다. 환경 변수는 `ConfigurationBuilder` 클래스에서 JSON 파일 다음에 추가되기 때문에, 환경 변수가 우선권을 가지며 config.json 파일에 동일한 이름이 정의된 변수는 재정의한다. 다음 예제는 연결된 컨테이너에서 주입된 환경 변수를 가져와 config.json에 정의된 `elasticsearch`에 대한 연결 URL을 동적으로 바꾸는 완벽한 컨테이너 연결 예제다.

```
Public Iconfiguration Configuration { get; private set; }
public Startup(IapplicationEnvironment env)
{
    var builder = new ConfigurationBuilder(env.ApplicationBasePath)
    .AddJsonFile("config.json")
    .AddEnvironmentVariables();
    Configuration = builder.Build();
}
```

도커 컴포즈 파일을 실행하고 백그라운드에서 컨테이너를 실행하려면, 다음 명령을 입력한다. 작업 디렉터리는 docker-compose.yml 파일을 포함하는 디렉터리여야 한다. 그림 4.7에서 다음 명령의 실행 결과를 나타냈다.

```
docker-compose -d up
```

▲ **그림 4.7** 도커 컴포즈 실행

도커 컴포즈에서 먼저 elasticsearch 컨테이너를 만든 다음, 연결된 컨테이너 종속성을 기반으로 productcatalog 컨테이너를 만들었다. 실행 중인 컨테이너의 이름은 소문자로 된 폴더 이름이므로 ProductCatalog 폴더에서 elasticsearch 이미지를 만들어도 productcatalog_elasticsearch_1라는 이름으로 만들어진다. 'docker-compose ps'라는 도커 컴포즈의 명령을 실행해 두 컨테이너의 상태를 볼 수 있다. 마찬가지로 docker-compose stop을 입력하면 두 컨테이너를 중지할 수 있다.

똑똑한 재시작

도커 컴포즈는 가능한 컨테이너의 현재 상태를 감지하고 새로운 부분이 있으면 변경/재시작을 수행한다는 점에서 똑똑하다. 예를 들어, 카탈로그 마이크로서비스를 변경하고 엘라스틱서치 컨테이너를 변경하지 않은 후, docker-compose up 명령을 실행하면, 도커 컴포즈에서 엘라스틱서치에는 변경이 없음을 감지하고 중지와 재시작을 수행하지 않는다. 그림 4.8에서 이를 보였다.

▲ **그림 4.8** 변경된 컨테이너만 다시 만드는 도커 컴포즈

도커 문제 디버깅

도커가 처음인 개발자의 경우, 도커 이미지를 만들거나 컨테이너를 실행하려할 때 문제를 디버깅하는 방법은 머리를 쥐어뜯게 만든다. 다음은 문제에 골머리를 썩힐 때 도움이 되는 몇 가지 일반적인 기술이다.

도커 호스트에 연결할 수 없다

가장 어려운 부분이 단지 연결의 문제일 수 있다. 도커 호스트에 연결하지 못하는 경우, 몇 가지 단계를 시도해보자. 호스트가 작동되지 않는 문제를 먼저 배제하기 위해 먼저 SSH로 가상 머신에 연결을 시도해 도커 데몬이 시작되지 않았는지, 포트 트래픽이 차단된 것은 아닌지 확인하자. SSH 클라이언트에서 `docker ps`를 성공적으로 실행할 수 있으면, 도커 데몬은 문제가 아니다.

또 다른 일반적인 연결 문제는 포트 매핑이다. 가상 머신이 로드 밸런스 같은 장치의 뒤에 있으면, 도커 포트가 열렸고(기본 2376) 웹 서버의 경우 80번 포트와 같은 특정 애플리케이션에 필요한 포트가 열렸는지 확인해야 한다.

또 다른 일반적인 문제는 도커 인증서다. 이 장에서 앞서 언급한 DOCKER_CERT_
PATH를 확인해 올바른 도커 인증서를 사용하는지 확인해야 한다.

컨테이너가 시작되지 않는다

가장 먼저 할일은 도커 로그를 확인하는 것이다. 먼저 다음의 명령처럼 -a 플래그
를 사용해 중지된 컨테이너를 포함해 컨테이너 목록을 가져와 컨테이너의 ID를 확
인한다.

```
docker ps -a
```

이미지 ID가 있다면 다음과 같이 입력해 로그를 확인한다.

```
docker logs <id>
```

결과가 명확하지 않으면, 앞서 이장에서 설명한 것처럼 다음에 보인 Docker run 명
령으로 컨테이너의 진입점entrypoint을 재정의해 컨테이너에 직접 연결한다.

```
docker run -t -i -p 80:80 --entrypoint=/bin/bash thedanfernandez/productcatalog
```

이 명령 조각은 -d (detached) 플래그를 -i 플래그로 바꿔 대화식으로 실행하며
Dockerfile의 진입점을 재정의해 bash 명령 프롬프트를 시작한다. 실행되면, 다음
과 같은 문제를 진단하는 데 사용할 수 있는 bash 명령 프롬프트를 확인할 수 있다.

- 모든 애플리케이션 종속성이 기본 이미지에 있는지 확인

- 모든 앱이나 종속성(예: NPM)이 설치됐는지 확인

- 앱에서 필요한 모든 환경 변수가 올바로 구성됐는지 확인

exit를 입력하고 대화형 셸을 나갈 때, 컨테이너는 자동으로 중지되지만, 다시 돌아
가서 Docker logs 명령으로 bash 셸에서 입력한 모든 명령과 해당 명령줄 결과를
확인할 수 있다.

컨테이너 실행 진단

실행 중인 컨테이너에서 진단을 수행할 때 다음 중 하나를 수행한다.

- docker attach 명령을 사용해 컨테이너에 연결한다.
- docker exec 명령을 사용해 컨테이너에서 명령을 실행하고 docker exec <container-id> 명령을 사용해 명령 프롬프트로 결과를 반환한다.

예를 들어, 엘라스틱서치 컨테이너에서 리눅스 cat 명령으로 파일의 내용을 확인하기 위해 exec 명령에 컨테이너 id의 첫 4개의 문자(예, bbd8)를 사용해 호출할 수 있다.

```
docker exec bbd8 cat docker-entrypoint.sh
```

이 명령은 컨테이너에서 실행되고 결과를 반환하는데, 이 경우는 그림 4.9에서 보는 것처럼 docker-entrypoint.sh 파일의 내용이다.

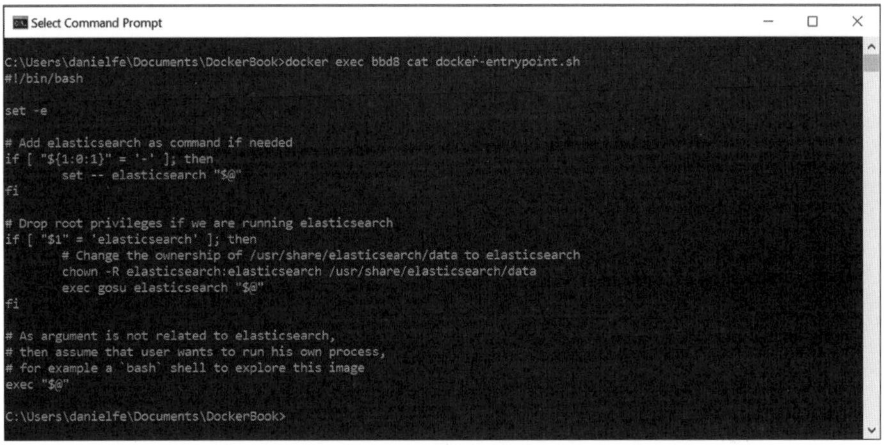

▲ **그림 4.9** Docker Exec로 실행 중인 컨테이너의 파일 내용 확인

⁝ 요약

4장에서 도커의 로컬 개발 환경과 이미지 관리, 도커 레지스트리 옵션, 로컬과 운영
환경 준비 개발을 설정하는 방법과 도커 이미지와 컨테이너를 만들 때 문제를 진단
하는 방법에 대한 많은 단계를 다뤘다.

☑ 5장
서비스 오케스트레이션과 연결

마이크로서비스 기반 애플리케이션은 하나 이상의 서비스로 구성되고, 각 서비스는 여러 개의 인스턴스를 갖는다. 그럼 여러 가지 서비스와 각 서비스의 여러 인스턴스, 서비스간의 연속성을 어떻게 배치하고 관리할 수 있을까? 마이크로서비스 아키텍처에서는 이 모두를 자동화하는 것이 더 중요하다. 오케스트레이션 도구는 일련의 컨테이너를 운영에 배포하고 관리하는 데 사용되며, 서비스 검색 도구는 적절한 서비스로 트래픽을 라우팅하는 데 도움을 주기 위해 사용된다.

애플리케이션을 구성하는 데 사용된 서비스는 현재 증가하고 있는 많은 클라우드 호스팅 컴퓨트에 배포될 수 있다. IaaS^{Infrastructure as a Service}나 PaaS^{Platform as a Service}처럼 몇 가지 인프라의 조합을 사용해, 마이크로서비스는 자체 전용 머신이나 공유 머신의 집합에 배포돼 실행될 수 있다. 5장에서는 도커를 적용한 마이크로서비스를 호스팅하기 위해 머신의 클러스터 사용 방법을 설명한다.

오케스트레이션과 스케줄링, 클러스터 관리, 서비스 검색의 세부 사항으로 넘어가기 전에, 마이크로서비스 기반 애플리케이션을 호스팅하는 데 사용되는 전형적인 클러스터의 개념적 개요로 시작해보자. 그림 5.1에서 일반적인 환경의 개념 다이어그램을 나타냈다. 서비스를 호스팅하는 머신 외에, 애플리케이션을 구성하는 서비스를 배포하고 관리하는 데 사용되는 관리 및 오케스트레이션 시스템이 있다.

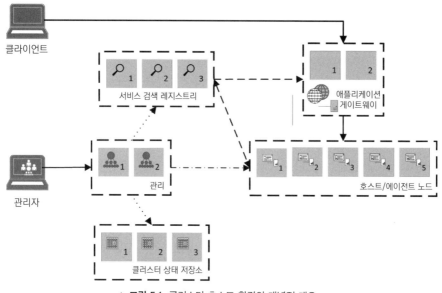

▲ **그림 5.1** 클러스터 호스트 환경의 개념적 개요

개념적으로 이 아키텍처는 아주 단순하지만, 세부적으로 들어가면 복잡하다.

- 호스트 노드는 서비스가 배포되어 실행되는 머신이다. 이 부분은 리소스 풀로 모든 애플리케이션 기능을 올려 실행시킨다. 클러스터링과 스케줄링 기술은 이들을 종종 에이전트나 하인, 노드라고 한다.

- 관리 서비스는 서비스를 선택해서 호스트 노드에 배포하는 작업을 담당하며, 종종 API나 UI를 제공한다. 많은 기술에서 이들을 '마스터'라고 한다. 메소스^Mesos 와 마라톤^Marathon의 조합과 도커 스웜, 쿠버네티스^Kubernetes 같은 기술이 일반적으로 사용된다.

158

- 클러스터 상태 저장소는 관리 서비스가 사용하며 리더를 선출하고, 노드들과 각 노드에 관한 정보 등, 클러스터 상태를 저장한다. 주키퍼와 Consul, etcd 같은 기술이 자주 사용된다.

- 서비스 검색 저장소는 요청을 받고 접속할 수 있는 끝점이 준비됐음을 알리기 위해 서비스에서 사용된다. 소비자는 이 정보를 사용해 요청을 서비스 끝점으로 라우팅한다. 주키퍼와 Consul, etcd는 서비스 검색 정보를 저장하는 인기 있는 옵션이다.

- 애플리케이션 게이트웨이는 클러스터로 오는 인바운드 트래픽의 라우팅과 부하 분산을 위해 사용된다. 라우팅과 부하 분산 외에, 이 서비스는 SSL 오프로드와 요청 집계, 인증과 같은 작업을 수행할 수 있다. NGINX와 HAProxy가 인기있는 기술이다.

- 아티팩트 저장소/이미지 레지스트리는 이 다이어그램에서 보이지 않았다. 아티팩트* 저장소는 클러스터에서 서비스를 스케줄링할 때 사용되는 다양한 파일들과 같은 아티팩트의 배포를 관리하는 데 사용된다. 도커 이미지는 도커 허브처럼 공용으로 호스트되는 이미지 레지스트리에 일반적으로 저장되는 아티팩트다. 다른 호스팅 옵션을 사용할 수 있으며 보안과 성능, 가용성을 포함해 이러한 서비스를 직접 호스팅할 몇 가지 적절한 이유가 있다.

이들 서비스 중 일부는 종종 같은 머신에 배포된다. 예를 들어, 관리 서비스는 실제로 클러스터 상태 저장소를 호스팅하는 동일한 머신에서 실행될 수 있다. 클러스터 상태 저장소와 서비스 검색 레지스트리는 KV 저장소의 공통 배포를 공유할 때도 있다. 애플리케이션 게이트웨이는 동일한 클러스터 호스트 노드에서 실행될 수 있다.

5장에서는 마이크로서비스 기반 애플리케이션을 배포하고 실행하는 환경을 만드는 데 사용된 이러한 개념과 기술에 관해 더 배운다.

---

* 아티팩트(Artifact): 사전에서는 인공물이나 인공 유물, 인위적 결과라고 한다. 그러나 IT 분야에서 사용될 때는 산출물을 지칭하거나 애플리케이션이나 서비스, 운영체제에서 사용되는 리소스를 말하기도 한다. 예를 들어 이벤트 로그나 레지스트리, 클러스터 리소스 등을 말한다. - 옮긴이

⋮⋮ 오케스트레이션

인프라와 시스템 관리 맥락에서 오케스트레이션은 클러스터 관리와 컴퓨팅 작업의 스케줄링, 호스트 머신의 프로비저닝과 프로비저닝 해제를 지칭하는 데 자주 사용되는 아주 일반적인 용어다. 컴퓨팅 작업 생성과 배포, 파기의 과정을 최적화하는 목적과 함께 리소스 할당과 분산을 자동화는 것도 포함한다. 이 경우, 우리가 말하는 작업은 도커 컨테이너에 배포되는 마이크로서비스다.

이런 맥락에서 오케스트레이션은 노드 프로비저닝과 클러스터 관리, 컨테이너 스케줄링으로 구성된다.

프로비저닝은 새로운 노드를 온라인으로 만들고 작업을 수행할 준비를 하는 프로세스다. 가상 머신을 만드는 작업 외에, 프로비저닝은 클러스터 관리 소프트웨어를 사용해 노드를 초기화하는 것과 노드를 클러스터에 추가하는 것도 포함한다. 프로비저닝은 네트워킹과 데이터 저장소 서비스, 모니터링 서비스, 그 외 다른 클라우드 공급자 서비스 같은 컴퓨트 외의 리소스도 포함한다. 프로비저닝은 직접 관리 또는 자동화된 확장 구현을 위해 클러스터 풀 크기를 늘리는 데 사용될 수 있다.

클러스터 관리는 노드에 작업을 보내고, 노드를 추가 및 제거하며, 활성 프로세스를 관리하는 일이 포함된다. 전형적으로 최소 하나이상의 머신이 클러스터 관리자로 동작한다. 이 머신은 작업 위임과 실패 식별, 애플리케이션의 상태에 대한 변경 동기화를 담당한다. 클러스터 관리는 스케줄링과 아주 밀접하게 관련되며, 많은 경우 양쪽에 동일한 도구가 사용된다.

스케줄링은 클러스터에서 특정 노드에 대해 특정 애플리케이션 작업과 서비스를 실행하는 프로세스다. 스케줄링은 서비스가 어떻게 실행되는지 정의한다. 스케줄러는 서비스 정의와 클러스터에서 사용 가능한 리소스를 비교하고 서비스를 실행하는 최선의 방법을 결정한다. 스케줄러는 각 호스트와 호스트의 사용 가능한 리소스를 알아야 하기 때문에 클러스터 관리자와 밀접하게 통합된다. 더 자세한 설명은 스케줄링에 관한 절을 참고하자.

> **ⓐ 서비스 연결성**
>
> 서비스 검색과 애플리케이션 게이트웨이, 네트워크 오버레이는 오케스트레이션의 일부로 반드시 필요한 것은 아니지만, 클러스터를 설정하고 클러스터에서 서비스를 실행하는 것과 밀접하게 관련되므로 이 장에서 다룬다.

서비스 검색과 애플리케이션 게이트웨이는 클러스터로 배포된 서비스 인스턴스로 트래픽을 라우팅하는 데 사용된다. 일반적으로 클러스터 내의 노드에 스케줄러가 결정한 대로 실행되는 여러 서비스 인스턴스를 가지고 있으며, 서비스의 위치를 검색하고 트래픽을 그 서비스로 라우팅하는 방법이 필요하다. 일부 컨테이너 오케스트레이션 도구는 이러한 기능을 제공한다.

오버레이 네트워크는 아래에 여러 네트워크를 갖는 단일 네트워크를 만들 수 있다. 컨테이너와 서비스를 오버레이 네트워크로 배포할 수 있으며, 이들은 그 아래 네트워크의 복잡성에 관해 걱정할 필요 없이 동일한 오버레이 네트워크의 다른 컨테이너와 통신할 수 있다.

필요한 클러스터 관리와 오케스트레이션 도구를 사용해 가상 머신 프로비저닝과 부트스트래핑을 시작해보자.

⦂ 프로비저닝

애플리케이션을 실행하기 위해 몇 개의 머신이 필요하며, 이들 머신은 클러스터 관리 소프트웨어로 초기화돼야 한다. 애플리케이션을 실행하는 데 필요한 가상 머신 외에, 저장소 계정과 가용성 집합, 가상 네트워크, 로드 밸런서를 프로비저닝해야 한다. 서비스 버스 또는 Azure DocumentDB, Azure SQL 데이터베이스와 같은 마이크로소프트 Azure 호스팅 서비스 몇 가지도 프로비저닝해야 한다.

프로비저닝을 머신 외부와 머신 내부라는 두 가지 상위 수준의 문제로 분해할 수 있다. 머신 외부 프로비저닝은 네트워킹과 가상 머신 등과 같은 알맞은 모든 리소스를 만드는 것을 포함한다. 머신 내부 프로비저닝은 서비스 내에서 설정해야 하는 모든 것으로, 클러스터 관리 소프트웨어 같은 것이다.

인프라에서 맞닥뜨리는 큰 도전은 환경을 안정적으로 다시 만들어 내는 능력이다. 머신과 네트워크가 프로비저닝되고, 구성이 변경되며, 다른 머신이 추가되거나 제거된다. 이 모두가 문서화돼도 변경을 추적하고 직접 한 단계씩 작업하는 것은 에러가 발생하기 쉽고 정확한 동일한 환경 설정이 쉽지 않다. 인프라 프로비저닝 자동화가 이런 경우 도움이 되며, 애플리케이션 코드를 관리하는 많은 모범사례를 인프라를 관리하는 데 적용할 수 있다.

리소스를 프로비저닝하고 관리하는 데 마이크로소프트 Azure에서 사용되는 서비스와 코드로서의 인프라에 대한 간략한 개요부터 살펴보자.

코드로서의 인프라

코드로서의 인프라는 프로그래밍 가능한 인프라스트럭처라고도 하며, 미리 정의된 코드를 통해 애플리케이션의 전체 환경을 만들고 관리하는 방식이다. 이는 개발자와 관리자가 여러 대의 물리 머신에 동일한 환경을 다시 만들 수 있게 한다. 재현할 수 있는 환경은 개발 및 테스트, 배포를 효율화하는 데 중요하다. 서비스의 규모와 복잡성이 증가함에 따라, 일관성 있게 재현하는 일이 어렵다.

관리자들은 종종 이 과정을 스크립트로 자동화한다. 코드로서의 인프라는 자동화와 버전 제어, 크로스 플랫폼 지원 등의 기능을 추가하면서 유사한 서비스를 수행한다. 코드로서의 인프라는 일반적으로 고수준 언어로 작성된 하나 이상의 정의 파일로 구성되는데, 이 파일은 별도의 도구로 읽고 해석되는 명령을 포함한다.

직접 배포의 문제점

코드로서의 인프라는 인프라를 관리하고 배포하는 문제를 해결하려는 시도다. 직접 개입을 포함하는 기존 접근 방식은 환경이 어떻게 구성되고 지금 어떻게 관리되는 지 추적하기 어려울 때가 있다. 이를테면, 문서의 직접 작업 단계를 따르는 아주 작은 애플리케이션을 위한 환경을 만들 수는 있지만, 애플리케이션과 인프라의 규모와 복잡성이 증가하면, 사람으로 인한 에러 발생 가능성이 높아진다.

모든 규모의 애플리케이션은 자동화로부터 이점을 얻을 수 있다. 대규모 애플리케이션에서 여러 머신이나 환경에서 동일한 애플리케이션에 대해 일관성 없는 구성을 사용하는 상황인지 신속하게 파악할 수 있다. 해당 환경 전반의 변경 내용과 변경한 사람을 추적하는 일은 거의 불가능할 수 있다. 개발과 테스트, 운영처럼 여러 환경에 일관성 있게 배포하는 일은 에러가 발생하기 쉽고 문제를 일으킬 수 있다. 해당 환경을 누가 변경했는지 감사하고 파악하는 일이 어려울 수 있으며, 이는 잠재적인 규정 준수 요구 사항에 영향을 끼칠 수 있다. 자동화를 통해 이러한 고통의 대부분을 피할 수 있다.

솔루션 관점에서 코드로서의 인프라

코드로서의 인프라를 사용해 쉽게 업데이트할 수 있고 일관성있게 재현할 수 있으며, 분산 가능하고, 버전을 제어하며, 삭제 가능한 환경의 정의할 수 있다.

환경 업데이트

애자일 개발 프로젝트에서, 애플리케이션 요구 사항은 빠르게 바뀔 수 있다. 지난 주의 버전으로 만든 환경은 현재 버전에서는 동작하지 않을 수 있다. 직접 테스트 환경을 분해하고 처음부터 다시 만드는 대신, 환경이 정의된 방법을 간단히 변경하고 애플리케이 션의 최신 버전으로 조정된 새로운 환경을 자동으로 만들 수 있다.

유지관리 일관성

일관성은 마이크로서비스로 전환할 때 핵심이다. 배포할 때, 또 다른 시스템의 환경을 정확하게 재현하는 방법이 있으면 에러가 발생할 가능성이 크게 줄어든다. 코드로서의 인프라는 해당 환경을 만드는 데 미리 정의된 코드에 의존하기 때문에, 환경의 각 인스턴스는 동일한 것을 실행하도록 보장된다. 이는 개발자나 품질 보증, 운영과 해당 환경을 쉽게 공유하게 만들기도 한다.

변경 추적

코드로서의 인프라는 실제 환경 대신 정의에 의존하기 때문에, 변경은 깃^{Git}이나 서브버전^{Subversion}, 머큐리얼^{Mercurial}과 같은 버전 제어 시스템을 사용해 쉽게 추적할 수 있다. 이 시스템은 환경의 변경을 추적하는 데 도움을 줄뿐만 아니라, 관리자들이 다른 버전의 애플리케이션에 대한 다른 버전의 환경을 유지관리하는 데 도움을 준다.

오래된 환경 제거

더 이상 필요하지 않은 환경이 있다면, 전통적으로 그 환경에 속한 프로그램과 서비스는 직접 제거돼야 한다. 코드로서의 인프라를 사용해 이 프로세스를 자동화하는 작업을 정의할 수 있다. 이를테면, 마이크로소프트 Azure에서 리소스 그룹을 삭제함으로써 전체 환경을 제거할 수 있다. 도커처럼 격리된 서비스를 사용함으로써, 호스트 머신에 영향을 끼치지 않고 리소스를 제거할 수 있다.

> **⚠ 테스트 주도 인프라**
>
> 코드로서의 인프라는 우리가 테스트를 살펴보는 방식을 바꾼다. 테스트를 수행하는 한 가지 접근 방식이 테스트 주도 인프라다. 테스트 주도 개발처럼 테스트 주도 인프라는 반드시 통과해야 하는 사전 정의된 테스트 케이스 집합을 중심으로 설계됐다.

Azure 리소스 관리자

Azure 리소스 관리자^{ARM, Azure Resource Manager}는 Azure에서 리소스 프로비저닝과 관리에 대한 코드로서의 인프라 접근 방식에서 사용될 수 있다. ARM을 사용하면 JSON 기반 템플릿 언어를 사용해 인프라의 필요한 상태를 정의할 수 있다. 모든 중간 단계(프로비저닝과 종속성 관리, 결합 허용)은 Azure에서 빈틈없이 처리한다. ARM 템플릿은 완전한 내용을 포함해 독립적이므로 Azure에서 쉽게 배포할 수 있다. 리소스는 가상 머신이나 가상 네트워크, 저장소 계정, 로드 밸런서 등이다. Azure 리소스 관리자는 리소스를 그룹으로 체계화할 수도 있고 태그를 붙여 리소스를 체계화할 수도 있다.

장점

- 모든 리소스를 그룹으로 배포 및 관리, 모니터링할 수 있다.
- 배포를 반복할 수 있다.
- 배포를 정의하기 위해 선언형 템플릿을 사용할 수 있다.
- 리소스 종속성을 정의하고 ARM에서 배포를 최적화 한다.
- 역할 기반 액세스 제어를 그룹의 리소스에 적용할 수 있다.
- 태그로 리소를 논리적으로 체계화할 수 있다.

ARM은 유연하며 명령형 또는 선언형 접근 방식을 사용할 수 있다. 이는 템플릿으로 인프라를 정의한 다음 ARM에 보내 프로비저닝을 처리하거나, 과거에 했던 것처럼 프로비저닝을 위해 API를 호출하는 스크립트를 만들 수 있다는 뜻이다. 선언형 접근 방식을 사용하면 인프라에 대한 변경을 버전 관리하고 추적하는 소스 제어에서 템플릿을 만들고 관리할 수 있다. 템플릿을 변경하고 이 템플릿을 ARM에 전달해 기존 리소스 그룹에 대한 변경을 적용하거나 완전히 새로운 리소스 그룹을 만들 수 있다. ARM을 통해 인프라를 신속하고 안정적으로 다시 만들 수 있다.

ARM 템플릿 언어

ARM 템플릿 언어는 Azure 인프라를 정의하기 위한 JSON 기반 문서다. 템플릿에는 리소스의 유형과 배포될 위치를 포함해 각 리소스에 대한 구성 상세 내용과 메타데이터를 포함한다. 스키마와 콘텐츠 버전 외에 템플릿은 4개의 최상위 수준 요소를 포함하고 있다.

최상위 요소

- Parameters는 배포가 실행될 때를 위한 입력을 제공하고 리소스 배포를 사용자 정의하는 데 사용된다. 예를 들면 클러스터에 배포하려는 머신의 수가 될 수 있다.
- Variables는 템플릿 언어 표현식을 단순화하는 데 사용된다. 변수를 사용하는 한 예는 템플릿에서 공통으로 사용하는 문자열, 또는 템플릿 처리량에 사용되는 매개변수의 형식이다.
- Resources는 리소스 그룹에서 배포되거나 업데이트 될 서비스의 유형이다. 리소스의 예로는 가상 머신과 가상 네트워크, 저장소 계정이 있다.
- Outputs은 배포 후 반환되는 값이다. 이들은 배포의 일부로 만들어진 DNS 이름이나 IP 주소를 제공하는 데 사용된다.

다음 JSON 문서는 템플릿의 기본 구조를 나타냈다. 이 간단한 문서의 resources 섹션에서 리소스만 정의하면 된다.

```
{
    "$schema": "http://schema.management.azure.com/schemas/2015-01-01/
deploymentTemplate.json#",
    "contentVersion": "",
```

```
    "parameters": {  },
    "variables": {  },
    "resources": [  ],
    "outputs": {  }
}
```

각 섹션을 좀 더 자세히 살펴보자. 먼저 템플릿 함수와 표현식을 다뤄야 한다.

함수

표현식과 함수는 템플릿에서 사용할 수 있는 JSON을 확장한다. 이것을 사용하면 완전한 리터럴이 아닌 값을 만들 수 있다. 표현식은 대괄호 []로 감싸며 템플릿이 배포될 때 평가된다. 템플릿 함수는 형식 변환과 문자열 연결, 더하기, 수학 계산 같은 값 조작과 참조 매개변수, 변수 같은 항목에서 사용된다.

자바스크립트에서처럼 함수는 functionName(arg1, arg2, arg3)와 같은 형식으로 호출된다.

```
"variables": {
"location": "[resourceGroup().location]",
"masterDNSPrefix":"[concat(parameters('dnsNamePrefix'),'mgmt')]",
"agentCount":
"[parameters('agentCount')]"
}
```

매개변수

Parameters 섹션은 리소스를 배포할 때 설정할 수 있는 값을 정의하는 데 사용된다. 그다음 템플릿 전체에서 매개변수 값을 사용해 배포된 리소스에 대한 값을 설정할 수 있다.

다음의 JSON 예제는 "agentCount"로 시작해 "masterCount"로 이어진 몇 가지 매개변수를 정의한다. 각 매개변수의 경우 형식을 정의하고, 템플릿을 사용하기 위한 추가 정보를 포함할 수 있는 몇 가지 메타데이터뿐만 아니라 기본값과 다른 제약 조건을 선택적으로 정의할 수 있다. 다음에서 볼 수 있듯이 "agentCount" 매개변수에 대한 기본값을 설정했고 이 매개변수에 대한 최소 값을 1, 최대 값을 40으로 선언했다.

```
"parameters": {
    "agentCount": {
    "type": "int",
    "defaultValue": 1,
    "metadata": {
        "description": "클러스터에 대한 메소스 에이전트의 수"
    },
    "minValue":1,
    "maxValue":40
    },
"masterCount": {
    "type": "int",
    "defaultValue": 1,
    "allowedValues": [1, 3, 5],
    "metadata": {
        "description": "클러스터에 대한 메소스 마스터의 수"
    }
}
```

변수

variables 섹션에서는 템플릿 언어 표현식을 단순화하는 데 사용될 수 있는 값을 생성할 수 있다. 이들 변수는 보통 "agentCount"에서 본 매개변수의 값을 기반으로 한다.

concat 함수와 같은 ARM 템플릿 언어 표현식을 사용해 값을 변환할 수 있다. 다음 예제에서 "masterDNSPrefix" 변수에 이 함수를 사용한다. "masterDNSPrefix"에 대한 값은 매개변수 "dnsNamePrefix"에서 전달된 문자열 값과 끝에 연결된 "mgmt"를 포함한다. 이제 이 연결을 수행하지 않고 템플릿에서 간단히 이 변수를 참조할 수 있다. 이렇게 하면 템플릿을 읽기 편하고 유지관리하기 좋다.

```
"variables": {
    "masterDNSPrefix":"[concat(parameters('dnsNamePrefix'),'mgmt')]",
    "agentDNSNamePrefix":"[concat(parameters('dnsNamePrefix'),'agents')]"
    "agentCount": "[parameters('agentCount')]",
    "masterCount": "[parameters('masterCount')]",
    "agentVMSize": "[parameters('agentVMSize')]",
    "sshRSAPublicKey": "[parameters('sshRSAPublicKey')]",
    "adminUsername": "azureuser"
}
```

리소스

resources 섹션에서 배포하고 업데이트할 리소스를 정의한다. 이 섹션에 리소스의 목록이 포함된다. 다음의 템플릿 조각은 Azure 컨테이너 서비스[ACS, Azure Container Service]와 몇 가지 매개변수를 정의했다. "apiVersion"과 "type", "name" 요소는 모든 리소스에 필요한 요소다. apiVersion은 정의된 리소스의 '유형'에 대해 지원되는 버전과 일치해야 하며, 이름은 리소스를 참조하는 데 사용될 수 있으므로 이 리소스에 대한 고유한 이름을 정의한다. 몇 가지 추가적인 문서화된 요소는 여기서 표시하지 않았는데, 이를 테면 먼저 프로비저닝해야 하는 리소스 종속성을 정의하는 "dependsOn" 같은 요소가 있다. 예를 들어, "orchestratorProfile"은 다음에 정의한 것처럼 컨테이너 서비스의 속성이다.

```
"resources": [
    {
        "apiVersion": "2015-11-01-preview",
        "type": "Microsoft.ContainerService/containerServices",
        "location": "[resourceGroup().location]",
        "name":"[concat('containerservice-',resourceGroup().name)]",
        "properties": {
            "orchestratorProfile": {
                    "orchestratorType": "Swarm"
                }
            }
        }
    }
]
```

출력

옵션인 outputs 섹션에서 배포에서 반환된 값을 지정할 수 있다. 예를 들어, 마스터와 에이전트 노드의 FQDN^{Fully Qualified Domain Name}이 배포에서 만들어진다. 이 결과는 도메인 이름으로 이들 끝점에 연결하는 사용자나 스크립트에서 사용할 수 있다.

```
"outputs": {
    "masterFQDN": {
        "type": "string",
        "value": "[reference(concat('Microsoft.ContainerService/
containerServices/', 'containerservice-', resourceGroup().name)).
masterProfile.fqdn]"
    },
    "agentFQDN": {
        "type": "string",
        "value": "[reference(concat('Microsoft.ContainerService/
containerServices/', 'containerservice-', resourceGroup().name)).
agentPoolProfiles[0].fqdn]"
    }
}
```

ARM 템플릿을 사용해, 전체 생명주기에서 인프라를 반복적으로 배포하고 리소스를 일관성 있게 배포할 수 있다. 소스 제어에서 관리하는 템플릿에서 인프라를 정의하면 인프라의 변경을 추적할 수 있다. 템플릿이 변경될 때 기존 배포에 새로운 템플릿을 적용할 수 있으며 ARM은 변경에 필요한 것을 파악하고 템플릿의 현재 상태와 기존 배포 상태를 기반으로 필요한 변경을 수행한다.

> **⚠ 연결된 템플릿**
>
> 템플릿이 늘어남에 따라 링크를 통해 다른 템플릿에서 템플릿을 구성할 수 있다. 이는 템플릿이 늘어나고 복잡성이 높아짐에 따라 템플릿을 관리하는 데 사용되는 멋진 기술이다. 예를 들어, Consul을 배포하는 템플릿을 만든 다음. 도커 스웜 템플릿에서 그 템플릿을 참조한다.

각 환경에 대한 매개변수는 소스 제어나 다른 구성 저장소에서 유지관리될 수 있다. 애플리케이션에 대한 환경 구성처럼, 일반적으로 운영 소스 제어 리포지토리나 특수한 데이터베이스에서 이들 매개변수를 저장한다. 매개변수는 일반적으로 다양한 리소스의 이름과 위치, 인스턴스 수 등이다. 클러스터를 더 적은 수의 노드나 더 작은 노드를 갖는 스테이징이나 테스트 환경으로 배포하고 싶을 수 있다. 템플릿의 클러스터 부분에서 노드의 수를 지정하지 않고, 매개변수로 만들 수 있다. 그다음 템플릿을 배포할 때, 해당 환경에 적합한 배포의 노드 수를 포함하는 매개변수 값을 전달할 수 있다. 클러스터의 배포는 환경 전반에 걸쳐 일관되고 동일하며 노드의 수처럼 몇 가지 변형은 매개변수로 제어하고 테스트할 수 있다.

머신 내부

ARM에서 가상 머신과 머신 외부의 다른 서비스를 프로비저닝했다면, 머신 내부에서 몇 가지를 프로비저닝해야 할 때도 있다. 클러스터 관리 소프트웨어처럼 몇 가지 소프트웨어를 설치해야 할 경우가 종종 있다. 가상 머신이 준비되면, ARM에서 스크립트를 호출하고 몇 가지 컨텍스트를 전달해 머신 내부에서 프로비저닝을 수행할 수 있다. 몇 가지 ARM 확장을 사용할 수 있으며 클러스터에 가입하는 데 필요한 정보처럼 전달된 컨텍스트로 템플릿에서 이 확장을 정의할 수 있다. 스크립트 확장을 사용하면 머신에서 다운로드할 스크립트 집합과 실행할 명령을 정의할 수 있다. 도커 확장은 도커 데몬이 머신에 설치돼 있는지 확인하고, 도커 컴포즈 형식과 일치하는 JSON 문서를 사용해 프로비저닝된 후 인스턴스에서 도커 컨테이너를 시작한다.

이들 확장은 주로 클러스터 관리 소프트웨어를 포함해 프로비저닝된 머신을 부트스트랩하고 클러스터에 가입하는 데 주로 사용된다. 예를 들어, 템플릿에서 정의된 각 노드에서 아파치 메소스 에이전트를 설치하는 데 스크립트 확장을 사용할 수 있다. 도커 확장을 사용해 도커 스웜 데몬을 설치하고 클러스터 관리자로 노드를 등록할 수 있다.

확장을 사용해 머신을 부트스트랩하는 것 외에도 사용자 지정 데이터를 cloud-config를 템플릿에 포함시킬 수 있다. cloud-config 파일은 cloud-init 프로세스에서 실행되도록 설계된 스크립트이며, 서버가 처음 부팅될 때 초기 구성을 위해 사용된다. 이 메커니즘을 통해서도 클러스터 관리 소프트웨어를 설치할 수 있다. cloud-config를 사용하면 공통 작업을 위한 구성 파일처럼 동작하고 더 복잡한 기능에 대해 스크립트를 정의할 수 있다. cloud-init에 관한 더 자세한 정보는 https://cloudinit.readthedocs.io/en/latest/에서 제공하는 문서에서 살펴보자. Azure의 모든 가상 머신 이미지에서 이를 지원하지는 않으며, cloud-init가 활성화돼야 한다.

Azure 컨테이너 서비스

마이크로소프트 Azure 컨테이너 서비스[ACS]는 컨테이너 호스트로 동작하는 머신의 클러스터를 만들고 관리하는 Azure 리소스 공급자다. ACS를 사용하면 인기 있는 오픈 소스 클러스터 관리와 스케줄링 도구를 사용해 운영 준비된 클러스터를 아주 쉽게 프로비저닝할 수 있다.

단일 리소스 공급자를 사용해 메소스나 도커 스웜 클러스터를 프로비저닝할 수 있다. 이들 기술은 이 장 뒤에서 나오는 스케줄링 관련 절에서 다룬다. ACS 리소스 공급자는 전체 클러스터를 배포하는 데 필요한 몇 가지 속성만 있으면 된다. 이들 속성은 앞서 설명한 ARM 템플릿 매개변수와 변수를 사용해 배포에서 정의할 수도 있다.

ACS 리소스 공급자

다음의 ARM 리소스 조각은 구성 가능한 매개변수의 집합을 사용해 Azure에서 클러스터를 프로비저닝하는 데 사용할 수 있다. 정의된 리소스 유형은 Microsoft. ContainerService/containerService다. 위치는 해당 리소스 그룹이 만들어진 동일한 위치이며, 이 리소스의 이름은 해당 리소스 그룹 이름에 containerservice-

을 간단하게 붙인다. 더 흥미로운 부분은, ARM 변수를 사용해 설정하는 리소스 공급자의 속성이다.

ACS 리소스 공급자 속성

- orchestrationProfile 요소는 배포할 오케스트레이션 도구의 종류를 정의하는 데 사용된다.
- masterProfile 요소는 만들 노드의 수와, 마스터 노드 로드 밸런서에 대한 DNS 항목을 만들기 위해 사용된 접두어처럼 마스터 노드에 대한 속성을 정의할 수 있는 곳이다.
- agentPoolProfiles 요소에서는 에이전트 노드의 다중 컬렉션과 각각에 다른 이름과 개수, 크기, dnsPrefix를 정의할 수 있다.
- linuxProfile 요소에는 자격증명 처럼 프로비저닝된 모든 노드에 대한 시스템 속성 설정을 정의할 수 있다.

```json
{
    "apiVersion": "2015-11-01-preview",
    "type": "Microsoft.ContainerService/containerServices",
    "location": "[resourceGroup().location]",
    "name":"[concat('containerservice-',resourceGroup().name)]",
    "properties": {
        "orchestratorProfile": {
            "orchestratorType": "Mesos"
        },
        "masterProfile": {
            "count": "[variables('masterCount')]",
            "dnsPrefix": "[variables('mastersEndpointDNSNamePrefix')]"
        },
        "agentPoolProfiles": [
            {
                "name": "agentpools",
                "count": "[variables('agentCount')]",
                "vmSize": "[variables('agentVMSize')]",
                "dnsPrefix": "[variables('agentsEndpointDNSNamePrefix')]"
```

```
            }
        ],
        "linuxProfile": {
            "adminUsername": "[variables('adminUsername')]",
            "ssh": {
                "publicKeys": [
                    {
                        "keyData": "[variables('sshRSAPublicKey')]"
                    }
                ]
            }
        }
    }
}
```

여기서 알 수 있듯이, 마이크로소프트 Azure를 사용하면 운영 준비된 메소스와 도커 스웜 클러스터를 아주 쉽게 프로비저닝할 수 있다.

Flak.io 샘플 애플리케이션은 http://flak.io에서 새로운 클러스터를 프로비저닝하고 Flak.io 전자상거래 샘플을 클러스터로 배포하는 자세한 단계를 제공한다.

Azure를 이용한 ARM 템플릿 배포

Azure는 파워셸 또는 Azure CLI^{Command Line Interface}, 표준 REST API를 포함해 템플릿을 배포하기 위한 몇 가지 방법을 지원한다. 파워셸과 Azure CLI는 Azure 계정으로 로그인하고 배포하기 원하는 구독을 선택해야 한다. 사용 가능한 리소스 그룹이 아직 없다면 새로운 리소스 그룹도 만들어야 한다. 매개변수 파일을 사용해, 다음 명령으로 ARM 템플릿을 배포할 수 있다.

파워셸:

```
C:\> New-AzureResourceGroupDeployment -Name ExampleDeployment
-ResourceGroupName ExampleResourceGroup
-TemplateFile <PathOrLinkToTemplate>
-TemplateParameterFile <PathOrLinkToParameterFile>
```

174

Azure CLI:

```
azure group deployment create -f <PathToTemplate> -e <PathToParameterFile>
-g ExampleResourceGroup -n ExampleDeployment
```

버전 제어에서 ARM 템플릿 배포

다음처럼 공용으로 액세스할 수 있는 깃 리포지토리 템플릿의 URI를 제공해 직접
배포할 수 있다.

```
azure group deployment create --template-uri <repository item URI>
```

예를 들어, Azure 깃허브 리포지토리를 사용해 새로운 스토리지 계정을 배포하기
위한 Azure CLI 명령은 다음과 같다.

```
azure group deployment create --template-uri https://raw.githubusercontent.
com/Azure/azure-quickstart-templates/ master/101-create-storage-account-
standard/azuredeploy.json
```

지침과 모범사례를 포함해 ARM에 관한 더 자세한 내용은 다음 제품 문서를 살펴
보자.

　　https://docs.microsoft.com/ko-kr/azure/azure-resource-manager/

멀티벤더 프로비저닝

ARM은 Azure에서 인프라 리소스를 프로비저닝하는 데 권장하는 접근 방식이
다. Azure 외부에서 애플리케이션의 일부 또는 모든 리소스를 프로비저닝해야 할
때가 있다. Azure 외부는 사설 클라우드 또는 또 다른 공용 클라우드, Hosted
Elasticsearch 서비스(https://www.elastic.co/cloud)처럼 다른 호스팅 서비스일 수
있다.

이런 상황에 접근하는 다른 방법이 많다. 다른 리소스를 프로비저닝한 다음 선언형
모델이나 명령형 모델을 사용해 ARM으로 Azure 리소스를 배포하기 위해 혼합 스

크립트나 사용자 지정 스크립트를 사용할 수 있다. 필요에 따라 ARM 템플릿을 변환하거나 ARM 템플릿에서 이들 리소스를 구성하는 사용자 지정 프로비저닝 스크립트를 호출할 수도 있다. 이들 옵션 외에, 시장에서 사용할 수 있는 다른 인프라 프로비저닝 오케스트레이션 도구들도 있어서, 이들 도구로 클라우드 플랫폼 벤더에 무관한 방법으로 인프라를 정의한 다음, 특정 클라우드 공급자를 통해 실제 프로비저닝 작업을 수행할 수 있다. 이런 도구 중의 하나가 테라폼Terraform(http://terraform.io)이다. 테라폼은 ARM 기반 공급자를 통해 Azure 인프라를 프로비저닝할 때 다른 인기 있는 클라우드 플랫폼을 사용할 수 있다.

해시코프HashiCorp의 테라폼은 인프라를 안전하고 효율적이며 일관성 있게 구축 및 변경, 버전 관리하기 위한 도구다. 테라폼은 애플리케이션의 최종 상태를 기술하는 구성 파일을 사용해 필요한 인프라를 구축하는 실행 계획을 생성하고 실행한다. 테라폼은 개별 컴퓨팅 리소스 할당과 같은 소규모 작업이나 멀티벤더 클라우드 배포처럼 대규모 작업을 관리하는 데 사용할 수 있다.

테라폼은 공급자를 통해 다른 리소스와 통합한다. 공급자는 테라폼 구성과 기본 API 또는 서비스, 플랫폼 간의 브리지를 형성한다. Azure 공급자를 사용하면 가상 머신 인스턴스와 보안 그룹, 저장소 디바이스, 데이터베이스, 가상 네트워크 등을 포함하는 Azure 리소스를 프로비저닝하고 관리할 수 있다. 이 도구는 여러 클라우드 플랫폼에 인프라를 정의하고 프로비저닝해야 할 때 유용하다.

⠿ 스케줄링과 클러스터 관리

가상 머신과 네트워킹, 저장소, 애플리케이션에서 사용하는 다른 Azure 서비스 등의 인프라를 프로비저닝하는 데 사용되는 몇 가지 도구와 방법론에 관해 논의했다. 이제 프로비저닝된 가상 머신에서 실행되는 서비스를 스케줄링해야 한다.

스케줄링은 겉보기에는 간단하다. 예를 들어, 클러스터에서 결제 서비스의 인스턴스 5개를 찾아서 배포해보자. 하지만, 이 간단한 작업은 종속성과 제약 조건, 최적화, 다른 유형의 리소스, 이들 리소스에 대한 요구 사항을 제시하면서 복잡성이 급격히 올라갈 수 있다. 스케줄러는 서비스를 배포할 가장 최적의 리소스를 결정할 때 이러한 인자들 모두를 고려해야 한다.

문제점

스케줄링 서비스는 특히 애플리케이션과 인프라가 성장함에 따라 복잡성이 급격히 높아질 수 있다. 효율성과 격리, 확장성, 성능의 균형을 유지하면서, 각 애플리케이션의 다양한 요구 사항을 고려해야 한다. 클러스터에 있는 어떤 머신이 각 서비스 인스턴스를 실행해야 하는지 결정하는 데 수반되는 의사 결정과 모든 사소한 복잡성을 자동화할 수 있는 서비스가 필요하다.

효율성/밀도

효율성은 인프라가 가용한 리소스를 기반으로 서비스를 얼마나 잘 스케줄링 하는지 측정한다. 이상적인 환경에서, 서비스는 여러 서버에 고르게 분산돼 낭비되는 리소스가 없다.

현실에서 각 서비스는 자체의 고유한 리소스 요구 사항이 있고, 모든 노드에서 동일한 리소스를 제공하지 않을 수 있다. 서비스는 적은 프로세서와 낮은 메모리 요구 사항을 가질 수 있지만, 많은 저장소가 필요할 수 있다. 또 다른 서비스는 적은 양의 높은 처리량을 갖는 저장소가 필요할 수 있는데, 즉 전통적인 하드 드라이브 대신 솔리드 스테이트 저장소^{SSD}나 RAM 디스크가 필요할 수 있다.

스케줄러는 클러스터의 노드에서 다른 서비스와 함께 서비스의 최적 배치를 빠르게 판단해야 한다. 이것 외에도 스케줄러는 하드웨어 프로비저닝과 노드 실패로 인한 리소스 변경을 지속적으로 고려해야 한다.

격리

스케줄링의 분산 특성과 대조적으로 서비스는 격리가 중요하다. 우리의 서비스는 다른 서비스의 성능이나 가용성에 영향을 끼치지 않고 반복적으로 생성 및 배포, 소멸되도록 설계됐다. 서비스들이 서로 통신할 수 있지만, 이들 서비스 사이의 격리가 없어지고 종속성이 생기면 근본적으로 마이크로서비스 아키텍처의 목적을 훼손하는 것이다.

예를 들어, 도커처럼 컨테이너 기반 솔루션은 리눅스 커널의 컨트롤 그룹^{cgroups} 기능을 사용해 특정 프로세스의 리소스 소비를 제어한다. 이들 솔루션은 커널 네임스페이스를 사용해 프로세스의 범위를 제한한다. 이는 마이크로서비스 아키텍처에서 서비스의 결함 및 리소스 격리를 크게 향상 시킨다. 예기치 않은 장애가 발생해도, 하나의 서비스가 전체 노드를 손상시키지 않는다.

확장성

애플리케이션의 복잡성이 높아짐에 따라, 데이터 센터의 복잡성도 커진다. 기존 서비스를 중심으로 우리의 인프라를 설계해야 할 뿐만 아니라 향후 서비스 요구를 충족하는 인프라의 규모도 고려해야 한다. 스케줄러는 늘어나는 머신의 수를 관리해야 한다. 요구 사항을 충족시키기 위해 가상 머신의 풀을 늘리거나 줄일 수 있다.

성능

빈약한 스케줄링 솔루션인지 여부는 성능 문제가 결정한다. 스케줄러는 리소스가 변하는 매우 동적인 환경을 관리해야 한다. 이들 리소스에서 실행되는 서비스는 변하고, 서비스의 부하는 항상 바뀐다. 이는 복잡할 수 있으며 최적의 성능을 유지관리하는 일에는 뛰어난 모니터링 솔루션이 필요할 때가 자주 있다.

작업에 대한 최적의 리소스를 확인하는 일은 시간이 걸리며 때로는 요구가 증가하거나 노드 실패에 신속하게 응답하도록 스케줄링돼야 한다.

스케줄링 솔루션

방금 배운 것처럼, 노드에서 실행할 작업을 스케줄링 하는 간단한 작업의 복잡성이 빠르게 높아질 수 있다. 운영체제에서 리소스 스케줄러는 시간이 지남에 따라 발전했고 우리는 로컬 리소스를 스케줄링하는 많은 경험을 했다. 머신들의 클러스터 전체에서 동작하는 스케줄링 솔루션은 그다지 성숙되거나 발전하지 않았다. 하지만, 이러한 필요를 다루는 데 도움을 주는 몇 가지 뛰어난 솔루션을 사용할 수 있으며, 이들은 매우 빠르게 발전하고 있다.

요즘 많은 클러스터 스케줄링 솔루션은 컨테이너 배치에 대해 상당히 비슷한 기능과 접근 방법을 제공한다. 더 인기 있는 스케줄러 몇 가지를 다루기 전에, 이들 스케줄러 몇 가지에서 사용할 수 있는 공통 기능을 먼저 설명한다.

전략과 정책, 알고리즘

작업이나 서비스를 실행하는 노드를 결정하는 데 사용되는 전략 또는 로직은 제약 조건을 충족하는 임의의 노드를 선택하는 것처럼 간단할 수 있다. 아니면, 훨씬 더 복잡한 뭔가가 될 수도 있다. 앞서 언급한 것처럼, 애플리케이션 성능에 부정적인 영향을 주지 않고 리소스 활용을 최적화하기를 원할 것이다. 스케줄러에서 사용하는 몇몇 전략은 상자 채우기^{bin packing}와 스프레드, 무작위다. 상자 채우기 접근 방법은 간단히 한 노드를 채우고 나서 이동해 다음 노드를 채우기 시작한다. 스프레드 접근 방식은 기본적으로 모든 사용 가능한 노드에서 서비스의 라운드 로빈 배치를 수행한다. 무작위 접근 방식은 클러스터의 노드에 서비스를 무작위로 배치한다. 다른 유형의 작업 부하를 서로에게 배치하고 우선순위를 지정해야 하므로 이런 전략보다 더 복잡해질 수 있다.

스케줄링에 사용되는 많은 기술은 스케줄링 전략에 확장성을 제공하므로, 필요한 경우 더 복잡한 전략이나 비즈니스 요구 사항을 더 잘 충족하는 전략을 사용할 수 있다.

규칙과 제약 조건

대부분의 스케줄러는 노드에 태그를 붙여서 작업을 스케줄링할 때 그 데이터를 사용해 제약 조건을 적용한다. 예를 들어, SSD 저장소가 연결된 노드에 태그를 붙인다음, 작업을 스케줄링할 때 해당 작업이 SSD 저장소가 있는 노드에 예약이 걸리도록 제약 조건을 제공할 수 있다. 장애 도메인이 있는 노드에 태그를 붙이고 스케줄러에서 장애나 업데이트 도메인에 걸쳐 일련의 작업을 분산해 모든 서비스 인스턴스가 동일한 장애 도메인에 있지 않도록 제약 조건을 제공할 수 있다.

> **🅐 가용성 집합**
>
> Azure에서 가상 머신은 장애 및 업데이트 도메인을 가상 머신 인스턴스에 할당하는 가용성 집합으로 구성된다. 업데이트 도메인은 함께 재시작될 수 있는 하드웨어 그룹을 가리킨다. 장애도메인은 공통 전원과 네트워크 스위치 등을 공유할 수 있는 머신의 그룹을 가리킨다.

종속성

스케줄러는 컨테이너의 그룹과 종속성, 연결성 요구 사항을 정의하는 방법이 필요하다. 서비스는 근접성을 유지해야 하는 여러 컨테이너들로 구성될 수 있다. 쿠버네티스를 사용하면 서비스를 구성하는 컨테이너 집합을 포드^{pod}로 그룹화할 수 있다. 여기에 대한 좋은 예가 정적 콘텐츠에 대해 NGINX를 사용하고 '로컬' 캐시로 레디스^{Redis}를 사용하는 node.js 서비스다. 다른 서비스에서는 효율성의 이유로 서로가 가까이 있어야 할 수 있다.

복제

스케줄러에서는 클러스터 전체에서 서비스의 여러 인스턴스를 최적으로 스케줄링해야 한다. 우리는 하나의 노드나 동일한 장애 도메인에서 모든 서비스 인스턴스를 두고 싶지 않을 것이다. 스케줄러는 이러한 요소를 자주 인식하고 클러스터에서 여러 노드에 인스턴스를 분산해야 한다.

재할당

클러스터 리소스는 노드가 추가 또는 제거, 실패할 때 변경일 일어날 수 있다. 클러스터 변경 외에도, 서비스 부하 역시 변할 수 있다. 좋은 스케줄링 솔루션은 노드와 서비스를 끊임없이 모니터링하고, 가용성뿐만 아니라 시스템의 최적 성능과 규모, 효율성을 기반으로 리소를 최적으로 재할당하는 방법을 결정할 수 있어야 한다.

> **⚠ Azure 힐링(Healing)**
>
> Azure에서 서비스를 실행하는 하드웨어가 실패하면, Azure는 서비스를 실행하는 가상 머신을 이동한다. 시스템이 사라졌다가 돌아오는 이러한 상황은 스케줄러가 관리하기 어려울 수 있다. Azure는 머신 수준에서 동작하고 개별 컨테이너 실패가 있는 경우 도움을 주지 못한다.

고가용성

오케스트레이션과 스케줄링 서비스는 고가용성을 제공해야 한다. 오케스트레이션 도구의 대부분은 다중 관리 인스턴스를 배포할 수 있으므로, 계획 또는 계획되지 않은 유지관리의 상황에서 또 다른 관리 인스턴스에 연결할 수 있다. 애플리케이션 여구사항과 클러스터 관리 기능에 따라 해당 관리 및 오케스트레이션 서비스의 단일 인스턴스를 실행해도 좋을 수 있다. 몇 가지 이유로 관리 노드를 일시적으로 사용할 수 없는 경우, 다시 사용할 수 있을 때까지 서비스를 스케줄링할 수 없으며, 해당 애플리케이션은 영향을 받지 않는다는 의미다.

롤링 업데이트

서비스 업데이트가 출시되면, 스케줄러는 기존 서비스 버전을 줄이면서 새로운 버전을 확장하고 양쪽으로 트래픽을 라우팅한다. 스케줄러는 배포 상태를 모니터링하고 필요한 경우 해당 업데이트를 자동으로 롤백해야 한다.

자동 크기 조정

클러스터 스케줄러는 시간이나 시스템의 부하에 일치하는 모니터링 메트릭을 기반으로 서비스 인스턴스를 스케줄링할 수 있다. 클러스터 내에서 작업 인스턴스를 모니터링하고 스케줄링하는 것 외에, 유휴 리소스의 비용을 줄이거나 증가한 용량 요구에 응답하기 위해 클러스터 노드를 자동으로 확장해야 할 수 있다. 스케줄러는 프로비저닝 시스템에 이벤트를 일으켜 새로운 노드를 클러스터에 추가하거나 클러스터에서 일부 노드를 제거할 수 있다.

API

지속적인 통합/배포 시스템은 새로운 서비스를 스케줄링하거나 기존 서비스를 업데이트해야 한다. API는 이를 가능하게 하는 데 필요하다. API는 인프라에서 다른 서비스와 통합하는 데 사용할 수 있는 이벤트를 노출할 수도 있다. 이는 모니터링과 스케줄러 조정, 다른 시스템 또는 클라우드 플랫폼 인프라의 통합에 유용하다.

시장에서 서비스의 오케스트레이션과 스케줄링에 사용할 수 있는 기술의 수가 늘어나고 있다. 이들 기술 중 일부는 여전히 기능이 완벽하지 않지만, 빠르게 발전하고 있다. 이 책을 쓰는 시점에 사용 중인 보다 인기 있는 기술 중 몇 가지를 다룰 것이다. 그 첫 번째로 도커 스웜을 살펴본다.

도커 스웜

도커 사에서는 도커 스웜^{Docker Swarm}이라는 네이티브 클러스터링 솔루션을 선보였다. 스웜 클러스터는 도커 노드의 풀이며 단일 머신인 것처럼 관리할 수 있다. 스웜은 표준 도커 API를 사용하는데, 이는 도커 클라이언트를 포함해 기존 도구와 완전히 호환된다는 뜻이다. 도커 스웜은 모놀리식 스케줄러로 전체 클러스터 상태를 인식하는 스웜 마스터가 스케줄링을 담당한다.

그림 5.2에서 보는 것처럼, 도커 스웜 클러스터는 하나 이상의 스웜 마스터와 도커 데몬을 실행하는 많은 노드, 검색 백엔드를 포함하는데, 검색 백엔드를 이 장의 뒤에서 다루는 네트워킹 절의 컨테이너 검색 서비스와 혼동하지 말자.

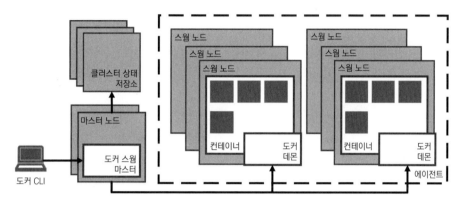

▲ **그림 5.2** 도커 스웜 클러스터 개요

마스터 노드

스웜 클러스터에는 하나 이상의 마스터 노드가 있다. 하나의 마스터 노드만 클러스터 스케줄링 작업을 수행하지만, 고가용성을 제공하기 위해 추가 노드를 실행할 수 있다. 마스터는 리더를 선출하고, 어떤 이유로 선출된 리더를 사용할 수 없다면 또 다른 마스터가 선출되고 클라이언트 요청과 스케줄링을 처리하는 작업을 넘겨받는다. 필요한 리더 선출 기능을 제공할 수 있는 지원 서비스가 필요하다. Consul과 주키퍼, etcd 같은 서비스가 주로 이 목적뿐만 아니라 검색 백엔드로 사용된다. 마스터는 검색 백엔드에서 노드의 목록을 사용해 노드의 컨테이너를 관리한다. 마스터는 클라이언트에서 사용하는 동일한 표준 도커 프로토콜을 사용해 해당 노드와 통신한다.

검색 백엔드

도커 스웜 백엔드는 클러스터 검색 메커니즘으로 사용되는 플러그형 서비스이며 클러스터 상태를 관리한다. 노드가 클러스터에 가입할 때 이 서비스를 사용해 자신을 등록하고 클러스터에 참가한다. 검색 백엔드는 플러그형이며 클라우드에서 호스팅하는 백엔드를 사용할 수 있으며 기타 많은 옵션이 있다.

스웜 전략

도커 스웜 스케줄러는 스웜에서 컨테이너 배치에 대한 랭킹을 계산하는 방식을 결정하는 여러 가지 전략을 지원한다. 새로운 컨테이너를 실행할 때, 도커 스웜은 선택한 전략에 대해 계산된 랭킹이 가장 높은 노드에서 스케줄링 한다. 스웜은 현재 스프레드^{spread}와 상자 채우기^{binpack}, 무작위^{random}의 3가지 전략을 지원한다. 스프레드와 상자 채우기 전략은 노드에서 사용할 수 있는 CPU와 RAM, 실행 컨테이너 수를 고려한다. 무작위 전략은 단순히 한 노드를 선택하고 주로 디버깅용으로 사용한다. 스프레드 전략은 최소한의 컨테이너의 수를 갖는 노드에 대해 최적화해 보다 균일한 분산을 유지하려고 한다. 상자 채우기 전략은 가장 많은 컨테이너를 가진 노드에 대해 최적화해 노드를 채우려고 한다.

API는 새로운 스웜 전략을 만드는 데 사용할 수 있으므로, 필요한 알고리즘이 있는 전략이 없으면 직접 만들 수 있다.

스웜 필터

도커 스웜은 노드의 하위집합에서 스케줄러 컨테이너에 사용될 수 있는 여러 가지 필터를 제공한다. 제약 조건^{Constraint} 필터는 노드와 연결된 키/값 쌍이며, 특정 노드를 선택하는 데 사용할 수 있다. 선호도^{Affinity} 필터는 다른 컨테이너와 가까워야 하는 컨테이너를 스케줄링하는 데 사용될 수 있다. 포트 필터는 호스트 로트 충돌을 다루는 데 사용되며, 고유한 필터로 간주된다. 상태 필터는 비정상 노드에서 컨테이너의 스케줄링을 방지한다.

Azure에서 스웜 만들기

도커 스웜 클러스터를 마이크로소프트 Azure에서 ARM 템플릿이나 ACS, 투툼^{tutum}이라는 도커 호스팅 서비스[*], 도커 머신을 사용해서도 만들 수 있다. 도커 머신은 로컬 머신이나 Microsoft Azure와 같은 클라우드 공급자에 도커 호스트를 설치하는 데 사용되는 도구다.

Azure에서 도커 스웜 배포 과정을 단순화하기 위해 ARM 템플릿을 현재 깃허브에서 사용할 수 있다(https://github.com/Azure/azure-quickstart-templates/tree/master/docker-swarm-cluster). 이 템플릿은 복사해서 해당 프로젝트에 대한 소스 제어 관리 시스템에 넣고 프로젝트의 인프라 요구 사항을 충족하기 위해 확장할 수 있다.

도커 스웜 클러스터 템플릿은 최대 가용성을 보장하기 위해 3개의 스웜 관리자 노드를 자동을 구축하고 구성한다. 템플릿 매개변수를 통해 애플리케이션 노드의 수를 지정할 수 있다. 이 템플릿을 수정해야 한다면 쉽게 포크하고 프로젝트의 필요에 맞게 수정할 수 있다. 예를 들어, 몇 가지 추가 모니터링 서비스를 노드에 설치하거나 네트워크 설정 방법을 변경하거나, 다른 클러스터 검색 백엔드를 사용할 수 있다.

스웜에 연결하기

클러스터 배포가 완료되면 도커 데몬의 단일 인스턴스에 연결하는 동일한 방식으로 도커 스웜에 연결할 수 있다. 도커 클라이언트를 사용해 info, run, ps 같은 표준 도커 API 명령을 실행할 수 있다.

예를 들어, 다음 명령으로 Azure 스웜에서 실행 중인 컨테이너 목록을 살펴보자.

```
$ docker -H tcp://<manager DNS name>-manage.<location>.cloudapp.azure.
com:2375
```

---

[*] 지금은 도커 클라우드 서비스가 됐다. – 옮긴이
https://cloud.docker.com/

도커 스웜을 사용할 경우 좋은 점 중 하나는 단순함이다. 도커 스웜 API는 도커의 단일 인스턴스로 작업하는 것과 같으며, 전체 클러스터는 도커의 단일 인스턴스 뒤에만 존재한다.

쿠버네티스

쿠버네티스Kubernetes(약어로 k8s)는 도커 스웜과 비슷하며, 클러스터에서 컨테이너를 관리하는 오픈 소스 구글 프로젝트다.

쿠버네티스는 마이크로서비스 배포와 스케줄링, 유지관리, 업데이트, 확장을 위한 프레임워크로 동작한다. 요컨대 사용자에서 서비스를 배포하는 프로세스를 추상화하고, 애플리케이션 인프라의 상태를 능동적으로 모니터링해 무결성을 보장한다. 문제가 발생하면, 쿠버네티스는 실패한 컨테이너를 자동으로 재구축하고 다시 배포할 수 있다.

쿠버네티스와 도커 스웜의 주요 차이점은 컨테이너 클러스터를 다루는 방법이다. 도커 스웜의 경우 개별 컨테이너는 단일 API 아래 통합된다. 쿠버네티스의 경우, 컨테이너는 논리 단위로 그룹화된 다음 클러스터 마스터에서 리소스 관리 및 모니터링, 할당을 수행한다. 쿠버네티스의 핵심 기능 중 하나는 사용자 클러스터의 최종 상태를 정의해 클러스터의 다양한 컴포넌트가 그 상태에 일치하도록 관리하는 것이다.

스케줄러 외에도, 쿠버네티스 마스터에서는 그림 5.3에서 보는 것처럼 API 서버와 컨트롤러 관리자를 포함한다. kubectl 클라이언트는 마스터 노드의 API 서버와 통신해 포드^{Pod} 템플릿과 원하는 복제본과 함께 복제 컨트롤러에 대한 구성을 전송한다. 쿠버네티스는 이 정보를 사용해 여러 개의 포드를 만든다. 그다음 스케줄러에서 클러스터 상태를 살펴보고 스케줄이 노드에서 동작한다. 각 노드에서 실행되는 에이전트인 kubelet은 할당된 포드 세트의 변경 사항을 모니터링한 다음 필요 시 포드를 시작하거나 종료한다.

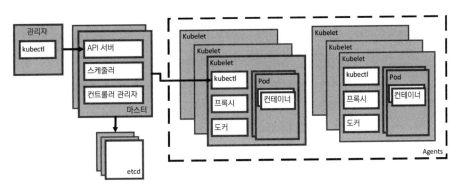

▲ **그림 5.3** 쿠버네티스 클러스터 개요

컴포넌트

기본 쿠버네티스 클러스터는 마스터 노드에서 실행되는 쿠버네티스 컨트롤 플레인 Kubernetes Control Plane이 관리하는 노드 에이전트(kubelet)로 구성된다.

포드

쿠버네티스는 포드^{Pod}라는 논리 단위로 관련 컨테이너를 그룹화한다. 포드는 쿠버네티스에서 만들거나 배포, 관리할 수 있는 가장 작은 컴포넌트다. 하지만, 일반적으로 보조 서비스를 수행하는 컨테이너로 구성된다. 예를 들어, 웹사이트를 제공하는 포드는 웹 서버 컨테이너와 데이터 저장소 컨테이너로 구성될 수 있다. 한 포드 내의 컨테이너는 다른 컨테이너의 프로세스를 확인하고 공유 볼륨을 액세스하며, 메시지 대기열을 통해 통신할 수 있다.

복제 컨트롤러

포드의 여러 인스턴스를 실행할 때, 쿠버네티스는 복제 컨트롤러를 사용해 인스턴스의 수를 제어한다. 복제 컨트롤러는 지정한 포드의 수를 특정 시간에 사용할 수 있도록 보장한다. 이를테면, 부하 분산과 인스턴스 실패 대비의 목적으로 2개의 포드 인스턴스를 갖는 경우, 복제 컨트롤러는 자동으로 새로운 인스턴스를 시작한다.

레이블과 셀렉터

레이블은 포드와 같은 쿠버네티스 개체에 연결된 메타데이터다. 레이블은 키/값 쌍으로 구성되어 해당 개체의 생명주기 동안의 어느 시점에 연결, 수정, 제거될 수 있다. 레이블은 일반적으로 다양한 개체를 체계화하고 그룹화하는 데 사용된다. 레이블 셀렉터selector를 사용하면 레이블의 값을 기반으로 개체의 집합을 그룹으로 묶을 수 있다.

서비스

포드에서 관련된 컨테이너의 집합을 정의하는 방법처럼, 서비스는 관련 포드의 집합을 정의한다. 서비스는 라우팅과 서비스 검색, 부하 분산, 제로 다운타임 배포를 제공하는 클러스터의 안정된 추상화다. 애플리케이션은 해당 서비스의 호스트 이름이나 IP 주소를 사용할 수 있으며 요청은 알맞은 포드로 라우팅되고 부하 분산이 일어난다.

서비스가 만들어질 때, 쿠버네티스는 고유한 IP 주소를 할당하고 포드가 들락날락해도 서비스는 고정적이다.

볼륨

컨테이너는 설계상 상태 비저장이다. 컨테이너가 삭제 또는 실패, 새로 고침이 일어날 때, 모든 변경을 잃어버린다. 볼륨volume을 사용하면, 컨테이너는 컨테이너의 외부에 있는 디렉터리에서 데이터를 보존할 수 있다. 볼륨은 동일한 포드의 다른 컨테이너와 데이터를 공유할 수도 있다. 쿠버네티스는 로컬 폴더와 네트워크 연결 폴더, 클라우드 저장소 볼륨, 깃 리포지토리까지 포함해 몇 가지 다양한 볼륨 형식을 지원한다.

이름과 네임스페이스

쿠버네티스의 각 개체는 식별자와 이름으로 확인한다. 레이블과 달리, 이름과 ID는 각 개체에 고유하다. 이름은 제공할 수 있지만, ID는 쿠버네티스에서 생성한다.

네임스페이스를 사용하면 동일한 물리 클러스터에서 여러 가상 클러스터를 만들 수 있다. 동일한 네임스페이스에 있는 개체는 그 네임스페이스로 한정된다. 이들 개체는 서로 통신할 수 있지만, 다른 네임스페이스의 개체와는 통신하지 못한다. 노드와 영구 볼륨, 네임스페이스 개체 그 자체는 일부 예외다.

그 밖의 컴포넌트

쿠버네티스는 개체에 비 식별 메타데이터를 추가하기 위한 주석과 민감한 데이터를 저장하기 위한 암호 등의 기능을 지원한다. 더 자세한 내용은 다음 URL에서 쿠버네티스의 사용자 가이드를 참고하자.

https://kubernetes.io/docs/user-guide/

Azure의 쿠버네티스

쿠버네티스를 마이크로소프트 Azure에 배포할 수 있으며 Azure에 쉽게 배포하기 위한 일련의 스크립트가 쿠버네티스 프로젝트에서 제공된다. 이들 스크립트는 쿠버네티스 사이트(https://kubernetes.io/)에서 제공하는 다음의 URL에서 찾아볼 수 있다.

https://kubernetes.io/docs/getting-started-guides/azure/

아파치 메소스

아파치 메소스^{Apache Mesos}는 여러 노드에서 CPU와 메모리, 저장소와 같은 리소스를 폴링하고 공유하기위한 오픈소스 클러스터 관리자이자 스케줄링 프레임워크다. 웹 서버나 데이터베이스 서버용 특정 노드를 갖는 대신, 메소스는 여러 서비스를 동시에 실행하기 위한 머신의 풀을 제공한다.

그림 5.4에서 가용성을 위해 스탠바이 노드가 있는 아파치 메소스 마스터를 나타냈다. 주키퍼는 클러스터 상태와 리더 선출을 위해 사용되며 프레임워크는 클러스터에서 스케줄링 작업을 위해 사용된다.

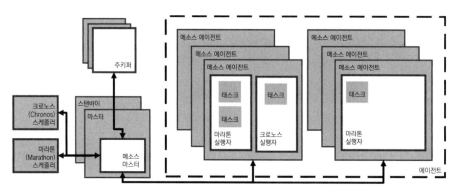

▲ **그림 5.4** 메소스 클러스터 개요

핵심 컴포넌트

아파치 메소스 클러스터는 마스터와 에이전트, 프레임워크라는 3가지 주요 컴포넌트로 구성된다.

마스터

마스터 데몬은 하나 이상의 에이전트 데몬을 관리한다. 마스터는 각 에이전트의 가용한 리소스 추저과 활성 애플리케이션 추적, 에이진트로 태스크 위임을 남낭한다.

에이전트

에이전트 데몬은 각 클러스터 노드에서 실행된다. 에이전트 클러스터 노드는 각 애플리케이션/프레임워크에 대해 물리 리소스를 제공하고 마스터에서 이를 추적하고 풀링, 분산시킨다.

프레임워크

프레임워크는 아파치 메소스 클러스터를 실행하는 애플리케이션이다. 각 프레임워크는 태스크로 나뉘는데, 태스크는 아파치 메소스 에이전트를 실행하는 개별 작업 단위다. 많은 클러스터링 솔루션과 달리, 메소스를 사용하면 프레임워크에서 많은 태스크의 위임을 제어할 수 있다. 아파치 메소스에서 프레임워크에 리소스를 할당할 때, 이는 그 프레임워크에 제안을 하는 것이다. 제안이 프레임워크의 제약 조건을 만족하지 않으면, 프레임워크는 그 리소스를 거부할 수 있다. 프레임워크를 특정 제약 조건에 따라 리소스를 수락하거나 거부하도록 구성할 수 있다.

프레임워크 자체는 스케줄러와 실행자^{Executor}라는 두 개의 컴포넌트로 구성된다. 스케줄러는 마스터에 등록하고 리소스 제안을 처리한다. 실행자는 태스크를 실행하는 에이전트 노드의 프로세스다.

> **⚠ 메소스피어 DCOS**
>
> 메소스피어(MESOSPHERE) 데이터 센터 운영체제(DCOS, Data Center Operating System)는 Mesosphere, Inc.(https://mesosphere.com/)의 상용 제품이다. DCOS는 아파치 메소스 기반이며 Mesos-DNS와 명령줄 인터페이스(CLI), API 같은 핵심 시스템 서비스 외에도 엔터프라이즈 수준 보안을 제공한다.

마라톤

마라톤^{Marathon}은 메소스피어의 DCOS에서 나온 오픈소스 프레임워크이며, 오랫동안 실행되는 태스크에 사용된다. 우리가 배포하는 마이크로서비스는 일반적으로 오래 실행되므로, 카운트를 줄이거나 새로운 버전으로 업데이트하는 등의 이유로 중지하기로 결정할 때까지 계속 실행을 보장해야 한다. 마라톤은 서비스 인스턴스들 중 하나가 실행 중인 노드가 없어지더라도 클러스터에서 정의된 수의 서비스가 계속 실행되도록 하는데 사용된다(물론 충분한 리소스가 제공돼야 한다). 컨테이너 스케줄링 외에도, 마라톤은 클러스터에서 명령을 스케줄링하고 실행할 수 있다. 예를 들어, 필요한 아티팩트를 끌어내어 실행하는 Node.js 애플리케이션을 부트스트랩할 수 있다. 마라톤은 태스크를 스케줄링하는 데 사용되는 UI와 API를 제공한다.

여기서는 실제로 마라톤을 사용해 마이크로소프트 Azure 컨테이너 서비스에서 샘플 애플리케이션을 배포하고 실행할 것이다.

크로노스

크로노스Chronos는 메소스피어의 DCOS에서 나온 오픈소스 프레임워크이며, 클러스터에서 크론cron 작업 실행을 대체하는 데 사용된다. 이 프레임워크는 사용자 지정 메소스 실행자뿐만 아니라 기본 명령 실행자도 지원하는 내결함성 분산 스케줄러다. 크로노스는 크론보다 많은 작업을 수행하며, 도커 컨테이너 내에서 실행되는 작업을 스케줄링할 수 있고, 반복 간격 개념을 사용해 한 작업이 완료되면 다른 작업을 트리거할 수 있다. 크로노스에는 태스크를 스케줄링하는 데 사용될 수 있는 UI와 API를 포함한다.

거의 모든 대규모 분산 애플리케이션에는 시간이나 간격을 기반으로 예약된 작업의 수가 증가한다.

아파치 메소스를 사용한 다양한 작업 부하 실행

아파치 메소스는 클러스터 관리와 프레임워크 사용, 태스크 실행을 위한 플랫폼을 제공한다. 하둡Hadoop과 스파크Spark, 스톰Storm, 젠킨스Jenkins용 프레임워크를 실행할 수 있는 반면, 마라톤을 사용해 특정 명령을 실행할 수도 있다. 예를 들어, 아파치 메소스를 사용해 도커 컨테이너뿐만 아니라 동일한 클러스터에서 도커 스웜과 함께 스파크나 카산드라Cassandra, 카프카Kafka와 같은 워크로드를 시작할 수 있다.

쿠버네티스와 스웜 팀은 메소스에서 쿠버네티스나 스웜을 시작하기 위한 메소스 프레임워크도 만들었다. 메소스 프레임워크는 메소스에서 도커 스웜 클러스터를 시작하는 데 마라톤보다 더 나은 통합을 제공한다. 도커 컨테이너를 스케줄링하는 데 마라톤이나 오로라Aurora를 사용할 수 있지만, 메소스에서 도커 스웜을 배포하는 이점이 몇 가지 있다. 도커 스웜은 개발자가 컨테이너를 실행하는 데 사용하는 것과 동일한 API를 제공하므로, 시작하기 쉽고 소프트웨어 정의 네트워킹과 같은 새로운 기능을 계속해서 추가해 활용성을 높이고 있다.

애플리케이션 서비스를 관리하는 데 아파치 메소스를 사용하는 이유는 특정 서비스의 서버를 프로비저닝하는 데 필요하기 때문이다. 노드는 통합된 논리적 인터페이스 아래에 병합된다. 이는 마라톤 애플리케이션과 같은 프레임워크에서 부하 분산이나 이중화, 확장성, 무결성에 관한 걱정 없이 필요한 리소스에 자신을 할당하기 쉽게 한다.

▐ 서비스 검색

보다 전통적인 분산 시스템에서, 서비스는 고정되고 잘 알려진 위치에서 실행되며, 일반적으로 종속 서비스나 공동 서비스가 더 적다. 마이크로서비스 기반 애플리케이션은 서비스 위치와 인스턴스가 매우 동적인 환경에서 대량의 서비스를 실행할 때가 종종 있다. '리소스 스케줄링' 절에서 언급한 것처럼, 서비스는 가상 머신의 공유 클러스터에서 배포될 때가 자주 있다. 서비스는 리소스의 클러스터 전체를 확장해 요구를 충족시킨다. 노드가 들락날락하면, 서비스는 리소스 사용을 최적화하기 위해 다시 할당된다. 이러한 환경에 프로비저닝된 서비스는 들어오는 요청을 쉽게 검색할 어떤 메커니즘이 필요하다.

서비스는 서로 간에 통신해야 하며, 시스템으로 들어오는 요청은 적절한 서비스로 라우팅돼야 한다. 이를 위해, 서비스의 목록과 위치를 간단히 유지하면 호출해야 할 때 끝점 위치를 조회할 수 있다. 이를 서비스 검색이라고 하는데, 늘어나는 여러 가지 기술을 사용해 다른 방식으로 구현될 수 있다.

그림 5.5에서는 서비스 알림과 조회가 있는 개념적 서비스 검색 서비스를 나타냈다.

서비스 검색 컴포넌트와 흐름

- **알림**: 모든 서비스 인스턴스는 서비스 검색 레지스트리에 등록하며 일정 간격으로 업데이트를 보낼 수 있다. "안녕, 난 '카탈로그 서비스'야. 그리고 IP 주소 N.N.N.N와 포트 NNN에서 요청을 받을 준비가 됐어" 그리고 "안녕, 난 아직 여기서 기다리고 있고 상태는 좋아"라고 후속 메시지를 보낼 수도 있다.

- **레지스트리**: 서비스별로 서비스 인스턴스 목록을 관리하고 주기적으로 서비스 검사를 수행하거나 더 이상 해당 서비스를 사용하지 않는다고 가정해서 다시 확인하지 않으면 목록에서 서비스 인스턴스를 제거할 수 있다.

- **조회**: '주문 서비스'에서 '카탈로그 서비스'를 호출해야 할 때, "카탈로그 서비스 목록을 보여줘"라고 해서 '카탈로그 서비스' 인스턴스의 상태 목록을 받아와 요청을 전송한다. 이 목록은 잠시 동안 캐시에 저장된 다음 '카탈로그 서비스' 인스턴스의 목록에 걸쳐 부하를 분산할 수도 있다.

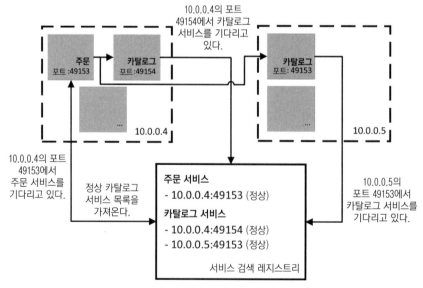

▲ **그림 5.5** 서비스 검색 알림과 조회

이 그림은 일반적으로 검색 서비스가 동작하는 방식이며, 여러 가지 구현 방식이 있지만 항상 고려해야 할 절충 사항이 있다. 서비스 등록과 조회, 서비스 검색 저장소를 좀 더 자세히 살펴보자.

서비스 등록

서비스 알림이라고도 하는 이 서비스는 단순히 서비스 상태에 대한 변경이 서비스 레지스트리에 작성되는 프로세스다. 이런 변경은 일반적으로 서비스가 요청을 처리할 수 있거나 더 이상 요청을 처리할 수 없을 때 발생한다. 한 노드에서 새로운 서비스 인스턴스가 스케줄링되고 요청을 받을 준비가 될 때, 서비스의 소비자가 서비스가 어디 있고 준비가 됐는지를 알아야 한다. 서비스의 여러 인스턴스는 클러스터 전체에서 스케줄링될 수 있으며, 모두 서로 다른 IP 주소와 포트에서 수신 대기한다. 이는 단순히 서비스 레지스트리에 "난 주문 서비스이며 요청을 받을 준비가 됐고, 10.0.0.4의 포트 9001에서 수신 대기하고 있음"이라고 보고하는 서비스 알림 작업의 일부다. 그다음 서비스 레지스트리는 이 정보를 유지관리하고, 서비스가 종료될 때 해당 서비스는 자신이 종료된다는 것을 레지스트리에 알려야 한다. 레코드에서 TTL$^{time-to-live}$를 구성하고 서비스를 정기적으로 다시 확인하거나, 서비스에 대한 상태 검사를 수행해 서비스가 사라지지 않았는지 확인할 수도 있다.

이처럼 외견상으로 단순한 태스크를 구현하는 다른 많은 방법이 있다. 일반적인 접근법은 이를 서비스 오케스트레이션 도구의 작업으로 만들거나, 서비스 초기화의 일부로 만들거나, 노드 관리 사이드카 프로세스로 포함시키는 것이다. 예를 들어, 쿠버네티스는 노드에서 실행할 포드를 스케줄링할 때 etcd와 같은 서비스 레지스트리 저장소에서 이 정보를 관리한다. 에어비엔비 너브$^{Airbnb Nerve}$나 글라이더 랩스 레지스트레이터$^{Glider Labs Registrator}$ 같은 프로젝트는 노드가 온라인이 될 때 노드의 컨테이너를 검사해 도커 컨테이너에 대한 서비스를 자동으로 등록하거나 해지한다. 또 다른 접근법은 서비스 등록기^{Register} 자체를 서비스 시작의 일부로 하고 이를 프레임워크에서 구현하는 것이다.

서비스 알림 구현 옵션

- 오케스트레이션 도구는 이 정보의 유지관리를 담당한다. 오케스트레이터는 클러스터에서 예약된 목록과 실행 중인 서비스 인스턴스 뿐만 아니라 각 인스턴스의 상태를 유지관리한다.

- 서비스 자체는 알림을 구현하고, 서비스 시작에서 자신을 등록하도록 호출한다. 이는 간단한 접근 방식일 수 있으며 각 지원 언어에 대한 공유 라이브러리에서 구현할 수 있다.

- 각 노드에서 실행 중인 사이드카 서비스는 서비스를 모니터링하고 등록과 해지를 수행한다. 사이드카 프로세스에 대한 등록을 외부에서 처리하는 것은 서비스 구현에서 등록이나 해지 태스크와 연관 지을 필요가 없다는 의미다.

서비스 조회

서비스 검색이라고도 하며, 간단히 서비스와 관련 끝점 정보를 찾는 과정이다. 클라이언트와 로드 밸런서는 요청을 전송하기 위해 서비스의 위치를 조회할 수 있어야 한다. 하나의 서비스에서 또 다른 서비스가 필요할 때, 끝점 정보를 조회하고, 서비스를 호출할 때 상태를 조회한다. 중앙화된 로드 밸런서는 이 정보를 자주 모니터링하고 읽어서 여러 서비스 인스턴스에 걸쳐 트래픽 라우팅과 부하 분산에 대한 백엔드 목록을 유지한다.

서비스 조회 구현 옵션

- DNS 기반 조회는 몇 가지 변경만 필요한 쉬운 옵션이다.

- 서비스에서 클라이언트 프레임워크는 끝점을 조회하고 부하를 분산하는 데 사용할 수 있다.

- 각 호스트의 로컬 프록시는 조회 정보와 알맞은 서비스에 대한 프록시 요청뿐만 아니라 부하 분산 요청을 유지관리할 수 있다.

- 클라이언트는 조회를 수행하는 중앙화된 프록시 로드 밸런서를 사용한다. 그

다음 클라이언트에서 백엔드 서비스 인스턴스 목록 유지관리를 담당하는 공유 로드 밸런서를 통해 해당 서비스를 액세스한다.

그림 5.6에서 NGINX와 같은 로컬 프록시를 사용해 요청을 라우팅하는 구성을 나타냈다. 주문 서비스는 `localhost:9001`처럼 잘 알려진 끝점과 통신해 종속 서비스를 호출하고, 로컬 프록시는 조회를 처리한다. 이는 애플리케이션 설계를 단순화하고, 서비스 조회를 프록시로 이동할 수 있다. 로컬 프록시를 종종 중재자라고 한다.

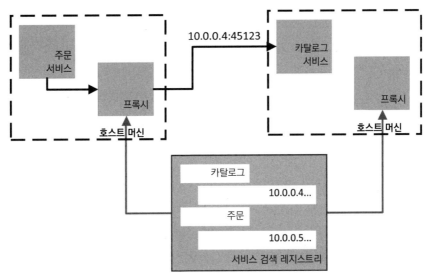

▲ **그림 5.6** 각 호스트에서 로컬 프록시로 서비스 라우팅을 수행하는 다이어그램

이 접근 방식은 지원해야 하는 각 언어에 대한 언어별 프레임워크를 개발해야 할 필요가 없다.

> **🄰 라우팅 프록시 이상의 역할**
> 적합한 서비스 인스턴스로 요청을 라우팅하는 데 사용된 프록시는 서킷 브레이커와 재시도 같은 문제를 처리하는 복원력 구현을 제공할 수도 있다. 이를 구현하면 사용된 모든 언어의 라이브러리를 구현하고 유지관리할 필요가 없다.

서비스 레지스트리

서비스 레지스트리는 서비스를 소비할 때 사용되는 서비스 목록과 서비스의 끝점, 추가 서비스 메타데이터를 유지관리하는 데이터베이스다. Consul과 같은 어떤 서비스 검색 기술은 상태 검사를 수행하고 서비스 인스턴스의 상태를 유지관리한다.

기능

서비스 레지스트로 주로 사용되는 기술이 많다. 각 기술은 비슷한 기능 집합을 제공한다. 먼저 개념적인 서비스 검색 저장소 기능을 살펴본 다음, 사용되는 공통 기술을 살펴보자.

고가용성 및 확장성 저장소

보다 중요한 기능 중 하나는 서비스 레지스트리가 고가용성 및 확장성을 제공한다는 점이다. 모든 서비스는 서비스 레지스트리를 사용해 서비스 조회를 알리거나 서비스 조회를 수행한다. 조회를 수행할 수 없다면, 요청을 전송하는 데 필요한 서비스를 찾을 수가 없다. 대부분의 서비스 레지스트리는 다중 이중화 노드를 사용하므로한 노드가 다운되면 애플리케이션에서 다른 노드에 연결할 수 있다.

서비스 알림과 조회 API

서비스 알림 구현에서 변경을 등록할 수 있고 서비스에서 조회를 수행할 수 있다는 점이 중요하다. 서비스 알림과 조회 클라이언트 도구에는 다른 기술과 통합을 포함하며 어떤 기술을 선택할지 결정하는 데 영향을 줄 수 있다.

알림

인스턴스의 추가나 제거, 이동 같은 서비스 변경이 일어날 때, 이들 변경을 알려줄 Notification 필요가 있다. Confd와 같은 기술(https://github.com/kelseyhightower/confd)이나 Consul 템플릿(https://github.com/hashicorp/consul-template)은 변경을 모니터링하고 그 데이터를 기반으로 구성을 업데이트할 수 있다. 이는 NGINX나 HAProxy 같은 것으로 백엔드 목록을 유지관리할 때 유용하다.

상태 검사

Consul과 같은 일부 솔루션은 상태 검사를 수행하고 등록된 서비스에 관한 상태 메트릭을 유지관리하도록 구성할 수 있다. 이 솔루션은 모니터링과 라우팅 로직에 대해서도 사용될 수 있다. 공유 서킷 브레이커 상태가 여기서 유지관리될 수 있으며, 서비스에 문제가 있다면 클라이언트에서 이 서킷 브레이커를 호출하지 않는다.

DNS 프로토콜 통합

DNS가 등장한 지는 오래됐다. DNS는 이름 풀이를 위해 사용된다. 지원 범위가 넓고 사용하기도 편하다. DNS는 구현을 변경하지 않고 조회 검색을 제공하는 데 사용될 수 있다. 서비스 등록은 DNS만을 통해서나 DNS를 추가 대안으로 사용해서 노출될 수 있다.

다양한 기술

여기서 설명하는 많은 기술은 서비스 검색 데이터를 저장하는 이상의 기능을 수행하며, 조정뿐만 아니라 구성 저장소용으로 종종 사용된다. 이런 서비스와 통합되는 기능과 라이브러리 외에도, 다음 사항을 고려해야 한다. 도커 스웜을 배포하고 클러스터 조정을 위해 Consul을 사용하려는 경우, 서비스 검색을 위해 또 다른 시스템을 배포하고 유지관리하지 않도록 이를 사용하는 것도 고려하고 싶을 것이다. 신중해야하며 클러스터의 확장성과 성능뿐만 아니라 일관성 모델 등 기술의 다른 요구사항과 기능에 어떻게 영향을 끼치는지 고려해야 한다.

> **⌗ 노트 ⌗**
> 서비스 배포를 공유할 때, 한 쪽의 작업 부하가 다른 쪽에 불리하게 영향을 끼치지 않도록 조심해야 한다. 아파치 메소스가 클러스터 상태 유지관리를 위한 서비스 검색 저장소로 사용하는 주키퍼 배포를 사용하면 아파치 메소스의 성능에 영향을 끼칠 수 있다. 운영 환경에서 일반적으로 아파치 메소스는 전용 주키퍼 배포를 사용하는 것을 권장한다.

DNS

가장 간단한 솔루션은 DNS를 사용해서 각 서비스 이름을 만드는 것이다. 그 뒤에 클라이언트에서 표준 DNS를 사용해 서비스 인스턴스를 검색할 수 있다. 서비스 검색을 위한 DNS에는 한계가 있다. 무엇보다 먼저, DNS는 푸시 변경을 지원하지 않으므로, 변경 사항을 폴링해야 한다. 캐싱과 전파 지연이 문제를 일으키고 상태 업데이트에 대기시간이 발생할 수 있다. 일부 애플리케이션은 시작할 때 DNS를 캐시에 저장하기도 한다.

서비스 검색을 위해 DNS를 사용할 계획이라면, 더욱 최신의 DNS 서비스를 고려하자. 메소스피어에서 MesosDNS라는 프로젝트를 만들었는데, 이 프로젝트는 아파치 메소스에서 DNS 기반 검색을 제공한다(https://github.com/mesosphere/mesos-dns). SkyDNS(https://github.com/skynetservices/skydns)는 etcd 위에 구축된 또 다른 인기 있는 옵션이다. Consul은 DNS뿐만 아니라 자체 표준 API를 통해 서비스 검색을 제공할 수도 있다. 다음 오버레이 절에서 자세히 다루는 도커와 Weave 네트워킹 기능도 DNS 기반 컨테이너 검색을 제공한다.

DNS 기반 서비스 검색은 ACS처럼 플랫폼에서 손쉽게 사용할 수 있다. 아주 동적인 끝점의 검색에 DNS를 사용할 때, 적절한 TTL을 설정하고 클라이언트에서 DNS 캐시 저장을 어떻게 하는지 이해해야 한다. DNS와 관련해서 DNS는 다른 목적으로 설계됐고 운영에서 많은 문제를 일으킬 수 있다는 논쟁이 있다.

Consul

Consul은 해시코프^{Hashicorp}의 사람들에게서 나온 오픈소스 프로젝트이며, 이들은 테라폼 및 베이그런트^{Vagrant}, 볼트^{Vault}도 제공해줬다. Consul은 서비스 알림과 검색에 사용할 수 있는 HTTP API뿐만 아니라 DNS 인터페이스를 제공한다. 서비스 검색 외에도, Consul은 모니터링이나 서비스 검색 라우팅에 사용할 수 있는 서비스 상태 검사를 수행할 수 있다. Consul은 서비스 알림 변경을 모니터링하고 프록시 클라이언트 구성을 생성하는 데 사용할 수 있는 아주 멋진 템플릿 클라이언트도 제공한다.

키/값 저장소와 여러 데이터 센터 지원 기능도 있다.

etcd

etcd는 CoreOS의 사람들에게서 나온 분산 키 값 저장소다. etcd는 머신의 클러스터 전체에 신뢰할 수 있는 데이터 저장소를 제공한다. 서비스 검색 시스템을 구축할 때 서비스 검색 저장소로도 자주 사용된다. etcd는 CoreOS 프로젝트가 기원이며 배포판에 포함되어 있으며, 다른 배포판에 설치할 수 있다.

주키퍼

주키퍼^{Zookeeper}는 오픈소스 아파치 프로젝트이며, 궁극적으로 분산된 일관성 있는 계층적 키/값 저장소를 제공한다. 주키퍼는 서비스 검색 시스템을 구축할 때 서비스 검색 저장소용으로 인기 있는 옵션이다. 메소스는 주기퍼를 사용해 조정하며, 서비스 검색 도구를 선택할 때 인프라에 이미 이 기술을 사용하고 있는지 여부를 확인해보자.

유레카

유레카^{Eureka}는 넷플릭스^{Netflix}에서 개발한 오픈 소스 서비스 검색 솔루션이다. 가용성과 복원력 제공을 위해 만들었고, 부하 분산과 미들 티어$^{middle-tier}$ 서버의 장애 조치 목적으로 넷플릭스에서 서비스 찾는 데 사용한다. 이 프로젝트는 간단한 라운드 로빈 부하 분산을 제공하는 자바 기반 클라이언트를 포함한다. 서비스에 관한 추가 애플리케이션별 메타데이터를 유레카에 저장할 수도 있다.

⁞ 기타 기술

이런 목적으로 사용할 수 있는 여러 가지 다른 옵션이 있지만, 책을 집필하는 시점에는 이들 기술이 가장 인기 있었다. 사용할 기술을 선택할 때 많은 요인들을 고려해야 할 것이다. 여러분은 이미 클러스터 상태를 유지관리하거나 리더 선출을 위해 이들 기술 중 하나를 이미 사용하고 있거나 이들 기술 중 하나와 더 나은 통합을 제공하는 또 다른 서비스를 선호할 수도 있다.

애플리케이션/API 게이트웨이

보통 API 게이트웨이라고도 하는 애플리케이션 게이트웨이는 트래픽 집계와 필요한 서비스로 들어오는 클라이언트 요청의 라우팅을 위한 마이크로서비스 아키텍처에서 사용된다. 이들 게이트웨이는 인증 오프로드와 SSL 오프로드뿐만 아니라 QoS(서비스 품질) 조절과 모니터링 등에 주로 사용된다. 기본 부하 분산과 라우팅 요구 사항에도 역방향 게이트웨이가 필요할 때가 자주 있는데, 공용 클라우드 환경의 대부분의 로드 밸런서는 현재의 마이크로서비스 배포에 대한 요구 사항을 충족시키는데 충분할 정도로 동적이거나 유연하지 않기 때문이다.

일반적인 게이트웨이 역할

- **요청 라우팅과 부하 분산**: 서비스 조회를 수행하고 요청을 적절한 서비스 인스턴스로 라우팅한다.

- **요청 집계**: 클라이언트와 백엔드 서비스사이의 빈번한 통신을 줄이기 위해, 게이트웨이에서는 클라이언트의 단일 요청을 처리한 다음, 여러 서비스에 요청을 보내고 결과를 집계해서 클라이언트에 대한 응답으로 반환한다.

- **SSL 오프로드**: 안전한 SSL 연결이 클라이언트와 게이트웨이 사이에 수립된 다음, 내부적으로 비SSL 연결이 사용되거나, 다른 내부 인증서를 사용해 통신을 암호화한다.

- **인증**: 게이트웨이에서 요청을 인증한 다음 고객 정보를 뒷단의 서비스로 전달한다.

- **프로토콜 변환**: 게이트웨이는 클라이언트에서 내부 서비스에서 사용하는 프로토콜로 변환한다.

NGINX와 HAProxy는 요즘 애플리케이션 게이트웨이로 사용되는 인기 있는 기술이다. 이들 애플리케이션 모두는 동적으로 구성 가능한 백엔드 풀을 지원한다. confd나 Consul 템플릿 같은 도구는 백엔드 도구를 유지관리하는 데 사용될 수 있으며 서비스 레지스트리의 데이터를 구성으로 복제할 수 있다.

그림 5.7에서는 고가용성을 위한 Azure 로드 밸런서 뒤에서 실행되는 둘 이상의 애플리케이션 게이트웨이 인스턴스를 나타냈다. 서비스는 변경 사항과 끝점 정보를 서비스 검색 레지스트리에 알린다. 게이트웨이는 서비스와 서비스 인스턴스 정보를 기반으로 업스트림 풀을 업데이트한다. 그런 다음 게이트웨이는 해당 경로를 사용해 요청을 라우팅할 수 있으므로, /catalog 경로에 대한 요청은 카탈로그 서비스의 인스턴스로 라우팅된다. 게이트웨이는 카탈로그 서비스의 여러 인스턴스가 서로 다른 머신과 포트임에도 전체에 부하 분산시킬 수 있다. 요청은 대상 포트나 IP 주소, 몇 가지 헤더 값과 같은 다른 인자를 기반으로 라우팅될 수 있다.

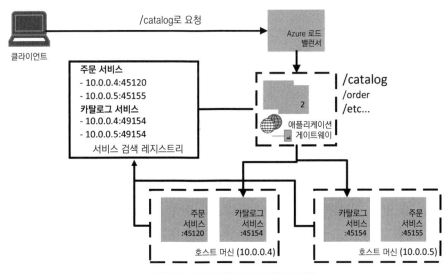

▲ **그림 5.7** 애플리케이션 / API 게이트웨이

게이트웨이를 별도의 전용 노드에 배포할 필요는 없다. 클러스터의 몇 개 노드로 트래픽을 라우팅하도록 Azure 로드 밸런서를 구성하는 대신 태그 지정과 제약 조건을 사용해 게이트웨이 컨테이너를 적절한 호스트로 배포할 수 있다. 클러스터의 모든 노드로 트래픽을 라우팅하고 클러스터의 모든 노드에서 게이트웨이를 설정하도록 로드 밸런서를 구성할 수도 있다. 클러스터의 모든 노드에 있는 게이트웨이는 소규모 클러스터에서 잘 동작하지만, 클러스터 규모가 증가함에 따라 전용 노드 집합을 사용하고 싶을 수 있다. 이들 노드는 클러스터의 일부가 되거나 클러스터 관리자를 외부에 두거나 심지어 다른 경계 네트워크에 둔 특별한 가상 머신이 될 수도 있다.

배포 고려 사항

- **전용 게이트웨이**: 스케줄러와 독립적으로 관리되는 전용 게이트웨이 가상 머신 집합을 사용한다. Azure 로드 밸런서는 특정 머신 집합 전체에 부하 분산을 구성한다.

- **피어 게이트웨이 요청 라우팅**: 클러스터가 작을수록, 클러스터의 각 노드에 게이트웨이를 배치하고 요청을 라우팅할 수 있다. 이렇게 하면 몇 대의 가상 머신을 줄여서 관리 비용과 컴퓨트 비용을 줄일 수 있다. 클러스터에 노드를 추가할 때, 로드 밸런서를 업데이트해야 한다.

- **전용 클러스터 노드**: Azure 로드 밸런서를 구성해 클러스터의 노드 하위 집합으로 트래픽을 라우팅하고 노드에 적절한 태그를 지정해 노드에서 실행할 게이트웨이를 스케줄링할 수 있다. Azure 로드 밸런서 구성과 노드 구성이 동기화되는지 확인해야 한다.

:: 오버레이 네트워킹

클러스터 전체에 모든 컨테이너가 고유 IP 주소를 할당할 수 있고 동적 포트나 포트 충돌을 처리할 필요가 없다면 좋을 것이다. 쿠버네티스는 각 포드에서 고유 IP 주소를 필요로 하는데, 이 주소는 포드가 배치된 노드의 IP 범위에서 할당된다. 서비스 인스턴스가 있는 IP 주소를 알아내기 위해 몇 가지 서비스 검색 메커니즘이 필요하지만, 호스트에서 포트 충돌에 관해 걱정할 필요는 없다. 일부 환경에서는 호스트에 IP 주소를 충분히 할당할 수 없으므로, 그 환경에서 IP 주소 범위의 할당을 관리해야 한다.

여러 노드에 걸쳐 분산된 컨테이너 사이의 요청을 라우팅할 수 있는 기존 인프라 네트워크 위에 오버레이 네트워크를 만들 수 있다. 이 네트워크로 각 컨테이너에 IP 주소를 할당하고 여러 개의 표준 포트를 사용해 서비스에 연결할 수 있다.

이점

- **기본 DNS 사용**: DNS 기능을 사용해 네트워크에서 컨테이너를 찾을 수 있으므로, 서비스가 실행 중인 할당된 호스트 포트를 검색하는 추가 코드를 작성할 필요가 없다.
- **호스트 포트 리소스 충돌 회피**: 동일한 포트를 노출해야하는 노드에서 태스크를 스케줄링하고 싶은 상황에서 포트 충돌을 제거할 수 있다.
- **레거시 코드와 연결을 더 간단히 지원**: 어떤 상황에서는 레거시 코드로 인해 다른 포트를 사용하기 어렵거나 불가능할 수 있다.
- **네트워킹 관리**: 오버레이 네트워크를 구성하고 관리해야 하지만, 오버레이 네트워크의 배포와 구성을 관리하는 것이 IP 호스트 범위와 서비스 포트 매핑을 다루는 것보다 쉽다.

오버레이 네트워크는 특히 대규모 클러스터 또는 여러 데이터 센터에 걸친 클러스터에 아주 유용하다. 하지만, 추가 성능 오버헤드와 클러스터 노드에 또 다른 서비스를 설치하고 관리해야 하는 필요성에 대한 염려가 있다.

그림 5.8에서 기존 인프라 네트워크 위에 만들어진 오버레이 네트워크로 노드 내에서 트래픽을 서비스로 라우팅할 수 있는 구조를 시각적으로 나타냈다. 보다시피, 호스트 머신은 10.0.0.4에서 호스트 머신의 80번 포트로 바인딩되고 오버레이 네트워크에 연결된 멀티 홈 게이트웨이 서비스를 실행하고 있다. 게이트웨이 서비스는

172.16.20.1의 80번 포트에서 주문 서비스에 인바운드 요청을 프록시 처리할 수 있으며, 주문 서비스는 잘 알려진 80번 포트에서 172.16.20.2나 172.16.30.1에서 카탈로그 서비스의 인스턴스에 연결할 수 있다. 이름 풀이 옵션은 여기서 다루는 몇 가지 오버레이 기술과 함께 제공되는 옵션을 포함해 서비스 검색에 사용될 수 있다.

이런 접근법이 좋은 점은 이제 각 컨테이너에서 직접 주소 지정이 가능하고 네트워킹 구성에 약간의 복잡성을 추가할 수 있지만, 컨테이너 조회와 관리가 상당히 간단하다는 점이다. 우리의 모든 서비스는 배포돼 잘 알려진 HTTP 80번 포트에서 자체 IP 주소로 수신 대기할 수 있다. 다양한 서비스에 대한 잘 알려진 포트를 사용할 수 있다. 이 접근법은 컨테이너에 여러 포트를 쉽게 노출할 수 있으며, 서비스 검색을 단순화할 수 있다.

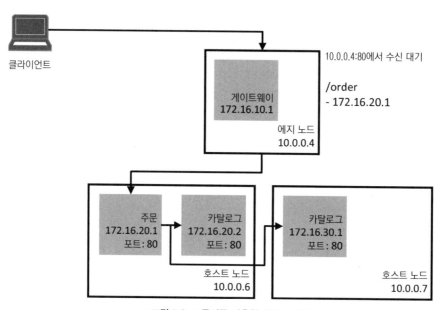

▲ **그림 5.8** 프록시를 사용한 서비스 검색

기술

시장에는 오버레이 네트워크를 만들과 관리하는 데 사용할 수 있는 여러 가지 기술이 있다. 이들 기술 모두는 고려해야 할 절충점이 있으며, 다른 기능 집합을 제공한다.

도커 네트워킹

도커 엔진에는 컨테이너에 소프트웨어 정의 네트워킹^{SDN}을 제공하는 내장 멀티호스트 네트워킹 기능이 있다. 도커 네트워킹 기능은 커널 모드 오픈 가상 스위칭$^{OVS, Open\ Virtual\ Switching}$과 가상 확장 LAN$^{VXLAN, Virtual\ Extensible\ LAN}$ 캡슐화를 사용해 오버레이 네트워크를 만들었다. 도커 네트워킹 기능은 다양한 노드 사이에서 VXLAN 메시를 만들고 관리하기 위해 키/값 저장소를 필요로 한다. KV 저장소는 플러그형이며 현재 인기를 끌고 있는 주키퍼와 etcd, Consul 저장소를 지원한다.

도커 네트워킹 기능은 동일한 오버레이 네트워크의 모든 컨테이너가 서로를 인식하도록 만들어주는 서비스 검색 기능도 제공한다. 멀티 호스트 네트워킹이 도커 엔진에 내장되어 있기 때문에, 모든 호스트 노드에 네트워크 오버레이를 배포할 필요는 없다. 진정한 도커 방식에서는 이를 더 고급 기능을 제공하는 위브^{Weave}와 같은 도구로 대체할 수 있다.

위브

위브웍스 위브 넷$^{Weaveworks\ Weave\ Net}$(https://www.weave.works/)은 컨테이너 위치와 상관없이 도커 컨테이너를 연결하는 플랫폼이다. 위브는 네트워킹을 수동으로 구성할 필요 없이 피어링 시스템을 사용해 별도의 호스트에서 실행되는 컨테이너를 검색하고 네트워크로 연결한다. 위브는 호스트 머신에서 두 개의 컨테이너를 만든다. 라우터 컨테이너는 위브에서 관리하는 컨테이너를 대상으로 트래픽을 캡처하고 DNS 검색 컨테이너는 위브 컨테이너들에 대한 자동 DNS 검색을 제공한다.

위브로 도커 컨테이너를 등록하면 DNS 항목이 할당되고 다른 컨테이너에서 사용할 수 있다. 위브에서 할당한 DNS 이름을 사용해 간단히 다른 컨테이너에서 위브 컨테이너를 참조할 수 있다. 위브를 사용하면 부하 분산과 내결함성, 핫 스왑 가능한 컨테이너, 이중화에 대해 동일한 이름을 공유할 수도 있다. 위브는 트래픽의 암호화와 호스트 네트워크 통합, 애플리케이션 격리와 같은 추가 기능도 지원한다.

도커 네트워킹 대신 위브 넷을 실행하면 몇 가지 이점이 있다. 위브 넷은 추가 소프트웨어를 설치하고 관리할 필요가 없으므로, 위브 넷에서 키/값 저장소에 대한 요구사항은 없다. 네트워크 파티션에 대한 더 나은 복원역을 제공하고 크로스 사이트 배포를 위한 지원이 더 간단하며, 더 견고한 서비스 검색 옵션을 제공한다. 쿠버네티스와 메소스, 기타 컨테이너 중심 스케줄러에 대한 멋진 옵션도 제공한다.

플란넬

플란넬Flannel은 각 컨테이너 호스트에 서브넷을 할당하는 가상 메시 네트워크다. 플란넬을 사용하면 각 컨테이너에 할당될 수 있는 IP 주소 풀을 각 호스트에 제공함으로써 포트를 컨테이너에 매핑할 필요가 없다. 플란넬은 CoreOS 프로젝트이지만, 여러 리눅스 배포판에 맞게 구축할 수 있다.

기본 플란넬 네트워크는 UPD 패킷에서 IP 프레임을 캡슐화한다. 플란넬에서는 VXLAN와 아마존 VPC 라우트, 구글 컴퓨터 엔진 라우트를 포함해 다른 백엔드를 사용할 수 있다.

오버레이 대안, 프로젝트 칼리코

프로젝트 칼리코Calico(https://www.projectcalico.org/)는 순수 IP 기반 솔루션을 제공함으로써 데이터 센터 네트워킹의 단순화를 추구한다. IPv4와 IPv6 모두에 동작하는 칼리코는 도커뿐만 아니라 오픈스택OpenStack 가상 머신과 같은 컨테이너 기반 솔루션을 지원한다.

칼리코는 각 컨테이너에 고유한 IP 주소를 제공한다. 각 호스트는 각 IP 주소의 세부 내용을 관리하는 에이전트(Felix)를 실행한다. 경계 게이트웨이 프로토콜BGP, Border Gateway Protocol을 사용해 각 호스트는 오버레이나 터널링, 네트워크 주소 변환NAT, Network

Address Translation 없이 각 컨테이너 간에 직접 데이터를 라우팅한다. 액세스 제어 목록[ACL]은 각 컨테이너에 대한 공용 액세스를 늘리거나 제한할 수 있으며, 워크로드를 격리하거나 보안을 구현할 수 있다.

이 접근 방식은 VXLAN 터널에서 오버헤드를 줄여 더 나은 확장과 성능을 제공할 수 있으며, 패킷이 캡슐화되지 않기 때문에 네트워크 트러블슈팅을 단순화할 수 있다.

▍요약

5장에서는 마이크로서비스 애플리케이션을 배포하고 실행하는 환경 구축에 관한 많은 자료를 살펴봤다. 클러스터 프로비저닝과 클러스터에서 서비스를 스케줄링하기 위한 옵션도 다뤘다. 라우팅과 연결을 위한 검색 서비스와 동적 및 구성 가능한 네트워킹 요구 사항을 충족시키는 네트워킹 도구도 사용할 수 있다. 뒤에 나오는 각 장에서 서비스가 예상한대로 동작하는지 계속해서 확인하는 모니터링과 서비스의 구성과 관리에 대한 내용을 살펴본다.

6장

데브옵스와 연속 업데이트

마이크로서비스 아키텍처를 성공시키는 핵심 요소 중 하나는 개발과 운영이 함께 고품질의 신속한 릴리스를 만들어내는 자동화되고 잘 정의된 작업 흐름을 보장하는 것이다. 이것이 데브옵스의 정수다. 6장에서는 데브옵스의 개요와 이점, 데브옵스의 가장 중요한 측면 중 하나인 조직에서의 데브옵스 문화 구축을 설명한다. 다음으로 연속 업데이트^{CD, continuous delivery} 파이프라인을 위해 Azure에서 환경을 만들고 코드 체크인에서 운영 환경의 배포에 이르기까지 일련의 테스트를 통해 마이크로서비스를 검증하는 방법에 대해 설명한다. 마지막으로, 연속 업데이트 도구를 선택하는 주요 기준에 대해 알아본다.

⊞ 데브옵스 개요

데브옵스는 함께 '짧은 시간에 고객에게 최고 품질의 코드와 가치를 더 빨리 전달'한다는 하나의 목표를 위해 작업하는 개발과 운영 팀의 조합이다. 데브옵스에서 운영은 개발 파이프라인의 모든 단계의 핵심적인 부분이다. 여기에는 코드를 작성하는 개발자는 물론 호스팅 인프라를 프로비저닝하고 릴리스 파이프라인을 구축하고 관리하는 엔지니어링 팀을 포함한다. 릴리스 엔지니어와 데이터베이스 운영, 네트워크 운영, 보안 운영 등이 포함된다. 마이크로소프트의 데브옵스 모델은 그림 6.1에서 보는 것처럼 팀이 4단계를 거치는 방법을 보여준다.

- **계획**: 1-3주 스프린트를 정의하는 백로그를 사용하고 사용자 스토리의 우선순위 목록을 정한다. 전자상거래 앱의 경우, 사용자 스토리의 예는 제품 카탈로그 마이크로서비스를 통해 고객이 카테고리로 그룹화된 항목을 탐색하는 것이다.

- **개발과 테스트**: 다음으로, 사용자 스토리를 개발하고 테스트한다. 여기에는 자동화된 단위 테스트와 성능 테스트, 통합 테스트가 포함된다. 6장 뒤에서 이 주제들을 다룬다.

- **릴리스**: 새 버전을 릴리스할 준비가 됐을 때, 반복가능하고 신뢰할 수 있는 자동화된 배포 프로세스를 사용한다.

- **모니터링 + 학습**: 릴리스 후 진단과 모니터링을 사용하면 팀에서 고객이 서비스를 사용하는 방식을 이해하고 서비스 상태를 모니터링할 수 있다.

7장, '모니터링'에서 모니터링과 진단을 자세히 설명하지만, 여기서 핵심은 릴리스를 배포했다고 '끝난 것이 아님'을 기억하는 것이다.

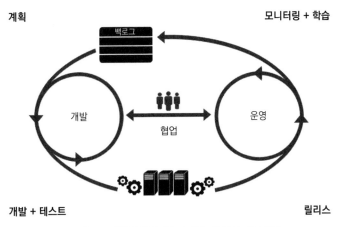

▲ **그림 6.1** 계획에서 릴리스까지의 데브옵스 워크플로

현대의 데브옵스

데브옵스를 완전히 포용한 조직은 애자일이 의미하는 바를 다시 정의한다. 팀은 스프린트가 끝나서 제공할 때까지 기다리지 않고 하루에도 수십 또는 수백 번 마이크로서비스를 업데이트한다. 반직관적으로 보일 수 있지만, 높은 수행력을 나타내는 데브옵스 회사는 자동화를 활용해 30배 더 자주 제공하며 실패를 50% 줄였다 (Puppet Labs 2014 State of DevOps, https://puppet.com/resources/whitepaper/2014-state-devops-report). 문제를 고치는 데 걸리는 평균 시간인 MTTR$^{Mean Time to Repair}$에서 크고 빈번하지 않은 릴리스를 수행하는 기업보다 작은 배포를 더 자주 릴리스하는 기업이 12배 더 빨랐다.

조직에서 데브옵스를 수용하는 경우, 배포는 더 이상 '이벤트'가 아니며, 이는 새로운 버전의 앱을 배포하는 데 필요한 특별한 회의가 없다는 의미다. 체크인에서 운영까지 관리 및 모니터링되는 자동화된 파이프라인을 사용해 필요할 때마다 발생하는 일이다.

데브옵스가 있는 경우와 없는 경우에 대해 요약한 내용을 표 6.1에 나타냈다.

▼ **표 6.1** 데브옵스를 적용한 팀과 적용하지 않은 팀 비교

범주	데브옵스 비적용	데브옵스 적용
체크인 코드의 품질	Unknown	단위 테스트를 통해 검증
환경 생성	직접	자동화
배포주기	한 달에 1–2번(또는 덜 빈번하게)	필요할 때마다 배포, 하루에도 여러 번
앱 배포 프로세스	회의와 계획 필요	푸시 버튼 배포
배포 검증	직접	자동화
모니터링	없거나 최소	상태와 성능 모니터링
개발과 운영 관계	비난의 문화	신뢰의 문화

데브옵스 문화

이 책의 대부분은 기술에 관한 내용이지만, 데브옵스를 성공시키는 핵심은 사람이다. 팀이 함께 일하지 않으면 세계의 모든 기술이 무슨 소용일까? 다음은 데브옵스 문화를 만드는 몇 가지 원칙이다.

배포에 대해 이해하기 쉽게 설명

새로운 배포를 발표하는 경우 팀은 이를 '겁나는' 또는 '무서운' 일로 묘사하는 경우가 자주 있다. 전체 팀에서 배포 방법을 알고 팀의 모든 멤버들이 운영 환경에 코드를 기여한다는 신뢰를 보장하는 방법을 찾아야 한다. 누구도 기존 경험을 깨뜨릴 수 없을 만큼 대규모 실수를 방지하는 시스템이 믿을 만한지를 충분히 보장해야 한다. 기존 문화에 뿌리내리기 위해 Lyft와 같은 스타트업은 입사 첫날에 직원을 운영에 배치한다. 뭔가 중요한 문제를 일으키면 다음 원칙인 '비난하지 않는다'로 넘어간다.

'비난하지 않는다' 규칙

완벽한 엔지니어는 없으며, 기존 도구나 프로세스도 완벽하지 않다. 문제가 생기면 부당한 비난을 받아서도 안 되고 희생양을 찾아서도 안 된다. 대신 보통 RCA^Root Cause Analysis(근본 원인 분석)이라고 하는 문제의 사후 분석을 통해 발생한 사건과 이유, 어떻게 발견됐고 향후에 피할 수 있는 방법을 객관적으로 설명한다.

지원에 필요한 수단

데브옵스는 종종 개발자가 시스템을 운영으로 올리는 일을 담당한다. 운영 인시던트를 호출하기 전에 시스템이 자체 처리 가능하도록 해서 처음부터 호출하지 않는 것이 좋으며, 호출하게 되면 충분한 정보를 제공해서 신속하게 심사해야 한다. 코드는 설계의 일부로 원격 측정과 상태 모델, 자동 복구를 염두에 두고 신중하게 작성해야 한다.

편향된 지식을 피하고 협력한다

편향된 지식은 종종 개발이나 운영에서 특정 시스템이나 프로세스에 관한 혼자만의 지식(예를 들어, 레거시 앱을 배포하는 방법을 아는 한 명의 엔지니어)을 가진 팀의 멤버가 있을 때 발생한다. 편향된 지식을 피하려면 팀으로서 협업과 지식 공유 문화를 만들어야 한다. 이는 문서화와 더 중요하게는 팀 정보와 내부 프로세스, 체크리스트, 유틸리티 등을 최신을 유지하는 일을 담당하는 팀 멤버들이 간단히 팀 슬랙 채널이나 원노트, 위키를 시작할 수 있다.

컨베이어 벨트처럼 일한다

자동차 공장처럼, 제품의 작은 조각이 항상 QA의 자체 반복과 더 큰 컴포넌트 내에서 통합을 통해 운영으로 제공될 준비가 되어야 한다. 더 크고 빈번하지 않은 코드 변경보다 변경에 대해 작고 빈번하며, 아토믹^atomic(최소 독립 요소) 체크인을 사용한다.

기술적 채무의 자동화

기술적 채무는 완료되지 않거나 데드라인을 맞추기 위해 이번 한 번만 수작업으로 수행한 일련의 태스크나 작업을 뜻한다. 기술적 채무는 항상 발생하지만, 자동화의 우선순위를 정하는 것이 중요하다. 작업의 예로는 서버의 로그 파일에 대한 수작업 백업을 자동화해서 예약된 작업으로 실행되도록 설정해야 하는 경우를 들 수 있다.

연속 통합과 지속적인 전달, 연속 배포

연속 통합Continuous Integration 또는 짧게 CI는 품질이 좋은 체크인을 보장하기 위해 개발자가 코드의 빌드와 유효성 검증하는 작업을 자동화하는 프로세스다. 모든 체크인은 개발 생명주기의 초기에 문제를 정확히 찾아내는 데 도움을 주는 많은 테스트를 통과한다.

연속 업데이트Continuous Delivery는 연속 통합을 기반으로 구축되고 한 번의 버튼 클릭으로 항상 코드를 운영에 배포할 준비가 되게 하는 일련의 관례를 추가한다. 현재 통합된 브랜치가 사실상 운영 버전이 돼야 한다고 결정되면, 운영에 배포될 때 코드베이스의 안정성과 품질에 아무도 의문을 제기하지 않는다.

끝으로 연속 배포Continuous Deployment는 모든 테스트가 통과되고 충돌 문제가 없으면, 모든 변경은 운영 환경에 자동으로 배포된다. 연속 업데이트 이후 다음 단계라고 볼 수 있지만, 가능한 수월하게 릴리스하는 방법이기도 하다. 여기서 개발자는 추가 노력 없이 변경 사항을 공개할 수 있고 배포 전에 자동화를 사용해 모든 코드 조각의 유효성을 검증함으로써 대규모 중단에 관한 스트레스를 받지 않는다. 표 6.2에서 3가지 프로세스를 요약해서 나타냈다.

프로세스명	요약
연속 통합	단위 테스트를 통해 코드 품질을 유지관리하는 빈번하고 충돌 없는 체크인
연속 업데이트	자동화된 통합이나 부하, 스트레스 테스트를 실행해 코드를 운영 전환할 준비가 됐음을 보장한다. 운영으로 승격은 데브옵스 팀에서 수동으로 시작한다.
연속 배포	운영으로 승격이 완전히 자동화된다는 점을 제외하면 개념적으로 연속 업데이트와 동일하다.

그림 6.2에서는 Flak.io 프로젝트에서 각 마이크로서비스가 자체 깃허브 리포지토리와 연속 통합 프로세스, 독립적인 연속 업데이트 파이프라인을 정의해서 각 서비스가 서로에 독립적으로 제공되는 방법을 정의한다. 도커 이미지는 연속 통합 프로세스 동안 만들어져 중앙의 사설 도커 레지스트리로 밀어넣는다. 이렇게 함으로써 환경 단위 구성만 변경되고 개발에서 실행되는 해당 도커 이미지는 운영에서 실행되는 동일한 이미지가 되게 한다. 이 장 뒤에서 좀 더 자세히 설명한다.

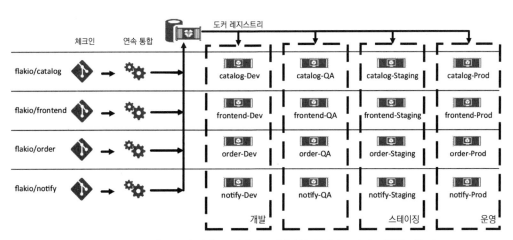

▲ 그림 6.2 각 마이크로서비스는 자체 연속 업데이트 파이프라인을 갖는다.

Azure에서 환경 만들기

그림 6.2에서 개발과 QA, 스테이징, 운영이라는 4가지 환경을 정의했다. 다음 절에서, Azure에서 이들 환경을 프로비저닝하기 위해 자동화와 인프라를 사용하는 방법을 설명한다.

변경 불가능한 인프라

인프라를 만드는 방법을 설명하기 전에, 인프라와 배포를 정의하는 두 가지 일반적인 방법을 다뤄보자. 첫 번째는 클래식 모델이며, 여기서 서버는 정기적인 패치와 업데이트 적용으로 상대적으로 오랫동안 실행된다. 정기적인 유지관리와 패치를 수행하면서 중단을 일으키는 모든 변경 사항은 롤 아웃 및 테스트돼야 하는 서버 구성을 조정한다. 서버가 더 오래 실행되고 환경에 더 많은 배포가 일어날수록, 머신이 원래 배포됐을 때와 다른 상태로 인해 부딪히는 문제의 위험이 더 높아진다. 한 가지 예가 몇 주간은 로컬 하드 드라이브에 로그 파일이 잘 채워지다가 나중에 디스크 공간의 부족으로 예외가 발생하는 경우다. 시스템 상태의 지표로 서버 가동 시간에 속지 않도록 하자. 시스템의 실행 시간이 늘어난다고 해서 고유의 안정성과 들어오는 배포를 적절히 처리하는 기능이 직접적인 상관관계를 갖지는 않는다.

또 다른 더 효과적인 모델은 6Wunderkinder(지금은 마이크로소프트에 인수)의 채드 파울러Chad Fowler가 만든 '변경 불가능한 인프라'라는 용어로 정의된다. 이 용어는 모든 인프라가 한 번 배포되면, 변경될 수 없다는 의미다. 따라서 새로운 구성이나 운영체제 패치가 필요할 때마다 실행 중인 인프라에 적용해서는 안 된다. 항상 처음부터 새로 시작한 새로운 이미지 인스턴스여야 한다. 이는 향후 배포에 부정적인 영향을 줄 수 있는 상태 인자를 제거하므로 인프라를 더 예측가능하고 안정적으로 만든다. 변경 불가능한 인프라는 여러분의 환경이 테스트에서 구성, 배포와 모니터링까지 반복가능하고 신뢰할 수 있는 프로세스에서 완전히 자동화됐다는 가정에 깊게 의존한다.

클래식 모델과 관련된 3가지 핵심 이슈가 있다.

- **없거나 최소한의 자동화**: 이는 중단이 필요한 모든 일에 각별한 주의가 필요함을 의미한다. 변경 가능한 재구성과 업데이트를 통해 상쇄하기 어려운 더 높은 유지관리 비용을 발생시키는 운영 복잡성이 증가한다.

- **더 느리고 많은 버그를 내포하는 배포**: 이동하는 부분이 많을수록, 이들 중 하나가 중단을 일으키거나 전체 시스템을 다운시킬 가능성이 높아진다. 클래식 모델의 모듈식 아키텍처는 사실 부주의한 변경으로 심각한 손상을 초래할 수 있는 불안정한 모놀리식 아키텍처일 뿐이다.

- **고비용 진단**: 실제로 어떤 부분이 실패하면, 진짜 원인을 찾아내는 데 시간과 리소스를 모두 소비한다. 수정은 장기적인 처방인 경우가 드물고, 한 가지 잠재적인 증상을 겨냥한 임시 처방이다.

> **ⓐ 자동화가 오류 방지를 의미하는 것은 아니다.**
>
> 자동화는 훌륭하지만, 자동화된 스크립트를 테스트하지 않으면, 잘못된 일이 지속적으로 더 빠르게 발생할 수 있다. 단 몇 초만에 수천 대의 서버에 잘못된 구성 스크립트를 업데이트하는 자동화 스크립트를 상상해보라! 자동화와 스크립팅에 최고 등급의 중요도를 부과해야 한다. 이는 스크립트의 버전이 관리되고 소스 제어를 사용하며, 테스트되고 진단을 목적으로 하는 기기와 추적을 포함해야 한다는 의미다.

코드로서의 인프라

자동화의 또 다른 핵심 측면은 환경을 자동으로 만드는 것이다. 5장, '서비스 오케스트레이션과 연결'에서 설명한 것처럼, Azure에서는 ARM 템플릿을 사용해 애플리케이션 토폴로지를 만드는 자동화된 방법을 제공한다. 데브옵스의 경우, 모든 환경을 만들 때 모든 필요한 설치나 구성 스크립트를 포함해 ARM 템플릿을 사용해 완전히 자동화하길 원한다. 인프라 정의를 코드로 사용할 수 있게 하는 것은 모든 팀 멤버가 스크립트를 즉시 실행하고 어려움 없이 팀 환경의 개인 인스턴스를 프로비저닝할 수 있다는 의미이기도 하다.

개인 환경과 공유 환경

인프라를 정의하는 데 사용하는 많은 접근법이 있지만, 다음 절에서 개인 및 공유 모델 두 가지를 살펴본다. 그림 6.3에서 각 마이크로서비스에서 개발과 QA, 스테이징, 운영에 걸쳐 자체 개인 인프라를 정의하는 연속 업데이트 파이프라인의 고수준 인프라 뷰를 나타냈다. 이 인프라의 이점은 각 마이크로서비스 팀이 완전히 격리되어 자체 인프라를 제어한다는 점이다. 단점은 사용되지 않거나 활용이 적은 리소스가 많으며 이 인프라를 유지관리하는 비용이 높다는 것이다.

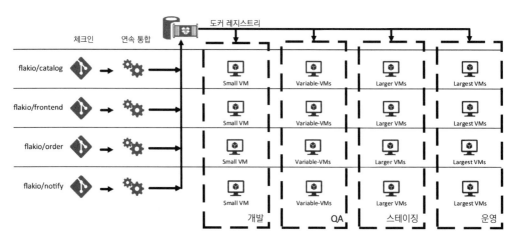

▲ **그림 6.3** 각 마이크로서비스 파이프라인은 고유한 개인 Azure 리소스를 정의한다.

그림 6.3에서 운영에 가까워질수록 직관적이어야 하지만, 사전 운영 환경이 더 크고 현실적일수록 QA 환경의 규모를 가변적으로 만들 수 있다는 점에 주목해야 한다. 이는 QA에서 수행되는 테스트 유형에 따라 가상 머신의 수를 필요에 따라 쉽게 늘리거나 줄일 수 있다는 의미다. 즉, 필요한 테스트를 기반으로 필요한 비용만 지불하면 된다.

그림 6.4에서 보인 반 공유 모델에서, 각 팀은 여전히 자체 개발 환경을 개인적으로 관리하지만, 다른 모든 환경은 5장의 '오케스트레이션' 부분에서 다룬 것처럼 Azure 컨테이너 서비스나 도커 스웜, 메소스피어, 서비스 패브릭과 같은 클러스터링 기술을 통해 공유 리소스 풀을 사용한다.

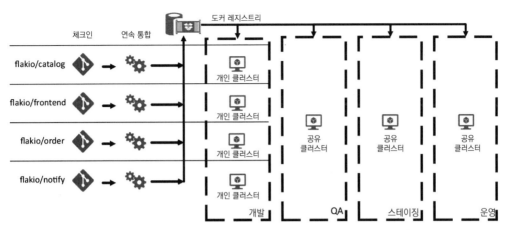

체크인   연속 통합   도커 레지스트리

flakio/catalog

flakio/frontend

flakio/order

flakio/notify

개인 클러스터

개인 클러스터

개인 클러스터

개인 클러스터

공유
클러스터

공유
클러스터

공유
클러스터

개발   QA   스테이징   운영

▲ **그림 6.4** 개인 및 공유 리소스 조합을 사용하는 마이크로서비스

추가적인 Azure 인프라

추가 Azure 인프라는 환경별 토폴로지의 고수준 뷰이긴 하지만, 각 마이크로서비스나 환경에는 프로비저닝에 필요한 많은 다른 Azure 리소스를 포함할 수 있다. 몇 가지 예를 들면 다음과 같다.

- **Application Insights**: 각 마이크로서비스와 환경에서 진단을 모니터링하기 위해 자체 앱 인사이트 리소스를 정의해야 한다.
- **Key Vault**(주요 자격 증명 모음): 머신이나 애플리케이션 암호를 저장하는 Azure 서비스
- **로드 밸런서**: 5장의 오케스트레이션에서 설명한 것처럼, 도커 호스트 전체에 부하 분산을 제공한다.
- **저장소**: 저장소는 도커 볼륨 마운팅을 사용하는 컨테이너에 대해 내구성 있고 이중화된 데이터 저장소를 제공한다.
- **가상 네트워크**: 사용자 지정 가상 네트워크와 서브넷은 물론 여러 가상 네트워크 사이의 연결을 만들 수 있다.

- **가상 사설망**[VPN]: 온프레미스 앱이나 데이터 저장소에 액세스가 필요한 마이크로 서비스의 경우, 사이트 간 연결을 만들어 온프레미스 네트워크와 직접적이면서 안전하게 통신할 수 있다.

ARM를 사용해 환경 만들기

ARM을 사용하면 선언적 JSON 파일 집합을 사용해 인프라의 원하는 상태를 정의할 수 있다. 연속 업데이트 파이프라인의 경우, ARM 템플릿을 사용해 그림 6.3에서 보인 개발 및 QA, 스테이징, 운영이라는 4개의 환경 만들때 자동화할 수 있다. ARM 템플릿을 처음부터 만들거나 깃허브(https://github.com/Azure/azure-quickstart-templates)에서 제공하는 이미 만들어진 많은 ARM 템플릿 중 하나를 조정해서 시작할 수 있다.

ARM에 관해 논의할 때 기억할 것은 여러 환경을 만드는 작업은 ARM 템플릿을 보편화하는 것이 일반적인 접근법이라는 점인데, 이는 ARM 템플릿에 하드 코딩한 변수 대신에 템플릿의 입력을 매개변수화한다는 뜻이다. 가상 머신 템플릿의 경우, 가상 머신 크기나 이름, Azure 지역, 기타 값들을 매개변수화해서 매개변수 파일에 사용할 수 있다. 이렇게 작업한 결과는 다음과 같을 것이다.

- azuredeploy.json: 여러분의 마이크로서비스를 위한 ARM 템플릿
- azuredeploy.dev.parameters.json: 개발 환경 매개변수
- azuredeploy.qa.parameters.json: QA 환경 매개변수
- azure.deploy.staging.parameters.json: 스테이징 환경 매개변수
- azure.deploy.production.parameters.json: 운영 환경 매개변수

예를 들어, 다음 URL(https://github.com/Azure/azure-quickstart-templates/tree/master/docker-simple-on-ubuntu)에서 "Simple deployment of an Ubuntu VM with Docker"를 찾아보면 3개의 파일이 나온다.

- **azuredeploy.json**: 가상 머신과 도커 가상 머신 확장을 포함하는 ARM 템플릿이다. 확장에서는 도커와 도커 컴포즈 설치 및 구성을 자동화한다.
- **azuredeploy.parameters.json**: 환경마다 다를 수 있는 매개변수화된 변수의 집합이다. 이 템플릿에서 만든 정확한 매개변수가 표시된다.
- **metadata.json**: ARM 템플릿의 콘텐츠를 기술하는 문서 또는 설명 파일이다.

azuredeploy.parameters.json 파일에는 Azure 저장소 계정과 위치, 관리자 이름, 암호, DNS 이름(예, mydevserver)에 대한 매개변수가 포함된다.

```
...
"parameters": {
    "newStorageAccountName": {
        "value": "uniqueStorageAccount"
    }
    "location": {
        "value": "West US"
    },
    "adminUsername": {
        "value": "username"
    },
    "adminPassword": {
        "value": "password"
    },
    "dnsNameForPublicIP": {
        "value": "uniqueDNS"
    }
}
```

이 매개변수 파일에 없는 한 가지 일반적인 환경별 구성 설정은 VM 크기를 구성하는 기능이다. 환경을 만들 때 1개의 코어와 1.75GB의 RAM을 갖는 A1 Basic VM과 같은 더 작은 VM 크기를 사용할 수 있지만, 운영 환경에서는 8코어와 28GB RAM, 400GB SSD 드라이브를 포함하는 D4 크기와 같은 더 강력한 VM 크기 구성을 갖

게 될 것이다. 다음에 나타낸 것처럼 azuredeploy.parameters.json 파일에서 새로
운 매개변수를 정의해 VM 크기를 매개변수화할 수 있다.

```
"vmSize": {
    "value": "Standard_D4"
},
```

다음으로, azuredeploy.json 파일을 열고 hardwareProfile 속성 아래에서 새로
추가한 vmSize 매개변수의 값을 읽도록 vmSize 속성을 변경해야 한다.

```
"properties": {
    "hardwareProfile": {
        "vmSize": "[parameters('vmSize')]"
    },
...
```

이 간단한 구성에서, 하나의 ARM 템플릿을 사용해 가상 머신을 정의하고 다른 환경
별 구성 설정을 나타내는 4개의 매개변수 파일을 가질 수 있다.

더 고급 구성 시나리오의 경우, 이 책의 예제로 사용된 도커 스웜이나 메소스피어,
ACS^{Azure Container Service}에 대해 사용자 정의한 템플릿도 있다.

- **도커 스웜**: https://github.com/Azure/azure-quickstart-templates/tree/master/docker-swarm-cluster
- **스웜과 마라톤을 사용하는 메소스**: https://github.com/joshgav/azure-quickstart-templates/tree/master/mesos-swarm-marathon
- **Azure 컨테이너 서비스**: 이 책의 예제를 사용(https://github.com/flakio/infrastructure)

이들 예제 모두는 클러스터에 포함된 VM의 전체 수를 변경하는 데 사용할 수 있는
매개변수 파일을 제공한다(도커 스웜 템플릿의 nodes 매개변수와 메소스의 agents, ACS 템플
릿의 agentCount 매개변수).

태그와 레이블을 이용한 배포 추적

마이크로서비스 아키텍처는 수백 개의 호스트에서 수천 개의 컨테이너를 실행할 수 있고, 심지어 동시에 동일한 서비스의 여러 버전을 실행할 수 있다. 인프라와 애플리케이션을 구성하고 범주화하는 핵심 기능 중 하나는 리소스 관리자 태그와 도커 레이블을 통해 메타데이터를 추가하는 것이다.

ARM은 키/값 쌍으로 만든 16개의 임의 태그를 설정할 수 있는 기능이 있어서 환경(개발과 QA, 스테이징, 운영) 또는 지리적 위치(미 서부 대 미 동부), 다른 조직부서(재무, 마케팅, 인사) 사이를 구분해 비용을 추적할 수 있다.

이렇게 하려면, 개발 환경 매개변수 파일을 열고 다음에 보인 것처럼 환경과 부서에 대한 값을 설정한다. 위치 태그는 이미 매개변수로 포함했으므로 다시 추가할 필요는 없다.

```
"environment": {
    "value": "dev"
},
"dept": {
    "value": "finance"
},
...
```

다음으로, azuredeploy.json 파일에서 환경과 위치, 부서에 관한 메타데이터를 포함하는 태그 섹션을 추가한다. 이들 값을 하드코딩하지 않고 앞서 만든 매개변수에서 태그 값을 읽어온다.

```
    {
        "apiVersion": "2015-05-01-preview",
        "type": "Microsoft.Compute/virtualMachines",
        "name": "[variables('vmName')]",
        "location": "[parameters('location')]",
        "tags": {
            "environment": "[parameters('environment)]"
            "location": "[parameters(location)]"
            "dept": "[parameters(dept)]"
    }
...
```

이렇게 하면 Azure 포털이나 명령줄에서 태그로 ARM 리소스를 쉽게 찾고 필터링할 수 있다. 수백 개의 가상 머신 목록을 찾는 대신 재무부서의 운영 VM 목록만 필터링할 수 있다. 도커의 경우 `label` 명령을 사용해 도커 데몬(호스트)나 도커 이미지정의, 도커 컨테이너가 만들어지는 시기에 관한 키/값 메타데이터를 설정할 수 있다. 예를 들어, 호스트에서 실행 중인 도커 데몬에 태그를 설정해 다음에 보인 것처럼 역방향 도메인 이름표기로 SSD 드라이브와 같은 기능을 지정할 수 있다.

```
Docker daemon --label io.flak.storage="ssd"
```

도커 이미지의 레이블은 Dockerfile의 LABEL 명령을 사용해 설정한다. Dockerfile 이미지에 레이블을 추가하면, 이미지 자체에 하드 코딩하는 것이다. 이런 이유로 런타임 환경에 기반해 변경되지 않는 메타데이터용으로 도커 이미지에 레이블을 추가하는 경우에만 좋다. 환경별 레이블의 경우 다음에서 보는 것처럼 Docker run 명령에서 --label 스위치를 사용하자.

```
Docker run ?d \
--label io.flak.environment="dev" \
--label io.flak.dept="finance" \
--label io.flak.location="westus" \
nginx
```

도커 컨테이너에 대한 레이블을 정의하면, 표준 도커 명령을 사용해 특정 레이블 값을 기준으로 필터링할 수 있다. 다음은 개발 환경에서 실행 중인 컨테이너만 표시한다.

```
Docker ps --filter "label=io.flak.environment=dev"
```

서드파티 구성과 배포 도구

Azure에서는 여러분 조직에서 이미 사용하고 있을 수도 있는 많은 서드파티 구성 및 배포 도구를 지원한다. 이들 도구에는 퍼펫Puppet, 셰프Chef, 옥토퍼스 디플로이Octopus Deploy 등과 같은 인기 있는 구성 및 배포 도구가 포함된다. Azure VM 확장 프레임워크에서는 Azure 포털을 통해서나 Azure 리소스 관리자 템플릿의 확장을 정의해 가상 머신에서 퍼펫과 셰프, 옥토퍼스 디플로이 등의 다른 소프트웨어를 설치하고 구성하는 확장을 제공한다. 지원하는 가상 머신 확장의 전체 목록은 http://bit.ly/azureextensions에서 찾을 수 있다.

데브옵스 인프라에 도커 적용하기

도커의 성장은 모든 것에 '도커화'하려는 새로운 트렌드도 일으켰다. 어떤 것을 도커화 하는 것은 애플리케이션이나 인프라에 대한 Dockerfile을 만들어 도커 이미지를 구축하고 도커 컨테이너로서 배포하는 것이다. 버전 제어와 연속 통합, 빌드 서버, 테스트 서버를 포함해 데브옵스에 사용되는 도구는 많다. 다운로드와 설치, 구성에 제법 시간을 보냈던 많은 애플리케이션은 이제 미리 구성된 도커 이미지로 배포된다. 다음은 몇 가지 예다.

- 소스 제어의 경우, 깃랩GitLab의 커뮤니티 에디션을 포함해 많은 깃 도커 이미지를 사용할 수 있다.

  https://hub.docker.com/r/gitlab/gitlab-ce/
- 연속 통합의 경우, 젠킨스 CI를 도커 이미지로 사용할 수 있다.

  https://hub.docker.com/_/jenkins/

- 코드 품질 개선의 경우, 소나큐브^{SonarQube} 도커 이미지를 사용해 정적 분석 테스트를 실행해 잠재적 문제를 발견할 수 있으며, 코딩 스타일 지침을 지키는지 확인하고, 코드 커버리지 및 단위 테스트 결과에 대한 보고를 얻을 수 있다.

  https://hub.docker.com/_/sonarqube/

- 빌드, 단위 또는 통합 테스트의 경우, 프로젝트를 컴파일하거나 단위 테스트 실행, 셀레늄^{Selenium} 같은 코딩된 UI 테스트 실행을 위한 격리된 호스트로 도커 컨테이너를 사용할 수 있다.

  https://hub.docker.com/r/selenium/

- 메이븐, 톰캣, RabbitMQ, NGINX, 카산드라, 레디스, MySQL 등과 같은 애플리케이션과 서비스는 모두 https://hub.docker.com/의 도커 이미지로 사용할 수 있다.

- Azure 명령줄 인터페이스를 이미지로 사용할 수도 있다.

  https://hub.docker.com/r/microsoft/azure-cli/

연속 업데이트를 사용한 마이크로서비스 배포

이 절에서 그림 6.5에서 보는 것처럼 연속 업데이트 파이프라인에서 코드가 체크인에서 운영까지 어떻게 흘러가는지 설명한다.

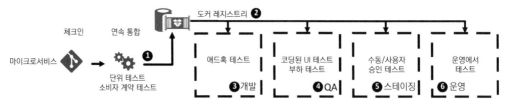

▲ **그림 6.5** 체크인에서 운영까지 연속 업데이트 파이프라인

1. 연속 통합은 개발자가 코드를 체크인할 때, 빌드가 자동으로 트리거되어 해당 빌드에 대해 일련의 단위 및 소비자 계약 테스트(뒤에서 설명)가 실행된다. 테스트가

통과되면, 도커 빌드 명령을 실행해 이미지를 만들고 새로운 서비스에 대한 버전 번호를 설정한다. 이미지가 만들어지면 도커 레지스트리로 푸시된다(도커 레지스트리 호스팅 옵션에 대해서는 4장, '개발 환경 설정'을 살펴보자).

2. 서로 다른 환경에서 컨테이너를 만든다. 전통적인 배포와 도커 배포 사이의 가장 중요한 차이점 중 하나는 도커 이미지는 CI 단계 동안 작성되면 다른 환경에서 소스코드를 다시 액세스하거나 빌드하지 않는다는 것이다. 대신, CI 프로세스 동안 도커 레지스트리로 푸시한 이미지를 기반으로 컨테이너 인스턴스를 만든다. 이렇게 하면 팀은 개발에서 테스트한 정확히 동일한 이미지를 운영에서 실행하는 실제적인 운영에 더 다가갈 수 있다. 어떤 환경에서 컨테이너를 만들 때 몇 가지 옵션이 있다. docker run을 호출해 도커 리포지토리에서 이미지를 만들거나, 마라톤이나 도커 컴포즈와 같은 다중 컨테이너 구성 파일을 사용해 여러분의 컨테이너와 필요한 상호 의존적인 컨테이너를 만들 수 있다.

3. 이제 도커 이미지로 패키징된 마이크로서비스가 준비되면, 해당 마이크로서비스의 '개발' 버전이 필요한 개발자가 자신의 서비스를 개발하고 테스트하도록 마이크로 서비스를 만든 도커 이미지 집합을 개발 환경으로 끌어온다.

4. 개발 환경처럼, QA 환경도 통합 테스트나 코딩된 UI 테스트, 부하 테스트와 같은 자동화된 테스트를 실행해 빌드의 품질을 잘 검증하기 위해 도커 컨테이너를 가져와서 만든다. 해당 테스트가 QA 환경을 통과하면, 이때 배포를 스테이징 환경으로 트리거한다.

5. 스테이징 환경에서, 마이크로서비스를 만든 도커 이미지 집합을 다시 도커 레지스트리에서 끌어오면 이제 운영으로 갈 준비가 된 것이다. 이 단계에서 수동 테스트 또는 사용자 승인 테스트의 집합을 통해 서비스가 운영과 유사한 환경에서 잘 작동하는지 검증할 수 있다.

6. 팀에서 운영으로 승격할 준비가 끝나면, 운영 환경은 다시 도커 레지스트리에서 가져와 운영에서 실행해야 하는 도커 컨테이너를 만들고 새로운 테스트 집합을 운영 환경에서 실행해 배포 품질을 더 검증한다.

서로 다른 환경에서의 애플리케이션 구성 변경

마지막 절에서 도커 이미지를 기반으로 동일한 도커 이미지를 각 환경에서 만들었다. 마이크로서비스에는 서비스 기능을 동적으로 제어하는 기능 플래그(제품 권장사항 켜기 또는 끄기)나 서드파티 서비스에 대한 API 키, 웹 프런트엔드나 데이터베이스, 로깅 서비스 같은 종속 서비스에 대한 연결 문자열처럼 환경별로 변경해야 할 구성 설정이 있다. 이들 구성 설정은 여러 가지 방법으로 환경별로 변경할 수 있다.

- 컨테이너와 함께 배포되며 각 환경에 고유한 도커 볼륨 마운트 구성 파일(예를 들어, myservice.conf)을 사용한다. 2장의 예제와 비슷하다.
- 환경 변수를 사용해 4장에서 설명한 것처럼 환경별 구성을 설정한다.
- 환경별 구성을 설정하는 방법을 포함하는 퍼펫이나 셰프와 같은 도구를 사용한다.
- 구성 정보를 저장하고 가져오는 API를 제공하는 아파치 주키퍼나 해시코프의 Consul과 같은 동적 구성 서비스를 사용한다.
- Consul은 구성을 가져오는 API와 DNS 조회 서비스 두 가지를 제공한다. DNS 서비스를 사용하면 환경들 간에 동일하게 유지할 수 있는 http://teamlog와 같은 로깅 서버 URI를 설정할 수 있지만, DNS 풀이 서비스는 예를 들어 http://dev.server01/teamlog처럼 URI를 환경별 적절한 주소로 풀이한다.
- 비밀 번호나 API 키의 경우, Azure의 주요 자격증명 모음 서비스나 해시코프의 Vault 서비스를 사용해 암호를 저장하고 가져온다.

이제 연속 업데이트 프로세스의 각 단계를 더 깊이 살펴보자.

연속 통합

연속 통합 프로세스는 개발자가 코드를 체크인하거나 코드를 기능 브랜치에서 주 브랜치로 병합할 때 시작한다. 이 프로세스는 일련의 자동화된 테스트(일반적으로 단위 테스트)를 트리거해 체크인된 코드의 품질을 검증한다.

연속 통합은 빌드에 필요한 모든 단계를 포함하는 워크플로를 만들고 애플리케이션에 대한 테스트를 실행한다. 전형적인 빌드 워크플로 단계는 다음과 같다.

- 자바용 메이븐이나 Node용 NPM, 닷넷 애플리케이션용 NuGet과 같은 모든 패키지 종속성과 소스 코드를 다운로드한다.

- Ant나 Gradle, MSBuild 같은 빌드 도구를 사용해 코드를 빌드한다.

- Grunt나 Gulp와 같은 자바스크립트 태스크 러너$^{task\ runners}$를 사용해 이미지를 최적화 하거나 자바스크립트와 CSS를 묶어서 축소한다.

- 자바용 Junit이나 Node용 Mocha, 닷넷 애플리케이션용 xUnit과 같은 도구를 사용해 단위 테스트를 실행한다.

- 소나큐브^{SonarQube}와 같은 정적 분석 도구를 실행해 소스와 코드 커버리지 보고서를 분석하거나, 웹 성능용 페이지스피드^{PageSpeed}와 같은 특화된 도구를 실행한다.

- 테스트가 성공하면, 도커 레지스트리에 새로운 이미지를 푸시한다.

지금까지 CI 워크플로가 어떤 것인지 살펴봤으므로, 앞서 언급한 테스트와 분석 도구 몇 가지를 살펴보자.

단위 테스트

단위 테스트는 기능 수준에서 코드를 테스트하기 위해 설계된 것이다. 두 개의 숫자를 취해 합을 반환하는 간단한 Add() 메서드의 예를 살펴보자. 단위 테스트는 해당 메서드가 예상대로 동작하는 경우(1 + 1 = 2)와 동작하지 않는 경우(0 + "cat"은 예외를 던진다)를 보장하는 몇 가지 테스트를 실행한다. 단위 테스트의 주요 전제 중 하나는 코드 격리로, 함수를 변경될 수 있는 다른 부분과 독립적으로 테스트할 수 있다. 단위 테스트는 코드 변경으로 기존 테스트의 예상된 동작을 부주의로 중단시키지 않는지 확인하는 회귀 테스트에 도움을 준다.

소비자 주도 계약 테스트로 서비스 종속성 테스트

마이크로서비스의 단점 중 하나는 여러 서비스를 실행하는 복잡성에 각각 고유한 종속성이 있어, 테스트하기 어렵다는 점이다. 이는 각 서비스가 나머지 시스템과 다른 속도로 발전하거나 훨씬 더 나빠지는 경우, 더 이상 사용할 수 없는 이전 버전의 컴포넌트에 대한 잠재적 종속성이나 미묘한 버그를 만들어낼 수 있는 방식으로 동작을 변경한 경우 더 복잡해질 수 있다. 더 나아가 마이크로서비스는 다른 서비스의 소비자이자 공급자가 될 수 있다. 이는 마이크로서비스 종속성을 분명히 표현해야 한다는 의미다.

마이크로서비스에 대한 의존성을 정의하는 방법 중 하나는 소비자 주도 계약이다. 앞서 설명한 것처럼 훌륭한 마이크로서비스 아키텍처는 상호 연결된 서비스의 독립적인 발전을 고려해야 한다. 이러한 발전을 보장하기 위해 각 서비스는 바인딩된 형식보다는 계약을 공유해야 한다. 소비자 계약은 성공적으로 사용하기 위해 충족돼야 하는 서비스 공급자(마이크로서비스)에서 기대 목록을 설정하는 방법이다. 이러한 계약은 구현에 구속받지 않는다. 클라이언트에서 해당 서비스를 소비하는 경우 통합 테스트를 통과하는 정책을 적용한다. 제품 카탈로그 서비스에 대한 샘플 공급자 계약을 그림 6.6에서 나타냈다. 프런트엔드와 추천 서비스 모두는 제품 카탈로그 서비스의 제품 정보가 필요하다.

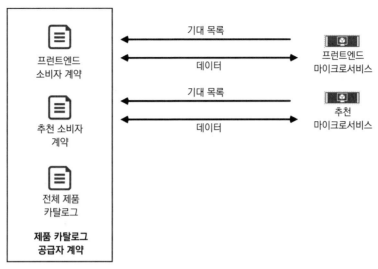

▲ **그림 6.6** 두 가지 소비자 계약과 전체 제품 카탈로그를 포함하는 공급자 계약

이안 로빈슨은 '소비자 주도 계약' 개요(https://martinfowler.com/articles/consumer DrivenContracts.html)에서 공급자 계약에 대한 핵심 특징을 소개했다.

- **완료 및 완전성**: 공급자 계약은 서비스에서 제공하는 전체 기능 집합을 나타낸다.

- **독점적이며 신뢰할 수 있음**: 공급자 계약은 클라이언트에 노출될 수 있는 모든 시스템 기능을 포함한다. 이는 계약은 공급자 서비스에서 수행할 수 있는 사실의 출처를 의미한다.

- **바인딩된 안정성과 불변성**: 공급자 계약은 안정적이며 한정된 기간이나 지역에 따라 변경되지 않는다.

그림 6.7에서 소비자 마이크로서비스 두 가지는 동일한 제품 카탈로그 공급자에 연결되지만, 이들 서비스에서 다루는 데이터에 따라 약간 다른 기대 목록을 갖는다. 공급자 계약에서 공급자에 대한 전체 스키마를 노출하면서, 프런트엔드와 추천 소비자는 필요한 데이터 필드의 다른 집합(기대 목록)을 갖는다. 전체 공급자 카탈로그에서 추가 필드의 존재는 해당 필수 필드에만 종속성이 있어야 하므로 모든 소비자에게 영향을 끼치지 않아야 한다.

▲ **그림 6.7** 제품 카탈로그 공급자에서 서로 다른 데이터 기대 목록을 갖는 프런트엔드 및 추천 소비자

통합 테스트 측면에서, 클라이언트 계약은 중단을 일으키는 변경이 부주의하게 시스템에 적용되지 않도록 자동화된 테스트 범위를 통해 명시적으로 표현돼야 한다. 이러한 일련의 계약을 검증하기 위해, 일반적인 유연한 접근법은 마이크로서비스 REST API처럼 실제 개체나 리소스의 동작을 '모사'하는 모의 개체를 사용하는 것이다. 팀에서는 예상되는 서비스의 동작을 시뮬레이션해서 해당 서비스가 기대한 대로 동작하는지 보장하기 위해 모의 개체를 만들 수 있다. 모든 체크인에 대한 모의 개체를 사용한 서비스 테스트로 모든 문제를 일찍 잡을 수 있다.

팩트^{Pact}는 모의 개체를 지원하는 소비자 주도 계약 테스트 도구로 https://github.com/realestate-com-au/pact에서 사용할 수 있으며 자바와 닷넷, 자바스크립트, 루비, 파이썬 등 많은 프로그래밍 언어에서 사용할 수 있다. 팩트에는 도커 이미지로도 실행할 수 있는 소비자 주도 계약 공유를 위한 리포지토리인 팩트 브로커^{Pact} ^{Broker}(https://hub.docker.com/r/dius/pact_broker/)도 포함한다.

> ⓐ **공용 및 서드파티 서비스**
>
> 소비자 주도 계약은 마이크로서비스 전체에 알려진 서비스 종속성을 공급자와 소비자 모두가 잘 정의해 테스트하도록 돕는다. 더 강력한 통합 테스트는 공개 API를 제공하거나 여러분이 제어하지 못하는 공용 서드파티 API를 사용할 때 필요하다. 이런 시나리오의 경우 API에 대한 모든 변경은 종속 서비스를 중지시킬 수 있다.

소나큐브를 사용한 코드 분석

대다수 개발자가 서비스에 대한 코드를 추가하기 때문에, 개발자가 조직 내에서 수립된 일정한 스타일이나 품질 표준을 따르게 하는 일이 종종 필요하다. 소나큐브 SonarQube는 코드 중복과 언어 스타일, 코드 커버리지, 문서화 주석 커버리지 등을 포함해 코드 품질을 지속적으로 모니터링하도록 설계된 오픈소스 플랫폼이다. 소나큐브는 자바와 자바스크립트, C#, PHP, 오브젝티브 C와 C을 포함해 많은 프로그래밍 언어를 지원한다.

소나큐브는 뱀부Bamboo와 젠킨스, Visual Studio 팀 서비스와 같은 다양한 CI 도구와 잘 통합되며, 엔지니어가 신속하게 코드 베이스의 상태를 평가할 수 있는 웹 프런트엔드를 제공한다.

웹 사이트 성능

일부 마이크로서비스는 그 자체로 REST 서비스가 아니라 웹 사이트다. 웹 코드의 경우, 성능은 검색 엔진 최적화에 대한 핵심 지표일 뿐만 아니라 Aberdeen 그룹의 조사에 따르면 성능상으로 1초 지연만으로 변환을 7% 감소시킬 수 있다. 성능을 기능처럼 처리하고 필요한 성능 목표를 측정하도록 하자. 이렇게 하려면 웹 사이트 성능의 측정을 자동화하기위해 미리 구성된 그런트Grunt나 걸프Gulp 작업을 사용한다. 예를 들어, phantomas Grunt 작업(http://bit.ly/grunt-phantomas)을 사용할 수 있는데, 이 도구는 이미지 크기와 캐싱, 브라우저 성능 등을 포함해 100개 이상의 다른 내장 성능 메트릭이 있으며 구성이 용이한 웹 성능 메트릭 수집기다. 성능 결과는 공유 디렉터리에 CSVcomma-separated values 파일이나 JSON을 사용해 내보낸다. 또 다른 유용한 도구가 페이지스피드PageSpeed 작업으로 그림 6.8에서 보는 것처럼 구글의 페이지스피드 인사이트PageSpeed Insights API를 사용해 모바일과 데스크톱 모두에 대해 사이트 성능을 테스트한다. 각 성능 추천 내용에는 문제를 해결하는 더 많은 정보에 대한 링크를 포함하고 있다. 여러분의 CI 프로세스에 속도 측정 도구를 통합함으로써, 체크인할 때마다 성능 저하 버그를 찾아낼 수 있다.

▲ **그림 6.8** 구글의 페이지스피드 인사이트 웹 사이트의 추천 샘플

QA 환경의 테스트

데브옵스는 근본적으로 고품질 코드를 보장한다. 개발자 머신에서 소스제어로 푸시 되는 코드는 언제든지 확장성과 상호 운용성, 성능 등을 포함해 여러 가지 기준에 따라 테스트한다. 마이크로서비스는 일반적으로 독립 서비스 집합으로 분류된 모놀리식 앱에서 파생되기 때문에, 해당 서비스가 서비스 서로 간에 상호 운영되는지 테스트하고 확인하며, 어떤 서비스도 더 큰 시스템을 깨지 못하는 상태에 있어야 한다.

통합 테스트

몇 가지 마이크로서비스가 더 큰 프로젝트의 일부일 때, 이들 서비스가 서로 상호 종속성을 고려해 동작하는 것이 중요하다. 통합 테스트에 활용할 수 있는 몇 가지 기술이 있다. 예를 들어, 빅 뱅 통합 테스트는 동시에 모든 서비스를 함께 실행해 전체 시스템이 예상대로 동작하는지 확인한다. 또 다른 옵션은 상향식 통합 테스트로, 더 하위 계층 수준의 서비스가 일련의 테스트로 노출되고, 이들 서비스에 종속된 후속 서비스가 테스트된다.

코딩된 UI 테스트

코딩된 UI 테스트는 여러 서비스를 사용해 종단간 시나리오가 함께 동작하는지 검증하는 일을 돕는다. 전자상거래 사이트의 경우, 이는 제품에 대한 검색과 장바구니 추가, 주문 결제를 포함한다. 코딩된 UI 테스트를 통해 통합된 다중 서비스 시나리오가 중단을 일으키지 않는지 확인할 수 있다.

셀레늄(http://docs.seleniumhq.org/)은 크로스 플랫폼 오픈 소스 웹 UI 테스트 프레임워크의 한 예로, 도커와 직접 통합된다. 셀레늄 테스트는 자바나 C#, 루비와 같은 프로그래밍 언어로 작성된 거나 전자상거래 검색에서 결제 예처럼 브라우저에서 하는 모든 동작을 기록하는 셀레늄 IDE를 사용할 수 있다. 셀레늄의 가장 큰 장점 중 하나는 웹 앱이 작성된 원래 언어와 독립적이며 다른 시스템에서 여러 브라우저의 컨텍스트에서 동시에 실행할 수 있다는 점이다. 이는 서로 다른 상황에서 동일한 프로젝트를 테스트하는 시간을 크게 줄인다.

부하 테스트와 스트레스 테스트

서로 다른 종류의 성능 테스트 중에서, 부하 테스트는 애플리케이션 성능이 서비스에 적용하는 부하의 크기에 따라 저하되지 않도록 한다. 서비스는 한 시간에 100명의 고객에게 뛰어난 성능을 제공할 수 있지만, 여러분은 고객의 수가 10,000명으로 늘어날 때도 과도한 부하에서도 서비스가 여전히 수행되길 원할 것이다. 스트레스 테스트는 이를 부하를 더 가해서 서비스에 과부하가 걸려 장애가 일어날 때 어떤 일이 발생하는지 테스트한다.

Azure와 Visual Studio에서 부하 테스트

마이크로소프트 Visual Studio 2015 엔터프라이즈를 사용하면 개발자가 Azure에서 실행되는 부하 테스트를 기록하고 자동화할 수 있으며, 20,000분^{minute}의 무료 사용이 시작된다. 이들 테스트는 모든 웹 사이트나 기술(Go, 자바, 노드, 닷넷 등)을 대상으로 사용할 수 있으며 다음의 여러 가지 방법으로 사용자 정의할 수 있다.

- 테스트와 테스트 단계 사이의 가변 시간 간격을 설정한다.
- 실세계 사용 패턴을 시뮬레이션하기 위해 여러 테스트를 병렬로 실행한다.
- 3G 또는 전화 접속 56K 연결을 시뮬레이션하는 네트워크 성능 값을 사용해 네트워크 가동 시간이나 모바일 성능을 테스트한다.
- 인터넷 익스플로러와 크롬, 파이어폭스를 포함해 여러 브라우저를 테스트한다.
- 그림 6.9에서 보는 것처럼 미 서부나 북 유럽, 동아시아와 같은 다른 Azure 지역에서 부하 테스트를 실행하도록 지리적으로 분산한다.

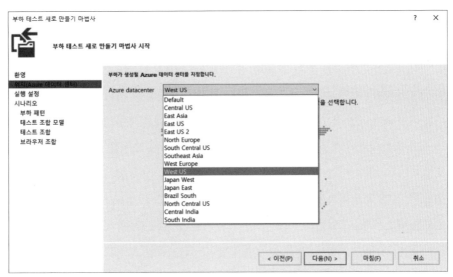

▲ 그림 6.9 Azure 지역을 선택해 부하 테스트 실행

테스트를 실행하면 그림 6.10에서 보는 것처럼 실시간 결과를 확인할 수 있다. 부하 테스트를 구성하고 조정하는 방법에 대한 자세한 정보는 http://bit.ly/azureloadtest에서 찾을 수 있다. 이들 테스트는 스크립트로 작성되어 있기 때문에 연속 업데이트 파이프라인에 직접 통합할 수도 있다.

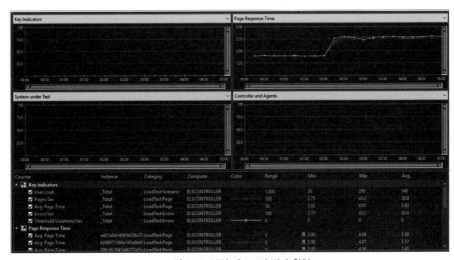

▲ 그림 6.10 부하 테스트의 결과 확인

도커 스트레스 테스트

도커 컨테이너를 사용할 때, 분산 배포 시나리오를 생각하면 하나의 호스트에서 여러 컨테이너를 시작하는 것이 유용한 경우가 자주 있다. 인기 있는 스트리밍 서비스인 스포티파이[Spotify]는 테스트 및 운영 환경 모두를 포함하는 서버 팜에 도커 컨테이너를 배포한다. 규모를 감안할 때, 특정 클러스터가 실패할 때를 알아내는 것이 중요하므로, 스포티파이는 스트레스 테스트를 처리하는 자체 도구를 만들기로 했다. 바로 docker-stress라는 도구로 https://github.com/spotify/dockerstress에서 사용할 수 있다. 스포티파이는 docker-stress를 사용해 도커 호스트에 대한 컨테이너 밀도를 테스트할 수 있는데, 이는 동시에 실행할 수 있는 전체 컨테이너의 수를 의미한다. 이 도구는 제한된 기간 동안 동작할 수 있는 단일 호스트 내의 작업자 컨테이너 수를 생성한다. 다음의 명령으로 실행할 수 있다.

```
./docker-stress -c 100 -t 15
```

이 명령은 수명이 각각 15초인 100개의 컨테이너를 만든다. docker-stress는 docker-monitor를 사용해 스트레스 테스트의 상태를 모니터링할 수도 있다. 다음의 docker-monitor 명령은 정해진 시간 간격(500초) 동안 상태 검사를 수행하고 모든 실패 결과를 지정한 전자 메일 주소로 보낸다.

```
./docker-monitor -t 500 -e den@contoso.com
```

스테이징 배포

스테이징 환경은 릴리스 후보가 배치되는 배포 대상이다. 이 후보는 사용자 승인 테스트와 같은 모든 최종 검증 프로세스를 거쳐야 하는 '준비된' 코드로 간주한다. 사용자 승인 테스트는 프로세스에 대한 비즈니스 소유자와 같은 사용자가 해당 서비스가 올바로 도작하는지 검증하는 것이다. 애플리케이션이 연결된 대상 데이터베이스와 서비스처럼 환경 구성과 관련해 테스트할 추가적인 차이점 역시 많을 수 있다. 개발과 QA 환경에서 데이터베이스와 서비스가 독립적인 테스트 끝점을 가리키고 있는 반면, 스테이징 환경은 운영 데이터베이스를 가리킬 수 있다.

수동/예비 테스트

가장 원시적인 테스트 유형 중 하나지만, 동시에 최종 사용자가 직접 수행한 결과를 만들어 낼 수 있고, 개발 팀에서 보고된 버그를 신속하게 검증하거나 재현하는 데 유용하다. 마이크로서비스의 경우 수동 테스트는 특정 REST 호출에서 처리되지 않은 예외를 일으키고 전체 시스템에 큰 영향을 끼치는지 확인할 수 있다. 하지만, 데브옵스에서 수동 테스트는 거의 사용하지 않으며, 사용한다 해도 동적 환경에서 비효율적이며 누락되는 경우가 발생할 수 있다. 수동으로 수행할 수 있는 작업은 종종 쉽게 자동화될 수 있다.

서비스로서의 수동 테스트

예를 들어, 금융 서비스 회사에서 릴리스 전에 보안이나 규정 준수 감사를 필요로 하는 경우처럼, 조직에서 수동 테스트를 원하거나 필요로 하는 경우 한 가지 옵션은 이를 수행하기 위해 가능한 자동화에 가깝게 수동 테스트 서비스를 사용하는 것이다. 레인포레스트 QA$^{Rainforest QA}$(http://bit.ly/rainforestqa)에서는 '자동화의 속도로 사람 직접 테스트'를 제공한다. 예를 들어 QA에서 스테이징으로 앱을 승격할 때, 레인포레스트 QA는 CI 시스템에서 웹후크^{webhook}를 수신 대기하고 실제 사람이 수행하는 수동 테스트를 시작할 수 있다.

운영 환경의 테스트

6장의 서두에 언급한 것처럼, 애플리케이션을 운영으로 배포하는 프로세스는 상당한 긴장감을 줄 수 있다. 운영 환경에 새로운 버전을 배포하는 데 따른 위험과 두려움을 피하는 데 사용할만한 여러 가지 방법이 있다. 애플리케이션이 완전히 공개됐을 때도, 복원력과 안정적인 서비스를 보장하기 위해 수행할 다른 많은 테스트가 남아있으면 테스트는 여전히 끝나지 않은 상태다.

카나리아 테스트

카나리아^{canary} 테스트는 새로운 서비스에 버그나 병목 현상이 있는지 확인하기 위해 소규모 사용자 기반에 새로운 버전의 마이크로서비스를 배포하는 데 사용된 기법이다. 카나리아 테스트를 하려면, NGINX의 `split_clients` 모듈과 같은 도구를 사용해 라우팅 규칙을 기반으로 트래픽을 분리할 수 있다. 또 다른 옵션이 넷플릭스의 주울^{Zuul}(http://bit.ly/netflixzuul)이며 라우팅 규칙 집합을 기반으로 새 서비스를 카나리아 테스트하는 데 사용할 수 있는 에지 서비스^{Edge service}다.

페이스북에서는 게이트키퍼^{Gatekeeper}를 사용하는데, 이 도구는 개발자가 특정 사용자 그룹이나 지역, 인구통계학적 세그먼트에만 변경을 배포할 수 있는 기능을 제공한다. 마찬가지로 마이크로소프트의 빙^{Bing} 팀에서는 회사 네트워크의 모든 직원이 빙 검색 엔진이 고객에게 제공되기 전에 'dogfood'로 일컫는 실험적 버전을 사용하게 하는 라우팅 규칙이 있다. 예를 들어 새로운 마이크로서비스 버전을 카나리아 테스트를 수행한다고 하자. 그림 6.11에서 보는 것처럼 트래픽을 분리해서 초기 트래픽의 99%가 현재 릴리스(v1.0)로, 1%의 트래픽이 새로운 릴리스(v1.1)로 가도록 할 수 있다. 새로운 릴리스가 잘 수행되면(측정 대상에 관한 더 자세한 정보는 7장, '모니터링' 참고), 트래픽의 100%까지 새로운 릴리스를 사용할 때까지 점진적으로 트래픽의 양을 늘릴 수 있다. 공개한 기간 동안 새 릴리스가 실패하면 언제든지, 롤백하고 다시 배포할 필요 없이 모든 트래픽이 v1.0을 사용하도록 쉽게 토글할 수 있다.

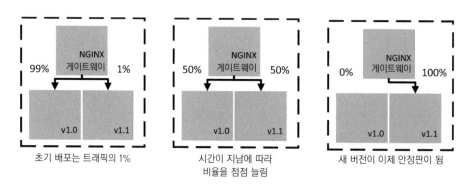

▲ **그림 6.11** 카나리아 테스트를 사용해 새로운 마이크로 서비스 버전 배포하기

배포가 복잡성 정도에 따라, 카나리아 테스트를 수행해 여러 머신과 지역에 공개할수 있다. 예를 들어, 가상 머신에 대한 로깅 서비스 공개가 한 머신에서만 동작한다면, 서비스 내의 모든 머신에 천천히 공개한 다음, 지역 내의 모든 서비스로 확대한다. 해당 지역에서 서비스가 성공적으로 올라오고 실행되면, 서비스를 완전히 배포할 때까지 다음 지역으로 계속 공개를 확대한다. A/B 테스트와 카나리아 테스트를혼동하지 않도록 하자. 카나리아 테스트는 일부 사용자 집합에 빌드를 배포해 품질을 보증하는 개념인 반면, A/B는 핵심 성능 메트릭이 증가하는지 확인하는 기능 변경과 관련 있다.

A/B 테스트

A/B 테스트는 성능과 검색 기능, 사용성의 측면에서 두 버전의 기능이 서로 어떻게쌓여 있는지 측정하는 방법이다. A/B 테스트를 설정할 때, 테스트 관리자는 두 개의사용자 그룹을 설정한다. 하나는 대조군control group이고, 다른 하나는 보통 대조군 보다훨씬 적은 실험군treatment group이다. 예를 들어, Outlook.com에서 전자 메일 메시지본문의 아래에 포함된 수신거부 버튼을 위로 옮기는 실험을 하면서 사용자는 제품의 '수신 거부' 기능을 인식하지 못했다는 가설을 세웠다. 수신 거부 기능을 UI에서더 쉽게 찾을 수 있는 위치로 이동한 실험군을 공개하고, 전 세계 Outlook.com 사용자의 10%에 제공했다. 지정된 기간 동안 데이터를 분석했을 때 더 찾기 좋은 위치로 기능을 단순히 이동한 것으로 수신 거부 기능의 사용율이 더 높은 것으로 나타났다.

내결함성과 복원력 테스트

내 결함성을 종종 오류 주입 테스트라고하며, 앱을 이루는 마이크로서비스의 집합이 특정 시점에 트리거 될 수 있는, 피할 수 없고 잠재적으로 감지하기 어려운 문제를 갖는다는 의미다. 개발자는 특정 상황에서 시스템이 실패 상태에 빠진다고 가정한다. 내결함성 테스트는 중요한 마이크로서비스 중의 하나 또는 다수가 실패해 더이상 사용할 수 없는 시나리오를 다룬다. 해결책은 예외 처리나 오류 처리의 두 가지 선택지가 있다. 예외 처리는 기본 '엔진'이 뭔가에 문제가 있고 사용자에게 오류에 관해 통지할 수 있는 지점까지 계속 동작할 수 있다고 인식하며, 오류 복구 상태에 있어도 잠재적으로 스스로 그 문제를 처리할 수 있다는 의미다. 반면에 오류 처리를 사용하면 시스템에서 오류를 완전히 방지하고 나쁜 일이 발생하기 전에 조치를 취할 수 있다.

서비스 구축의 다른 측면과 마찬가지로, 복원력이 반드시 선형 구현 규모를 따르는 것은 아니다. 서비스가 내결함성 환경에서 동작한다고 해서 모든 도구와 패턴이 내결함성 동작을 포함해야 한다는 의미는 아니다. 전자상거래 회사인 Shopify의 사례에서, 그림 6.12에서 보는 것처럼 적절한 인프라 구조에 따른 투자 수준을 묘사하는 복원력 성숙도 피라미드가 있다.

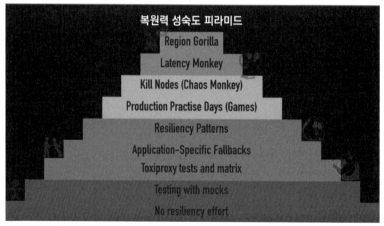

▲ **그림 6.12** Dockercon 2015에서 Shopify가 발표한 복원력 성숙도 피라미드

피라미드의 위로 이동하려면, 광범위한 인프라를 테스트하고 강화해 고가용성을 보장해야 한다. 서비스는 컴포넌트가 일시적으로 자동 해제되거나 시기적절하게 교체돼야 하는 시나리오를 다루는 데 필요하다. 앞서 모의 테스트를 설명했지만, 특히 살펴볼 두 가지 도구가 Toxiproxy와 Chaos Monkey다.

- **Toxiproxy**는 네트워크 연결을 테스트하고 네트워크에서 야기되는 단일 실패 지점을 확인하기 위해 설계된 네트워크 프록시 도구로 다음 위치에서 구할 수 있다.

  https://github.com/Shopify/toxiproxy

- **Chaos Monkey**는 Symian Army 복원력 도구 집합의 일부로, 시스템 그룹(Auto Scaling Groups 또는 ASGs)을 식별하고 무작위로 그룹 내의 가상 머신을 골라서 종료한다. 이 서비스는 사전 정의된 일정으로 실행되며, 엔지니어가 중요 서비스 다운타임에 신속하게 대응하고 시스템에서 치명적인 오류에 대해 자가 처리할 수 있는지 테스트한다. 이 도구는 다음 위치에서 구할 수 있다.

  https://github.com/Netflix/SimianArmy

연속 업데이트 도구 선택

연속 업데이트 프로세스를 설계할 때, 사용할 수 있는 다른 옵션을 평가하는 일이 아주 중요하다. 널리 두루 적용되는 솔루션은 없지만, 이 절에서는 답을 찾는 데 필요한 핵심 질문 몇 가지를 살펴보고 서로 다른 서비스가 서로 어떻게 배치되는지 비교한다. 이 가이드는 그 밖의 모든 것에 적용하는 데 포괄적이지는 않지만, 데브옵스 세계의 주요 주자가 누구이며 조직에서 이들을 어떻게 활용할 수 있는지 제공한다.

온프레미스 또는 호스팅?

고려할 첫 번째 옵션은 온프레미스 연속 배포 파이프라인 또는 호스팅 서비스를 사용할지 여부다. 온프레미스의 경우, 조직은 하드웨어와 네트워킹, 새로운 버전에 대한 업그레이드, 지원 이슈를 포함해 도구와 인프라에 대한 유지관리 및 서비스 공급자가 된다. 일반적으로 온프레미스 도구를 사용하는 조직은 온프레미스 도구에 대한 기존 투자나 소스 코드가 회사의 외부에서 호스팅되는 것을 금지하는 기업 정책 때문에 그렇게 한다. 규정 준수 외에도, 로컬 솔루션을 갖는 이점이 몇 가지 있는데, 예를 들어 필요에 따라 연속 업데이트 파이프라인을 완전히 제어하고 조정할 수 있기 때문에 자체 도구나 인증 메커니즘, 기존 워크플로에 통합할 수 있다는 점도 그 중 하나다.

호스팅 인프라는 온프레미스 배포의 대안이다. 인프라가 외부 서버에 호스팅되며, 보통 규모와 지리적 지역 분산에 맞춰 최적화된다. 호스트에서 SLA^{Service Level Agreement}를 통해 가용성 보장과 성능을 포함해 모든 유지관리를 책임진다. 서비스에 대한 업데이트는 호스팅 회사에서 관리되지만, 직접 서비스 호스팅을 완전히 제어할 수는 없다.

오늘날 많은 회사에서 온프레미스 도구를 사용 중이지만, SaaS^{Software-as-a-Service} 솔루션은 풍부해지고 인기는 계속 높아지고 있다. IDC^{International Data Corporation}는 2018년까지 전 세계 기업용 애플리케이션의 거의 28%가 SaaS 기반이 될 것으로 전망했다 (http://www.idc.com/getdoc.jsp?containerId=US41913816).

온프레미스 또는 호스팅 빌드 에이전트

온프레미스나 호스팅 서비스 선택 여부에 따라 개발 팀이 빌드 에이전트에 대한 완전한 제어가 필요할 때가 많다. 빌드 프로세스는 빌드 컨트롤러와 빌드 에이전트 두 가지로 구성된다. 빌드 컨트롤러는 기존 에이전트 풀을 관리하는 오케스트레이터이며, 빌드 에이전트는 실제 빌드 프로세스를 처리한다. 빌드 에이전트는 일반적으로 별도 머신이나 도커 컨테이너에서 호스팅되며 요구에 따라 확장할 수 있다.

빌드 에이전트는 소스 파일을 가져와 워크스페이스를 확인하고, 코드를 컴파일해 모든 필요한 테스트를 수행한 다음 최종 버전의 제품을 만들어 내는 일을 담당한다. 오늘날 시장에서 사용할 수 있는 연속 업데이트^{CD} 솔루션의 대부분은 다양한 구성을 할 수 있는 빌드 에이전트를 제공한다. 예를 들어, VSTS^{Visual Studio Team Services}는 조직에서 에이전트 풀을 직접 만들어 선언된 많은 기능을 수행할 수 있는 무제한의 빌드 에이전트와 함께 프로비저닝할 수 있다. VSTS에서 빌드가 시작될 때마다, 에이전트 풀은 알맞은 에이전트를 선택하기 위해 제시된 요구를 기반으로 검사한다. 또 다른 CD 서비스인 팀시티^{TeamCity}는 팀시티 서버에서 별도로 설치해 구성하는 사용자 지정 빌드 에이전트를 만드는 기능을 제공한다. 아틀라시안^{Atlassian}(https://www.atlassian.com)은 로컬과 원격 뱀부^{Bamboo} 에이전트를 지원하며, 그 외에 아마존 EC2^{Elastic Compute Cloud}에서 실행되는 원격 에이전트인 엘라스틱^{elastic} 에이전트를 다룰 수 있다.

최고의 솔루션 또는 통합 솔루션?

도구를 결정할 때 또 다른 일반적인 질문은 팀이 필요한 각 작업에 최고의 솔루션을 선택할 것인지, 보다 통합된 솔루션을 선택할 것인지 여부다. 많은 조직에서 이런 선택은 한 벤더만 채울 수 있는 매우 구체적인 요구 사항이 있는지, 기존 도구를 통합해야 하는지 여부나 조직에서 결정을 내리는 방법에 따른다. 예를 들어, 하향식 의사 결정은 통합 솔루션을 선호하는 경향이 있으며, 상향식 의사 결정은 최고의 도구를 고르는 경향이 있다. 오늘날 많은 선택지가 있으므로 데브옵스 장바구니에 많은 도구를 채우고 배포하는 일이 수월하며 이들 도구가 잘 동작할 것으로 기대할 수 있다. 작업 항목 추적에 아틀라시안 지라^{Atlassian JIRA}, 연속 통합에 팀시티, 그리고 릴리스 관리에 VSTS^{Visual Studio Team Services}를 활용하는 시나리오를 생각해보자. 여러분이 필요한 워크플로에 대해 이들 도구들 간의 적합한 끝점과 확장성을 보장하는 비용은 더 높다.

그렇다면 하이브리드 파이프라인을 실행할 때의 위험은 무엇일까? 주된 위험은 도구들 간의 통합이 생각만큼 부드럽지 않다는 것이다. 기존 도구에서는 부드러운 통합이 그리 쉽지 않다. 가장 일반적인 시나리오는 알맞은 모든 기능을 프로그래밍 방식으로 노출되는 것이다. 예를 들어, 팀시티는 JIRA와 더 깊은 통합을 제공하는 애드온을 개발해 연속 통합 서비스와 작업 항목 추적 시스템 간의 표준 일방 통행방식 이상을 가능하게 했다. 단점은 이 확장 기능은 무료가 아니라는 점이다. 따라서 이미 배포한 시스템을 통합하는 데 추가 비용이 든다. 다른 통합 시나리오에서는 이것이 별로 문제가 되지 않는다. 예를 들어, 팀시티는 VSTS와 직접 통합돼 소스 코드를 가져온 다음 통합 작업을 수행한다. 핵심은 모든 부분이 함께 동작하도록 하기 위해 작업해야 할 부분에 제법 있다는 점이다.

대안으로, 하나의 패키지에서 모든 기능을 갖춘 통합 솔루션을 사용할 수도 있다. 이런 방식은 모든 부분이 이미 구성된 도구체인에 통합됐으므로 빌드나 릴리스 프로세스가 다르거나 잠재적으로 호환되지 않는 컴포넌트에 의존하는지 여부에 관해 걱정할 필요가 없다. 통합된 도구는 확장성도 높으므로, 팀에서 기존 작업흐름에 추가 도구를 필요로 하는 상황에서, 구성 파일을 만들고 알맞은 바이너리를 지정하는 것만으로 해결되기도 하는 문제다.

도구에서 필요한 확장을 제공하는가

또 다른 요점은 선택하는 도구가 확장성을 갖도록 설계됐는지 확인하는 것이다. 대부분의 상업용 솔루션은 이미 체크인에서부터 빌드, 운영 환경으로 배포에 이르는 프로세스가 정형화되고 문서화돼 있으므로 추가 구성을 수행할 필요가 거의 없다. 즉, 조직은 제품을 유지관리하는 데 개발자 도구체인에만 의존하는 경우는 거의 없다. 사용자가 제품의 방향에 핵심적인 기여를 하는 세계에서, 몇몇 변경할 수 있는 부분이 핵심적인 역할을 할 수 있다. 가상의 스타트업 시나리오에서, 팀 커뮤니케이션은 슬랙Slack을 통해 이뤄지며, 외부 사용자는 유저보이스UserVoice를 통해 많은 양의 피드백을 제공하고, 제품의 오픈 소스 부분에 대한 기여자는 깃허브를 통해 문제를 제기한다. 작업의 경우 팀에서는 Trello나 Jixee, 또는 칸반 툴Kanban Tool을 사용한다. 이런 상황에서는 예를 들어 배포 오류를 슬랙 메시지를 통해 운영 팀에 전송하는 것처럼, 이미 사용하는 도구가 통합돼는지 확인하는 유연성이 필요하다.

CD 플랫폼을 선택할 때, 장기적으로 플랫폼을 얼마나 오랫동안 사용할지에 대한 지표가 되는 확장성을 간과해서는 안 된다. 요구 사항이 변경되면 도구가 변경되고 그 도구에 적응할 수 있어야 한다. 여러분과 조직은 고객 피드백 채널을 전환했기 때문에 전체 인프라를 다시 조정하고 수동으로 기능 확장을 시도해야 하는 상태에 처하기를 원치 않을 것이다.

다음은 데브옵스 도구를 선택할 때 고민해야 할 몇 가지 핵심 기준이다.

제품이나 서비스에서 Azure나 도커를 사용한 프로비저닝과 배포 도구를 포함하는가

마이크로소프트 Azure는 Azure 리소스 관리자 템플릿과 확장 가능한 저장소, 가상화된 리소스에 대한 API 후크를 통한 VM 프로비저닝과 같은 일련의 서비스를 제공해 데브옵스 프로세스를 크게 간소화한다. 선택한 도구에서 배포뿐만 아니라 배포가 실패할 때 풍부한 진단정보를 받도록 일급 배포 대상으로 Azure를 지원하는지 여부를 고려해야 한다. 마찬가지로, 도커에는 어떤 도구나 서비스가 있을까? 도커 이미지 구축이나 배포를 위한 도커 컴포즈 사용, 도커 레지스트리에 이미지를 넣거나 가져오는 일반적인 워크플로가 있는가? 배포할 때 쿠버네티스나 메소스피어와 같은 오케스트레이션 도구를 통합하는 작업은 얼마나 어려울까?

도구에서 인기있는 테스트 도구와 통합을 포함하는가

작업하고 있는 프로젝트가 무엇이든, 모든 단계에서 엄격하게 테스트해야 한다. 즉 CD 파이프라인에서 소나큐브, xUnit, 셀레니움 등의 가능한 범위의 테스트 도구와 긴밀하게 통합되어야 한다는 뜻이다. 팀에서 사용할 테스트 도구가 무엇인지 확인하고 그 도구에서 연속 업데이트 프로세스의 일부로 쉽게 통합하는 방법을 제공하는지 확인해야 한다.

도구에서 환경 간에 수동이나 자동으로 승격시키는 방법을 포함하는가

조직의 프로세스에 따라 마이크로서비스 배포는 체크인에서 운영까지 완전히 자동화(연속 배포)나 프로세스가 운영까지 자동화되지만 운영 배포는 수동인 대부분의 자동화(연속 업데이트), 또는 각 환경의 승격이 끝나고 QA 팀이 서명하는 완전 수동이 될 수 있다. 어떤 도구를 선택하든 이상적으로 3가지 옵션 모두를 선택하거나 수동과 자동화된 환경 승격 간에 전환할 수 있어야 한다. 완전 자동화를 고려해야 할 한가지 주의사항은 QA 엔지니어가 기존 빌드의 유효성을 검사하는 동안 또 다른 빌드가 동일한 환경으로 넘어오는 시나리오다. 일부를 교환해 이전에 수행한 작업을 모두 무효화하는 것은 불편할 것이다. 물론 하나의 시나리오일 뿐이며, 자동 승인도 환경간의 코드를 이동하는 것과 마찬가지로 중요하므로, 서비스에 수동 대 자동 테스트의 적절한 균형이 어느 정도인지 결정해야 한다.

도구에서 감사를 위해 배포를 추적하는 방법을 포함하는가?

우리는 더 이상 일주일에 한 번의 배포를 하는 세상에서 운영하지 않는다. 대신 10번의 배포(때에 따라서는 수백 번)가 하루에도 일어날 수 있다. 이러한 배포가 일어나는 시점에서 어떤 변경이 이뤄졌고 누가 했으며 어떤 프로세스를 통해 일어났는지 알아야 한다. CD 인프라에 대한 도구를 선택할 때, 감사 커버리지의 확장성이 얼마나 되는지 고려하자. 예를 들어, 옥토퍼스 디플로이Octopus Deploy는 배포 프로세스 변수, 프로젝트에 대한 이벤트, 환경, 배포 대상과 릴리에 대한 변경을 캡처하는 것은 물론, 캡처한 상태에 따라 배포를 대기열에 넣거나 취소할 수 있다.

젠킨스와 팀 서비스, 뱀부, 투툼의 비교

연속 통합은 프로세스의 핵심이다. 젠킨스와 VSTSVisual Studio Team Services, 아틀라시안 뱀부Bamboo와 같은 최고의 제품 몇 가지를 비교해보자.

빌드를 만드는 관점에서, 이들 제품 3가지 모두는 다소 비슷한 상용구를 제공한다. 뱀부는 Build Plan에 의존하고 젠킨스는 Build Project(또는 Build Job)를 만들어야 하고, VSTS는 Build Definitions에 의존한다.

뱀부에서는 하나의 계획이 여러 단계로 구성된다. 앞서 설명한 것처럼, 소스 코드 가져오기와 모든 아티팩트 수집, 필요한 모든 테스트 수행, 프로세스에 필요한 부분을 포함한다. 각 단계는 순서대로 실행이 스케줄링된다. 단계중의 하나가 실패하면, 뱀부는 자동으로 다음 단계로 넘어가지 않는다. 하나의 뱀부 단계 내에는 빌드 에이전트에서 다른 기능을 필요로 하는 여러 개의 Build Job이 있는 경우도 있다. Build Job의 멋진 기능은 병렬로 작업을 실행하고 인접한 작업에 더 이상 영향을 끼치지 않는 다는 것이다. 게다가 각 작업은 Build Task에서 순서가 지정된다.

젠킨스는 뱀부와 달리, 하나의 계획 내에서 세분화된 하위 단계를 갖지 않는다. Build Project는 하나의 빌드 계획과 비슷하며 하나의 빌드 단계에 하나의 빌드 작업, 많은 자식 작업으로 구성된다. 이들 중의 어떤 것도 Multijob 플러그인의 도움이 없이는 병렬로 실행할 수 없다. 젠킨스의 주요 강점 중 하나는 도커 워크플로에 쉽게 통합하게 하는 많은 확장 기능을 갖춘 서드파티 에코시스템이다.

Visual Studio 팀 서비스는 Build Definition에서 사용자 지정이 가능하고 확장 가능한 일련의 작업으로 연속 통합 단계를 정의하는 기능을 제공한다. 또한 개발과 QA, 스테이징, 운영 환경과 같은 여러 환경을 정의할 수 있도록 지원한다. 그림 6.13은 ARM 템플릿 생성과 도커 컨테이너 생성, 파워셸 셀레늄 스크립트 실행을 포함하는 개발 환경을 만드는 데 필요한 작업을 나타냈다.

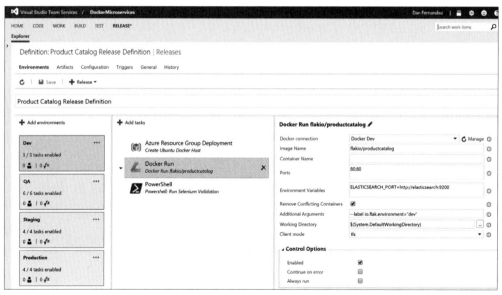

▲ **그림 6.13** 팀 서비스 환경과 작업

도커 클라우드

이전에 투툼^{Tutum}이라고 불렸던 도커 클라우드는 이젠 정식으로 출시됐다. 도커 클라우드는 도커 리포지토리에서 그림 6.14에서 나타낸 것처럼 AWS와 Azure, 디지털 오션^{Digital Ocean}, 소프트레이어^{SoftLayer} 같은 클라우드 공급자가 호스팅하는 인프라로 도커 컨테이너를 쉽게 배포할 수 있게 만드는 핵심 목표를 염두에 두고 개발됐다.

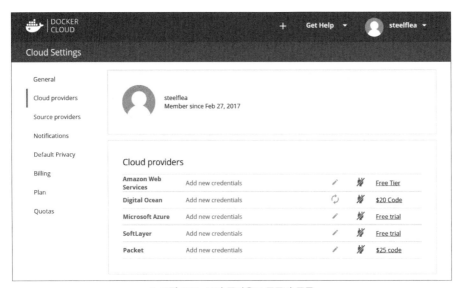

▲ **그림 6.14** 도커 클라우드 공급자 목록

도커 클라우드는 개인 레지스트리를 설정하는 작업을 줄여주는 무료 개인 도커 레지스트리도 제공한다. 게다가, 도커 클라우드에서는 여러분의 컨테이너가 배포될 때마다 바인딩된 노드 리소스가 해당 작업에 가장 효율적인 방식으로 활용되도록 함으로써, 비용을 최소화 한다. 도커 클라우드는 분명 클라우드에 컨테이너를 배포하기 위한 가장 사용자 친화적인 도구 중의 하나이지만, 여러 환경을 시각화하는 도구나 배포 단위나 코딩된 UI 테스트, 성능 테스트를 검증하는 통합 테스트 도구를 포함하지 않는다.

전체 도커 클라우드 프로세스는 5단계로 구성된다.

1. 클라우드 공급자를 도크 클라우드 계정에 연결한다.

2. 노드를 앞서 연결한 공급자에 배포한다. 노드는 단순히 컨테이너를 실행할 리눅스 VM을 설명하는 용어다.

3. 서비스를 만든다. 서비스는 동일한 리포지토리에 속하는 도커 컨테이너의 집합을 나타낸다.

4. 전체 애플리케이션을 나타내는 서비스 컬렉션(스택)을 만든다.

5. 도커 이미지를 포함하는 리포지토리를 관리한다.

요약

자동화와 연속 업데이트, 단위 테스트, 통합 테스트, 성능 테스트와 같은 데브옵스 관례를 적용하는 일은 릴리스의 민첩성과 품질을 개선하는 분명한 이점을 제공한다. 이들 도구는 연속 업데이트 파이프라인을 더 쉽게 만들게 하지만, 이 프로세스는 개발과 운영 팀에 만들어낸 협업 문화와 사람에 기반을 두어야만 성공한다.

☑ 7장

모니터링

5장과 6장에서 컨테이너를 적용한 마이크로서비스 기반 애플리케이션을 설계하고 개발하는 방법을 배웠다. 마이크로서비스의 핵심 개념을 상기해보면, 느슨한 결합과 유연한 아키텍처를 갖도록 서비스가 API를 통해 서로 통신한다는 것을 알 수 있다. 이와 같은 환경은 모니터링과 운영 관리를 제공할 때 일련의 문제를 야기한다. 다음과 같은 질문이 나온다. 시스템에서 부하를 더 이상 처리할 수 없는 경우 다른 서비스 인스턴스를 시작해야 한다는 것을 어떻게 알 수 있을까? 리소스 제약 조건으로 실행되고 있는 호스트 VM을 또 다른 호스트 VM으로 전환해야 한다는 것을 어떻게 알 수 있을까? 이 모든 질문에 답하려면 효과적인 모니터링이 필요하다. 사실 모니터링은 마이크로서비스 아키텍처의 중요한 측면 중 하나다. 7장에서는 각 컴포넌트에 대한 모니터링이 의미하는 바와 문제점, 모범사례를 자세히 살펴보고, 사용할 수 있는 마이크로소프트 모니터링 솔루션 몇 가지를 살펴본다.

일반적인 마이크로서비스 기반 애플리케이션의 모든 컴포넌트를 모니터링하는 것이 상당히 어려운 문제임을 설명하기 위해 이런 애플리케이션을 호스팅하는 환경의 개념적 뷰를 다시 살펴볼 필요가 있다. 그림 7.1은 5장에서 이미 살펴본 환경이다.

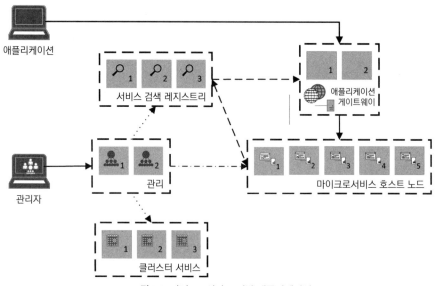

▲ **그림 7.1** 마이크로서비스 기반 애플리케이션

5장, '서비스 오케스트레이션과 연결'에서 배운 것처럼, 이러한 환경의 구성 요소는 클러스터 관리 또는 서비스 레지스트리와 같은 시스템 서비스를 호스팅하는 가상 머신에서부터 도커 컨테이너에서 완전히 실행되는 애플리케이션 서비스에 이르기까지 다양하다. 많은 서비스에서 장애조치 모드를 설정하므로, 호스트 VM이나 서비스 실패의 경우 또 다른 호스트 VM으로 장애 조치할 수 있다. 모니터링 관점에서 모니터링해야 할 3가지 주요 구성 요소는 다음과 같다.

- 호스트 머신
- 컨테이너
- 컨테이너에서 호스팅되는 서비스

░ 호스트 머신 모니터링

호스트 시스템 모니터링이 의미하는 바가 무엇이며 그렇게 해야 할 이유가 뭘까? 몇 초만에 컨테이너를 전환할 수 있다고 배웠는데, 컨테이너를 단순히 모니터링하면 되지 않을까?

어떤 이유로 호스트 머신이 다운되거나 규모가 축소되는 경우, 더 이상 요청을 받아들일 수 없는 경우는 어떻게 될까? 이러한 시나리오가 가능하기 때문에, 이런 경우에 대응할 준비를 해야 한다. 호스트 머신 모니터링에 대한 또 다른 이유는 어떤 종류의 리소스 제약조건으로 실행 중인지 찾아내는 것이다. n개의 컨테이너를 신속하게 전환할 수 있지만, 호스트 VM에서 실제로 전환할 수 있는 수는 호스트 시스템에서 사용할 수 있는 메모리와 CPU 같은 리소스에 달렸다. 호스트 머신을 모니터링함으로써, 새로운 컨테이너용 새 호스트 머신으로 전환해야 할지, 컨테이너를 한 호스트에서 다른 호스트로 이동해야 할지를 알아낼 수도 있다. 이런 결정을 내리려면 최소한 다음의 구성 요소를 모니터링해야 한다.

- CPU
- RAM
- 네트워크
- 디스크
- **CPU**: 호스트 시스템의 CPU를 모니터링해야 할 이유는 분명하다. 알게 되겠지만, 각 컨테이너의 CPU 사용량을 모니터링할 수 있지만, 모든 컨테이너의 CPU 사용량을 집계하지는 못한다. 이는 기본 호스트의 더 큰 인스턴스가 필요한지 여부나 또 다른 호스트 인스턴스로 전환할지 여부를 알아내는 데 중요한 지표다.
- **RAM**: CPU와 마찬가지로, 호스트의 또 다른 컨테이너로 전환하거나 클러스터에 또 다른 VM을 추가할지 여부를 결정하기 위해 모든 컨테이너의 RAM 사용량을 집계하는 모니터링이 필요할 수도 있다.

- **네트워크**: 명확하지 않을 수도 있지만, 컨테이너 끝점을 호스트 시스템의 끝점에 매핑해서 많은 네트워크 애플리케이션을 실행하는 경우 병목이 일어나는 네트워크 인터페이스 카드를 찾을 수 있다.

- **디스크**: 디스크 I/O는 실제로 살펴봐야 하지만 자주 간과되는 측정 지표 중 하나다. 많은 I/O 작업이 실행되지만 호스트 시스템에 연결된 디스크가 충분히 높은 IOPs를 제공하지 않는 경우 서비스 성능이 저하될 수 있다. 데이터베이스와 같은 데이터 저장소 솔루션을 포함하는 컨테이너는 I/O가 많이 일어나는 서비스에 대한 좋은 예다.

컨테이너 모니터링

전형적인 컨테이너를 사용하는 환경에서, 하나의 호스트 머신에서 많은 컨테이너를 실행할 수 있다. 매크로 모니터링 관점에서, 우리는 컨테이너 상태의 개요를 얻고 싶어 한다(예를 들어, 호스트 VM의 정상적인 컨테이너 vs. 비정상 컨테이너의 수 또는 호스트 VM에서 실행 중인 웹 컨테이너 수 vs. 데이터베이스 컨테이너 수). 이 데이터는 클러스터에 하나 이상의 VM을 갖는 경우 특히 중요하며, 거의 모든 실세계 시나리오가 이런 경우다. 이를 통해 어떤 컨테이너와 서비스의 유형이 클러스터 전체에 어떻게 분산되는지 통찰력을 얻을 수 있으므로 원하지 않는 동작을 수정할 수 있다. 예를 들어, 시간이 지남에 따라 데이터베이스를 호스팅하는 컨테이너에서 게이트웨이로서만 동작하는 컨테이너보다 많은 리소스를 사용한다는 것을 알 수 있다. 그런 다음 이 데이터를 통해 더 많은 RAM과 CPU를 제공하는 더 큰 VM에 데이터베이스 컨테이너, 더 작은 VM에서 게이트웨이 컨테이너를 배치하기 위해 스케줄러에 알릴 수 있다(오케스트레이션과 스케줄링에 관한 더 자세한 정보는 5장을 참고한다).

따라서 각 컨테이너 수준에서 모니터링할 것은 CPU와 메모리, 네트워크, 디스크를 포함한 기존의 런타임 메트릭이 여전히 중요한 지표다. 예를 들어, 메모리 사용률을 모니터링하면 컨테이너의 서비스로 인한 잠재적인 메모리 누수를 감지할 수 있다.

컨테이너의 이러한 메트릭을 모니터링하는 것은 호스트 VM에서 나오는 메트릭처럼 다른 메트릭과 함께 결합할 수 있으므로 아주 중요하다. 결합된 실시간 런타임 메트릭만 올바른 결정을 내리게 해주는 상황이 있다.

다음의 시나리오를 생각해보자. 컨테이너 중의 하나가 아주 높은 CPU 사용률을 보인다. 배웠던 것처럼, 컨테이너를 신속하게 전환할 수 있으므로, CPU를 더 추가하기 위해 다른 컨테이너로 전환할 수 있다고 생각할 수도 있다. 하지만, 현재 호스트 환경에서 적은 CPU로 실행 중이라면, 새 컨테이너를 추가할 수 없다. 이 경우 먼저 새로운 호스트 VM을 추가한 다음, 컨테이너를 올려야 한다.

그렇다면, 도커는 모니터링에 필요한 데이터를 어디서 생성할까? 답은 도커가 컨트롤 그룹과 네임스페이스라는 두 개의 리눅스 커널 메커니즘(2장에서 컨트롤 그룹과 네임스페이스를 다뤘다)에 의존해 격리된 컨테이너 환경을 만든다는 것이다.

이 두 가지 기능도 기본 컨테이너 런타임 메트릭을 제공한다.

- 컨트롤 그룹은 의사 파일시스템을 통해 CPU와 메모리, 디스크 사용량에 관한 메트릭을 노출한다. 우분투 14.04, 센트OS 7, 레드햇 엔터프라이즈 리눅스 7 등의 리눅스 커널 3.x 이상을 사용하는 대부분의 최신 리눅스 배포판은 자체 하위 디렉터리를 갖는 각 컨트롤 그룹을 /sys/fs/cgroup/에서 마운트한다. 예를 들어, 메모리 메트릭은 memory 컨트롤 그룹 하위 디렉터리에서 찾을 수 있다. 몇몇 오래된 시스템에서는 /cgroup에서 마운트될 수 있고 파일 계층구조도 다르다.
- 네임스페이스에서는 네트워크 메트릭을 노출한다. 시스템 콜인 setns을 활용해 현재 모니터링 에이전트 프로세스를 컨테이너의 동일한 네트워크 네임스페이스로 전환한 다음 /proc/net/dev에서 메트릭 데이터를 읽을 수 있다.

> 🅐 도커 RUNMETRICS
> 도커 런타임 메트릭에 관한 더 자세한 정보는 다음의 도커 웹 사이트를 참고한다.
> • https://docs.docker.com/engine/admin/runmetrics/

이제 데이터를 어디서 찾아야할 지 알았으므로, 이 정보를 쉽게 읽는 방법이 필요하다.

- 컨트롤 그룹과 네임스페이스에서 직접 데이터를 읽는다.
- 도커 원격^{Docker Remote} API를 사용한다.

도커 원격 API는 JSON과 GET/POST 메서드를 사용하는 RESTFul API 집합이다. 도커 원격 API v1.17 이후, 호스트에서 실행 중인 컨테이너에서 핵심 성능 메트릭을 수집할 수 있다. 이 API는 외부 모니터링 에이전트가 컨테이너 메타데이터와 생명주기 이벤트와 같은 도커 정보를 쿼리할 수 있는 프로그래밍 방식을 제공한다. API에서 반환된 정보는 컨테이너와 호스트 VM의 포괄적인 개요를 제공한다. 다음은 모니터링 관련 호출 목록이다.

- **GET/info**: 시스템 전반의 정보를 제공한다. 예를 들어, 호스트의 전체 메모리, 호스트상의 전체 컨테이너 수, 전체 이미지의 수 등을 제공한다.
- **GET/version**: 도커 버전을 제공한다.
- **GET/events**: 타임스탬프를 포함해 컨테이너 생명주기와 런타임 이벤트를 제공한다. 표 7.1에서 모든 이벤트 개요와 각 도커 명령의 개요를 나타냈다. 컨테이너 이벤트 모니터링은 컨테이너의 생명주기에서 통찰력을 제공하므로 자동화된 환경에서 전체 모니터링 전략에 중요하다.

▼ **표 7.1** 컨테이너 이벤트의 개요

이벤트	트리거 시점	연결된 도커 명령
Create	새로운 도커를 생성하거나 새로운 컨테이너 실행	docker create docker run
Destroy	컨테이너 제거	docker run
Export	컨테이너를 tar 아카이브로 내보내기	docker export
start	새로 만든 컨테이너를 시작하거나 중지된 컨테이너 시작 또는 실행 중인 컨테이너 다시 시작 또는 컨테이너 프로세스 종료 후 다시 시작	docker run docker start docker restart

이벤트	트리거 시점	연결된 도커 명령
Restart	실행 중인 컨테이너 다시 시작	docker restart
Stop	실행 중인 컨테이너 중지	docker stop
Die	실행 중인 컨테이너 중단 또는 실행 중인 컨테이너 중지 또는 실행 중인 컨테이너 다시 시작 또는 컨테이너 프로세스 종료	docker kill docker stop docker restart
Kill	실행 중인 컨테이너 중단	docker kill
pause	실행 중인 컨테이너 일시 중지	docker pause
unpause	실행 중인 컨테이너 일시 중지 해제	docker unpause
Oom	메모리 부족으로 컨테이너 중단	
exec_create/ start	docker exec 명령 실행	docker exec

예를 들어, 하나의 API GET /containers/(container_id)/stats는 통일된 JSON 형식으로 모든 CPU와 메모리, 디스크, 네트워크 사용률을 반환한다.

> **⚠ 도커 API 보안**
>
> 도커 원격 API는 UNIX 소켓을 사용하고 이 소켓을 통한 액세스 제한에 전통적인 유닉스 퍼미션 사용한다. 도커 클라이언트나, 다른 HTTP 클라이언트 사이의 통신을 안전하게 하려면, TLS 인증을 사용한다. 다음의 도커 웹 사이트에서는 TLS를 사용하는 방법에 대한 더 자세한 정보를 제공한다.
>
> • https://docs.docker.com/engine/security/security/

기본적으로 도커 원격 API는 실행 중인 호스트의 로컬 유닉스 소켓(unix:///var/run/docker.sock)에 바인딩된다. 하지만, 모니터링 에이전트(그리고 도커 원격 API와 통신하는 다른 소프트웨어)에서 네트워크를 통해 통신할 수 있도록 그 호스트의 네트워크 포트에 바인딩 할 수 있다. 따라서 잠재적으로 하나의 모니터링 에이전트를 구성해 여러 호스트에서 컨테이너 메트릭을 수집할 수 있다.

도커 원격 API v1.20에서는 1초 간격으로 해당 컨테이너에 대한 모든 메트릭을 반환한다. 메트릭 형식과 간격을 지정할 방법은 없다. 원격 API로 수백 개의 컨테이너를 모니터링하려면 상당한 오버헤드가 발생할 수 있다. 따라서 대상 환경에 리소스 제한이 있다면, 컨트롤 그룹과 네임스페이스에서 데이터를 읽는 것이 더 나은 선택일 수 있다. 한편 도커는 빠르게 진화하는 플랫폼이라서 원격 API에서 리소스 활용을 개선하기 위해 향후 릴리스에서 더 많은 사용자 지정 옵션을 제공할 것이라 기대한다.

> **노트**
>
> 다음의 도커 원격 API 웹사이트에서 다른 원격 API 버전과 메서드의 전체 목록을 제공한다.
>
> • https://docs.docker.com/v1.9/engine/reference/api/docker_remote_api/

컨테이너 관점에서 모니터링해야 할 것과 데이터를 찾는 위치, 데이터를 액세스하는 방법을 알았으므로, 이제 데이터를 수집하는 방법을 찾아야 한다. 좋은 점은 이미 많은 모니터링 솔루션을 사용할 수 있으므로 데이터를 수집하기 위해 실제로 자체 에이전트를 구축할 필요가 없다는 것이다.

하지만 중요한 질문은 모니터링 에이전트를 실행할 위치다. 대부분의 모니터링 솔루션은 호스트 VM에서 실행되는 모니터링 에이전트나, 모니터링 에이전트를 포함하는 컨테이너 중 하나를 제공한다. 선호하는 방법은 역시 에이전트를 컨테이너화하는 것이지만, 실제로는 호스트 VM과 시나리오에 달렸다.

VM에서 이미 다른 애플리케이션을 호스팅하고 있는 경우, 각 호스트에서 실행 중인 모니터링 에이전트를 확장해 도커도 지원할 수 있다. 이는 네이티브 리눅스 솔루션(컨트롤 그룹과 네임스페이스)이나 도커 원격 API 선택 여부에 관계없이 할 수 있다. 사실, 많은 기존 서버 모니터링 솔루션은 호스트 기반 에이전트에서 도커 모니터링을 사용할 수 있다. 예를 들어, Azure 진단 에이전트는 호스트 VM에서 실행되고 호스트 VM의 디렉터리에서 모든 데이터를 수집하며, Azure 저장소와 같은 다른 위치로 전송한다.

호스트 VM에서 컨테이너기반 애플리케이션만 호스팅한다면, 모니터링 에이전트를 포함해 모든 애플리케이션을 배포하고 관리하는 통합 솔루션이 필요하다. 선호하는 방법은 역시 에이전트를 컨테이너화하는 것이다. 에이전트와 모든 종속성을 하나의 이미지로 패키징해 호스트/OS에 모니터링 에이전트를 배포하고 실행할 수 있으며 다른 컨테이너 오케스트레이션 도구와 통합할 수 있다.

> **ⓐ 모니터링 에이전트**
> CoreOS 처럼 일부 특수한 도커 환경은 호스트 VM에 서드 파티 패키지 설치를 허용하지 않으므로, '모니터링' 컨테이너를 사용하는 것이 유일한 옵션이다.

⁝ 모니터링 서비스

퍼즐의 마지막 조각은 서비스 자체를 모니터링하는 부분이다. 적절한 모니터링은 애플리케이션 정상 상태를 유지하고 사용 할 수 있게 만드는 데 중요하다. 마이크로서비스 아키텍처에서 좋은 모니터링은 더 중요하다. 서비스 내부에서 발생하는 것은 물론 서비스와 서비스들에 걸친 작업 사이의 모든 상호작용을 모니터링해야 한다. 이상 현상이 발생하면, 인과 관계와 근본 원인을 이해하는 데 서비스 간 정보가 많이 필요하다. 이를 위해 다음의 설계 원칙을 포용하는 것이 중요하다.

- 로그 집계와 분석
- 활동 ID 또는 상관관계 ID 사용
- 에이전트를 작업 어댑터로 간주
- 공통 로그 형식 사용

이러한 점 외에도, 끝점 모니터링과 가상 사용자 모니터링과 같은 일반적인 표준 모니터링 도구와 기술을 적절히 활용해야 한다.

로그 집계

시스템으로의 요청은 여러 서비스에 걸치는 경우가 종종 있으며, 모든 시스템에서 요청에 대한 메트릭과 이벤트를 쉽게 확인하는 것이 중요하다. 너무 과한 로깅이나 너무 부족한 로깅을 피하기 위해 항상 수집해야 할 로그의 양을 질문해봐야 한다. 좋은 출발점은 적어도 로그에 다음의 내용이 포함되게 하는 것이다.

- **요청자 이름/ID**: 사용자가 요청을 시작하면, 사용자 이름이 있어야 한다. 서비스에서 요청을 시작하면, 서비스 이름이 있어야 한다.
- **상관관계 ID**: 더 자세한 정보는 상관관계 ID 절을 살펴본다.
- **서비스 흐름**: 요청에 대한 서비스의 진입점과 종료 지점을 기록한다.
- **메트릭**: 서비스와 서비스 메서드의 런타임 성능을 기록한다.

모든 데이터를 사용해 한 서비스의 로그에서 뭔가를 찾은 다음, 또 다른 시스템으로 가서 관련 로그를 찾는 다고 상상해보자. 몇 개의 서비스만으로도 고통스러울 것이다. 이런 일에 시간을 보내야 하는 것은 옳지 않기 때문에 모든 시스템에서 로그를 쿼리하고 확인하는 일이 쉬워야 한다.

모든 VM에서 로그를 수집하고 집계해 중앙 저장소에 전송하는 도구가 있다. 예를 들어, Elastic.co의 OSS 도구인 Logstash나, 마이크로소프트 Azure 진단 에이전트(7장 뒤에서 다룬다)를 사용해 서비스를 실행하는 모든 노드에서 로그를 수집하고 중앙 저장소에 넣을 수 있다. 데이터를 시각화하고 분석하는 데 도움을 주는 좋은 도구가 많다. 인기 있는 솔루션 중의 하나는 ELK 스택이다. 이 도구는 데이터 저장소로 엘라스틱서치, 로그 전송에 Logstash, 로그 확인에 Kibana를 사용한다.

상관 관계 ID

로그 수집외에, 로그에 상관관계를 줄 수 있어야 한다. 기본적으로, 관련 있는 로그를 찾을 수 있어야 한다. 요청이 애플리케이션에 도달할 때, 그 애플리케이션의 고유한 요청을 나타내는 활동 ID 또는 상관관계 ID를 생성할 수 있다. 이 ID는 모든 다운스트림 서비스 호출에 전달되며, 각 서비스는 이 ID를 로그에 포함한다. 따라서 요청을 처리하는 데 사용되는 모든 서비스와 시스템에서 로그를 쉽게 찾을 수 있다. 작업이 실패하면, 시스템과 서비스를 통한 작업 추적으로 소스를 확인하는 데 도움을 얻을 수 있다. 그림 7.2에서 작업의 종단 간 처리 시간을 시각화하기 위해 요청에 대한 폭포수 차트를 만드는 데 상관관계 ID를 어떻게 사용하는지 확인할 수 있다. 이 방식은 트랜잭션을 최적화하거나 트랜잭션에서 병목을 확인하는 데 사용할 수 있다.

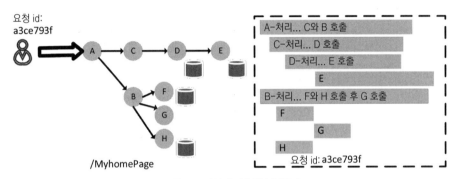

▲ **그림 7.2** 작업에 사용된 상관관계 ID

운영 일관성

각 서비스에 선택한 기술을 사용하는 자유도는 그 자체로 장점이지만, 몇 가지 운영상의 문제를 보일 수도 있다. 운영 도구와 팀은 이제 점점 더 많아지는 스택과 데이터 저장소를 처리해야 하는데, 이는 시스템 상태와 모니터링의 공통 뷰를 제공하는 데 어려움을 줄 수 있다. 모든 기술은 구성과 로깅, 원격 측정, 다른 운영 데이터를 약간 다르게 처리하는 경향이 있다. 서비스 등록과 로깅, 구성 관리와 같은 부분에 일관성과 표준 운영 인터페이스를 제공하는 것을 고려해보자.

예를 들어, 넷플릭스는 프라나^{Prana}라는 프로젝트와 종종 사이드킥^{Sidekick} 패턴이라고도 하는 사이드카 패턴을 사용해 일종의 일관성을 보장한다. 프라나 서비스는 각 가상 머신에 배포되는 운영 에이전트$^{operations\ agent}$다. 운영 에이전트는 다양한 모든 서비스를 일관성 있는 방식으로 구성과 같은 부분을 관리할 수 있다. 그다음 서비스를 구현하는 팀에서는 어댑터를 통해 에이전트를 통합할 수 있으며 원하는 모든 기술을 계속 사용할 수 있다.

공통 로그 형식

로그를 수집하고 로그 항목에 상관 ID를 던지는 것으로 충분하지 않다. 로그에 적절한 연관성을 주려면 어느 정도 일관성이 필요하다. 다음과 같은 상관 ID를 작성한다고 하자.

```
[ERROR] [2345] another message about the event - cid=1
```

또 다른 마이크로서비스 팀에서는 다음처럼 로깅 기능을 구현한다.

```
{type:"info",thread:"2345",activityId:"1",message:"my message"}
```

여기에는 몇 가지 문제가 있다. 한 가지 문제는 로그의 형식이 서로 달라서 로그 전체에서 키가 제각각이다. cid=1에 대한 로그를 쿼리 할 때, 둘 다 상관 ID를 기록하지만, 서로 다르게 부르기 때문에 두 번째 마이크로서비스의 로그를 놓치게된다. 이벤트 타임스탬프도 마찬가지다. 한 서비스는 timestamp로, 다른 서비스는 eventdate, 또 다른 서비스는 @timestamp로 표시한다면, 이들 이벤트를 서로 관련시키는 것은 어려워질 수 있는데, 시간은 이벤트간의 관계를 짓는 일반적인 속성이다. 따라서 이러한 중요 이벤트 중 일부는 모든 팀이 동일한 키 이름을 사용하거나, 최소한 Logstash와 같은 것으로 이벤트를 처리해야 한다.

키 외에도 이벤트 메시지의 형식과 의미는 분석을 위해 일관성을 가져야 한다. 예를 들어, 타임스탬프는 이벤트가 작성된 시간, 또는 이벤트가 발생한 시간을 가리킨다. 타임스탬프를 일반적으로 이벤트와 분석에 연관시키는 데 사용되므로, 일관성이 없으면 상당한 왜곡이 발생할 수 있다.

나아가 전체 조직에서 어떤 이벤트에 일관성이 필요한지 결정하고, 회사의 모든 서비스에서 해당 이벤트를 사용해야 한다. 서로 다른 범위에서 정의된 여러 부분을 가진 로그 스키마여야 다양한 조직과 애플리케이션, 마이크로서비스 경계에서 로그 이벤트의 분석을 용이하게 할 수 있다.

예를 들어, 모든 로그 이벤트에 다음과 같은 내용을 포함할 수 있다.

- timestamp라는 키와 ISO 8601 형식의 값으로 이벤트가 발생한 시간을 갖는 타임스탬프
- activityId라는 키와 고유한 문자열을 갖는 상관 ID
- activity.start와 activity.end와 같은 활동 시작 시간과 종료 시간
- level이라는 키를 갖는 심각도/수준 (경고, 에러)
- eventid라는 키를 갖는 이벤트 ID
- 서비스 전체의 이벤트를 추적할 수 있는 프로세스 또는 서비스 ID
- 해당 이벤트를 기록한 서비스를 확인하는 서비스 이름
- nodeId라는 키와 고유한 문자열로 머신 이름 값을 갖는 호스트 ID

조직에서 여러 팀이 서비스를 개발함에 따라, 이들 로그 이벤트에 의견을 같이 하고 함께 문서화하고 공유하며, 발전시키는 일이 중요하다.

공통 로그 형식 적용의 중요성에 대한 좋은 예가 Azure다. 일부 Azure 서비스는 서로 종속성을 갖는다. 예를 들어, Azure VM은 Azure 저장소에 의존한다. Azure 저장소에 문제가 있으면, Azure VM에 영향을 준다. Azure VM 엔지니어에게는 문제를 추적해 근본 원인을 찾는 일이 중요하다. Azure 저장소 구성 요소는 공통 형식과 상관관계 규칙을 따르는 전체 Azure 진단 시스템에 데이터를 기록해야 한다. Azure VM 엔지니어는 이제 상관 ID에 대한 검색만으로 Azure 저장소에 대한 문제를 쉽게 추적할 수 있다.

추가 로깅 고려 사항

앞서의 권장 사항 외에도, 로깅 전략에 다음의 사항도 고려할 수 있다.

- **동작 중인 내용을 로깅 한다**: 서비스가 성공적으로 시작됐다는 간단한 메시지나, 서비스가 살아 있음을 나타내는 정기적인 하트비트 등. 불필요해 보일 수 있지만, 실제로 모니터링에 중요하다.

- **동작에 문제가 있는 부분과 에러 상세 내용**: 예외 메시지와 스택 추적 외에, 사용자 요청과 트랜잭션 등을 포함하는 시맨틱 정보는 초기 심사와 근본 원인 분석에 크게 도움을 준다.

- **중요 경로의 성능 데이터 로깅**: 성능 메트릭은 서비스가 얼마나 잘 동작중인지를 직접적으로 반영한다. 성능 메트릭에서 백분위 수를 집계하면, 시스템 전반의 긴 꼬리$^{long-tail}$ 성능 문제를 쉽게 찾아낼 수 있다.

- **데이터 로깅을 위한 전용 저장소**: 애플리케이션에서 로그 데이터와 동일한 저장소를 사용하면, 한 곳에서의 문제가 다른 곳에 영향을 끼친다.

- **'정상' 상태 데이터 로깅**: 정상 작동 기간에 어떤 모습을 보이는지 기준선을 만들 수 있다.

컨테이너 내의 애플리케이션 데이터 로깅 방법

이제 로그를 구성하는 방법과 로깅 할 대상을 살펴봤으므로, 컨테이너에서 로그 데이터를 가져오는 방법을 살펴보자.

도커 컨테이너의 경우, 컨테이너 밖으로 애플리케이션 로그를 퍼내는 STDOUT와 STDERR 두 가지 채널이 있다. 애플리케이션은 STDOUT이나 STDERR 중 하나로 로그를 작성해야 한다.

도커 v1.6에서 로깅 드라이버 기능을 추가해 컨테이너의 STDOUT와 STDERR 메시지를 드라이버에서 지정한 다른 채널로 직접 보낼 수 있게 했다. 다른 채널로는 호스트의 syslog 시스템과 Fluentd 로그 시스템, Journald 로그 시스템, Graylog 로그 시스템 등이 있다.

> **노트**
> 지원되는 로깅 드라이버에 관한 더 자세한 정보는 다음 URL을 참고하자.
> - https://docs.docker.com/engine/admin/logging/overview/

모니터링 솔루션

지금까지, 자체 로깅 시스템을 구축하는 방법에 관한 충분한 지식을 습득했다. 하지만, 자체 모니터링 솔루션은 쉬운 작업이 아니며, 기존 모니터링 솔루션이 요구를 만족시킬 수 없는 경우에만 의미가 있다. 사실, 대부분의 모니터링 솔루션은 거의 모든 요구 사항을 만족시킬 수 있도록 어느 정도 조작할 수 있다. 이 절에서는 마이크로소프트 Azure에서 제공하는 모니터링 솔루션을 자세히 살펴본다.

Azure 진단

Azure에서는 Azure 진단^{Diagnostics}이라고 하는 무료 기본 모니터링 및 진단 프레임워크로 가상 머신의 모든 구성 요소와 서비스에서 나오는 데이터를 수집한다. Azure 진단은 데이터를 볼 수 있는 사용자 인터페이스를 제공하지 않기 때문에 실제로 완벽한 솔루션이라기보다는 로그 데이터 수집기에 더 가깝다. 일부 모니터링 솔루션과 도구는 Azure 진단에서 수집한 데이터를 사용해 로그 분석과 경고등의 기능을 제공한다.

Azure 진단을 시작하려면, VM에 Azure 진단 확장 기능만 설치하면 된다. 이 확장은 지정한 시간에 VM에 동적으로 적용할 수 있다. 다음을 통해 진단 확장을 사용할 수 있다.

- CLI 도구
- 파워셸
- Azure 리소스 관리자
- Visual Studio 2013과 Azure SDK 2.5 이상
- Azure 포털

> **노트**
>
> 윈도우용 진단 확장은 윈도우 진단 에이전트를 포함하고 리눅스용 진단 확장은 리눅스 진단 확장 에이전트를 포함한다. 리눅스 진단 에이전트는 오픈 소스이며 다음의 깃허브 URL에서 사용할 수 있다.
>
> • https://github.com/Azure/WALinuxAgent

앞서 언급한 다양한 방법을 통해 확장을 사용할 때, 리눅스 진단 에이전트가 호스트 VM에서 설치된다. 확장을 설치 중에 데이터 로깅의 중요한 rsyslog도 설치한다. 그림 7.3에서 기본 구성 요소와 데이터 흐름을 나타냈다.

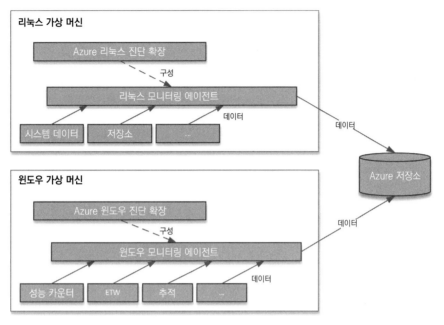

▲ **그림 7.3** 리눅스와 윈도우 진단 에이전트 아키텍처

리눅스 진단 에이전트를 사용하려면, 수집 계획을 포함하는 구성을 전달해야 한다. 수집 계획은 수집이 필요한 메트릭과 데이터를 저장할 위치를 정의한다. 이 데이터는 대개 모든 클라이언트에서 사용할 수 있는 Azure 저장소 계정으로 저장된다.

이 책에서는 도커와 리눅스를 중심으로 하기 때문에 윈도우 모니터링 솔루션은 살펴보지 않는다. 윈도우 구성의 세부 내용은 다음 URL을 방문해보자.

https://msdn.microsoft.com/en-us/library/azure/mt634522.aspx

다음 예제에서는 기본 시스템 데이터(CPU와 디스크, 메모리)의 핵심 집합과 리눅스 가상 머신의 모든 rsyslog 정보를 수집하는 방법을 보여준다.

- PrivateConfig.json이라는 파일을 만들어 다음 내용을 입력한다.

```
{
    "storageAccountName":"데이터를 유지할 저장소 저장소 계정의 이름",
    "storageAccountKey":"계정의 키"
}
```

- CLI에서 다음 명령을 실행한다.

```
azure vm extension set vm_name LinuxDiagnostic Microsoft.
OSTCExtensions 2.* --private-config-path PrivateConfig.json
```

확장을 적용한 후, 리눅스 진단 에이전트가 동작하기까지는 5분 정도가 걸린다. 거의 몇 초만에 올라와서 데이터 전송을 시작하는 모니터링 컨테이너와는 상당히 다르다.

리눅스 진단 에이전트는 PrivateConfig.json에서 지정한 저장소 계정에서 다음 표를 만든다.

LinuxCPU 테이블의 주요 필드
PreciseTimeStamp: 머신에서 데이터가 기록되는 시점
PercentIOWaitTime: 프로세서가 IO 작업이 완료될 때까지 기다리며 보낸 시간의 백분율
PercentIdleTime: 샘플 간격 동안 프로세서가 유휴상태였던 시간의 백분율
PercentProcessorTime: 프로세서가 비 유휴 상태 스레드를 실행하는 데 보낸 시간의 백분율

그림 7.4는 LinuxCPU 테이블의 데이터를 나타냈다.

PartitionKey	RowKey	Timestamp	PreciseTimeStamp	Host	PercentIOWaitTime	PercentIdleTime	PercentProcessorTime
00000000000...	linuxco...	8/31/2015 7:...	8/31/2015 7:27:41 AM	linuxcontainer1	1	99	1
00000000000...	linuxco...	8/31/2015 7:...	8/31/2015 7:28:41 AM	linuxcontainer1	1	99	1
00000000000...	linuxco...	8/31/2015 7:...	8/31/2015 7:29:41 AM	linuxcontainer1	1	99	1

▲ **그림 7.4** LinuxCPU 테이블과 데이터

LinuxDisk 테이블의 주요 필드
AverageReadTime: 디스크에서 데이터를 읽는데 걸리는 평균 시간 (초 단위)
AverageWriteTime: 디스크에 데이터를 쓰는데 걸리는 평균 시간 (초 단위)
ReadBytesPerSecond: 디스크에서 읽는 바이트/초
WriteBytesPerSecond: 디스크에 쓰는 바이트/초

그림 7.5에서는 LinuxDisk 테이블의 데이터를 나타냈다.

PartitionKey	RowKey	Timestamp	PreciseTimeStamp	Host	AverageReadTime	AverageWriteTime	ReadBytesPerSecond	WriteBytesPerSecond
000000000...	linuxco...	8/31/2015...	8/31/2015 7:03:41 AM	linuxcontainer1	0.17	0.00738461538461539	170	9147
000000000...	linuxco...	8/31/2015...	8/31/2015 7:04:41 AM	linuxcontainer1	0.17	0.00738461538461539	113	6098
000000000...	linuxco...	8/31/2015...	8/31/2015 7:05:41 AM	linuxcontainer1	0.17	0.00738461538461539	85	4573

▲ **그림 7.5** LinuxDisk 테이블과 데이터

LinuxMemory 테이블의 주요 필드
AvailableMemory: 사용할 수 있는 물리 메모리 (MB)
UsedMemory: 사용된 물리 메모리 (MB)
PercentAvailableMemory: 사용할 수 있는 물리 메모리 (%)
PercentUsedSwap: 사용된 물리 메모리 (%)

그림 7.6은 LinuxMemory 테이블의 데이터를 나타냈다.

PartitionKey	RowKey	Timestamp	PreciseTimeStam	Host	AvailableMemory	UsedMemory	PercentAvailableMemory	PercentUsedSwap
0000000000...	linuxco...	8/31/2015...	8/31/2015 8:54:...	linuxcontainer1	6810	157	98	0
0000000000...	linuxco...	8/31/2015...	8/31/2015 8:55:...	linuxcontainer1	6810	157	98	0
0000000000...	linuxco...	8/31/2015...	8/31/2015 8:56:...	linuxcontainer1	6809	159	98	0

▲ **그림 7.6** LinuxMemory 테이블과 데이터

컨테이너의 경우는 어떨까? 앞서 언급한 것처럼, 다른 로그 드라이버를 사용해 컨테이너를 시작할 수 있다. syslog 로그 드라이버를 사용해 컨테이너를 시작하면, 애플리케이션에서 로그를 STDOUT와 STDERR에 기록하고, 데이터는 LinuxsyslogVer2v0으로 전송된다(접미사 Ver2v0은 데이터 스키마 버전).

LinuxsyslogVer2v0 테이블의 주요 필드
EventTime: 이벤트가 발생한 시간
SendingHost: 이벤트를 전송하는 호스트의 이름
Facility: 이벤트를 만든 프로세스의 이름
Severity: 이벤트의 심각도를 가리키는 숫자 값
Msg: 이벤트의 텍스트 콘텐츠

그림 7.7에서 컨테이너 내의 마이크로서비스는 물론 컨테이너 자체에서 나온 로
그 항목을 나타냈다. `facility` 필드의 값이 `daemon`인 부분은 도커 데몬이 메시지
를 기록한다는 것을 가리킨다. Msg 필드는 로그 항목 자체를 포함하며, `docker/`
`e15bca350018`처럼 컨테이너 ID로 시작한다.

PartitionKey	RowKey	Timestamp	Host	EventTime	SendingHost	Facility	Severity	Msg
000000000...	contai...	10/18/201...	containerhost	10/18/2015 3:34...	127.0.0.1	kern	6	[30622.240071] docker0: port 2(veth9c64ef8) entered forwarding state
000000000...	contai...	10/18/201...	containerhost	10/18/2015 3:34...	127.0.0.1	daemon	6	<30> Oct 18 15:34:32 docker/e15bca350018[4369]: 73.225.19.196 - - [18/Oct/2015:15:34:32 +0000] "GET / HTTP/1.1" 302 406 "-"
000000000...	contai...	10/18/201...	containerhost	10/18/2015 3:34...	127.0.0.1	daemon	6	<30> Oct 18 15:34:32 docker/e15bca350018[4369]: 73.225.19.196 - - [18/Oct/2015:15:34:32 +0000] "GET /wp-admin/install.php
000000000...	contai...	10/18/201...	containerhost	10/18/2015 3:34...	127.0.0.1	daemon	6	<30> Oct 18 15:34:40 docker/e15bca350018[4369]: 73.225.19.196 - - [18/Oct/2015:15:34:40 +0000] "POST /wp-admin/install.php

▲ **그림 7.7** 컨테이너의 마이크로서비스에서 나온 로그 항목

> ⒶSYSLOG 드라이버 사용하기
>
> 다음의 명령으로 syslog 드라이버를 사용하는 컨테이너를 시작한다.
>
> ```
> $ docker run -d --logdriver=syslog [myimage]
> ```

이 책을 집필할 당시에는 Azure 리눅스 진단 에이전트는 분명히 마이크로서비스와
컨테이너 로그 데이터를 수집하는 가장 기본적인 방법일 뿐이다. 이유 중의 하나는
모든 로그 데이터를 하나의 테이블에 저장하고 컨테이너 ID 또는 이름을 기반으로
필터링할 열을 제공하지 않기 때문이다. 또 다른 단점은 Azure 테이블 저장소가 인
덱싱의 한계로 인해 처리량이 높은 로깅 요구 사항에 대한 최적의 솔루션은 아닐 수
있다는 점이다. 즉, Azure 진단은 로깅 전략과 소규모 마이크로서비스 기반 애플리
케이션을 테스트하는 분명 좋은 출발점이다. 다음의 Azure 웹 사이트에서는 리눅스
진단 확장과 구성 옵션의 더 세부 내용을 제공한다.

https://docs.microsoft.com/ko-kr/azure/virtual-machines/virtual-
machines-linux-classic-diagnostic-extension

애플리케이션 인사이트

애플리케이션 인사이트Application Insights는 모바일이나 브라우저 기반, 서버 애플리케이션에 대한 원격 측정 정보를 수집하는 마이크로소프트 서비스다. 애플리케이션 인사이트는 데이터를 수집하고 클라우드로 이동해 처리하고 저장한다.

원격 측정 데이터와 진단 데이터는 Azure 포털과 통합을 통해 볼 수 있을 뿐만 아니라 다양하게 이리저리 잘라볼 수 있다. 다음 링크에서 일반적인 애플리케이션 인사이트 기능에 대한 자세한 정보를 제공한다.

> https://azure.microsoft.com/ko-kr/services/application-insights/

최근 애플리케이션 인사이트는 도커 허브에 애플리케이션 인사이트 이미지를 추가해 도커 컨테이너에 대한 지원을 완성했다. 애플리케이션 인사이트는 컨테이너 모니터링 절에서 언급한 것처럼 '컨테이너 모니터링' 접근 방식을 따른다. 결과적으로 도커 호스트에서 하나의 애플리케이션 인사이트 컨테이너 인스턴스를 실행할 수 있다. 컨테이너의 서비스는 도커 에이전트와 통신하고 원격 측정 데이터를 다시 애플리케이션 인사이트에 전송한다.

애플리케이션 인사이트는 도커용으로 두 가지 모델을 지원한다.

- 애플리케이션 인사이트로 측정되지 않는 앱에 대한 원격 측정 데이터를 캡처한다. 마이크로서비스에 계측 코드가 없다는 의미이며, 다음의 도커 관련 데이터만 캡처된다.
  - 도커 컨텍스트(도커 호스트와 이미지, 컨테이너) 아래의 성능 카운터
  - 컨테이너 이벤트
  - 컨테이너 에러 정보

이 데이터 자체는 앞서 배웠듯이 매우 유용하다. 마이크로서비스 코드를 계측하면 애플리케이션 인사이트에서 더 많은 정보를 얻을 수 있다.

- 계측된 앱에 대한 원격 측정 데이터 캡처
  - 앞서 언급한 모든 데이터 캡처
  - 도커 컨텍스트(도커 호스트와 이미지, 컨테이너)를 캡처한 원격 측정 데이터에 추가

⚡ 노트 ⚡

애플리케이션 인사이트로 애플리케이션을 계측하는 방법에 관한 자세한 내용은 다음 링크를 방문해 살펴보자.

• https://docs.microsoft.com/ko-kr/azure/application-insights/app-insights-overview

---

앞서 언급한 것처럼, 애플리케이션 인사이트에서는 로그 데이터를 살펴보고 분석하는 멋진 UI를 제공한다. 이 UI를 사용하면 마이크로서비스에서 도커를 더 상세하게 파악할 수 있다. 애플리케이션 인사이트의 도커 블레이드에서 다음의 정보를 제공한다.

- 도커 호스트와 이미지 전반의 컨테이너 활동
  - CPU
  - 메모리
  - 들어오는 네트워크
  - 나가는 네트워크
  - 블록 I/O
- 도커 호스트의 활동
- 도커 이미지의 활동
- 활성 이미지
- 활성 컨테이너

그림 7.8은 책에서 사용하는 애플리케이션 Flak.io에 대한 도커 개요 블레이드를 나타냈는데, 현재 클러스터의 도커 호스트 머신 4개, 4개의 도커 이미지 활동, 활성 컨테이너의 수가 표시되고 있다.

▲ **그림 7.8** 애플리케이션 인사이트 도커 개요 블레이드

도커 개요 블레이드는 각 구성 요소(각 도커 호스트와 이미지, 컨테이너)를 더 깊이 살펴보는 좋은 출발점이다. 예를 들어, 그림 7.9에서 호스트 블레이드별 도커를 나타냈다.

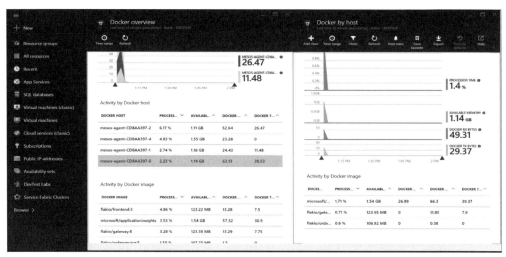

▲ **그림 7.9** 애플리케이션 인사이트에서 호스트 블레이드별 도커

이들 모든 기능으로 인해 애플리케이션 인사이트는 Azure에서 컨테이너 기반 마이크로서비스 애플리케이션을 위한 매우 강력하고 개발자 중심의 모니터링 솔루션이 됐다.

OMS

마이크로소프트 OMS는 애플리케이션 인사이트와 유사한 도커 관련 기능을 제공한다. OMS[Operations Management Suite]는 필요한 모든 로그 데이터를 수집하고 사용자가 한 환경의 도커 호스트 VM과 이미지, 컨테이너와 같은 컨테이너 기반 마이크로서비스 아키텍처의 모든 구성 요소를 자세히 파악할 수 있는 멋진 UI를 독립 포털에서 제공한다.

그럼 차이점이 뭘까? 애플리케이션 인사이트는 컨테이너 모니터링을 대상으로 하며 Azure에서 추가적인 애플리케이션 수준 원격 측정을 얻을 수 있는 옵션을 제공하므로, 실제로 개발자 경험에 관한 모든 것이다. 반면 OMS는 Azure, AWS, 오픈스택 등과 같은 공용 클라우드는 물론 하이브리드 클라우드를 대상으로 하는 올인원 클라우드 관리 솔루션이며, 단순히 모니터링보다는 컨테이너의 관리 측면에 관한 모든 것이다.

OMS는 호스트 VM에서 에이전트를 설치하고 사용하는 두 가지 방법을 제공한다.

- MSDN과 깃허브에서 에이전트를 다운로드할 수 있다. 독립형 에이전트이므로, 퍼펫이나 셰프, Azure 리소스 관리자를 사용해 환경 프로비저닝 단계의 일부로 에이전트를 설치하고 구성할 수 있다.
- 도커 허브에서 OMS 에이전트 이미지를 가져온다.

앞서 언급한 것처럼, 도커 모니터링 기능은 애플리케이션 인사이트에서 제공하는 것과 매우 비슷하다. 다음과 같은 컨테이너 관련 모든 모니터링 데이터를 얻는다.

- 컨테이너 호스트 VM 수와 사용률
- 실행 컨테이너의 수
- 컨테이너와 이미지 인벤토리
- 컨테이너 성능과 컨테이너 로그
- 도커 데몬 로그

데이터 외에도, OMS에서는 애플리케이션에서 STDOUT/STDERR에 로그를 기록하는 경우 애플리케이션 로그와 관련 컨테이너 정보를 연결한다.

도커 통합과 더불어, OMS는 다양한 클라우드에서 리소스를 관리하는 경우 단일 포털에서 이러한 리소스를 모니터링하고 관리할 수 있는 뛰어난 솔루션이다.

도커의 권장 솔루션

다음은 도커의 에코시스템 기술 파트너 프로그램의 일부인 추가 모니터링 솔루션 목록이다.

- AppDynamics
- Datadog
- New Relic
- Scout
- SignalFx
- Sysdig

이 프로그램과 솔루션에 관한 더 자세한 내용은 다음 링크에서 찾아 볼 수 있다.

https://blog.docker.com/2015/06/etp-monitoring/

⁝▪ 요약

7장에서 클러스터의 호스트 VM에서 시작해 컨테이너에서 실행되는 서비스까지 전체 마이크로서비스 환경을 모니터링하는 중요한 이유를 다뤘다. VM과 컨테이너, 서비스에 대한 모범사례와 지침을 살펴봤다. 게다가, 마이크로소프트에서 제공하는 모니터링과 진단 솔루션 몇 가지를 살펴봤다. 가장 중요한 시사점은 모니터링이 마이크로서비스 기반 아키텍처의 핵심 부분이며 계획 초기에 포함해야 한다는 것이다.

8장

Azure 서비스 패브릭

이전 두 개의 장에서 고가용성과 복원력, 성능이 뛰어난 마이크로서비스를 구축하는 데 컨테이너 이상의 기능이 필요하다는 것을 살펴봤다. 클러스터 관리를 위한 시스템 서비스, 컨테이너나 서비스 오케스트레이션을 위한 서비스, 서비스 등록, 서비스 검색, 서비스 모니터링이 추가로 필요하다. 메소스피어 DCOS나 메소스, 주기퍼, 마라톤, 도커 스웜, 쿠버네티스^{Kubernetes}는 현재 이러한 영역을 다루는 데 도움을 주는 가장 인기 있는 서비스이며 자주 함께 사용된다. 마이크로소프트와는 별도로 Azure 는 정확히 이러한 종류의 고가용성과 복원력, 성능이 우수한 마이크로서비스를 구축하는 플랫폼으로 Azure 서비스 패브릭을 만들었다. Azure 서비스 패브릭에서는 클러스터 관리와 서비스 오케스트레이션, 서비스 등록, 서비스 검색, 서비스 모니터링 등을 하나의 응집된 플랫폼에서 제공해 여러 시스템을 관리해야 하는 문제를 제거했다. 몇 가지만 나열하면 Azure DB와 코타나^{Cortana}, 인튠^{Intune}과 같은 다수의 마이크로소프트 서비스는 지난 5년 동안 Azure 서비스 패브릭을 플랫폼으로 사용해왔다. Azure 서비스 패브릭은 현재 정식으로 릴리스 됐다.

서비스 패브릭은 마이크로소프트의 Azure 전략에서 중요한 부분이므로 서비스 패브릭이 무엇인지 그리고 어떻게 사용하는지 알아야 한다. 8장에서는 서비스 패브릭의 개요와 함께 제공하는 기능을 이해하고, 서비스 패브릭의 개념을 지금까지 배운 내용과 관련시켜 설명한다.

서비스 패브릭 개요

서비스 패브릭은 Azure와 사설 클라우드, 온프레미스, 기타 구성에 마이크로서비스를 쉽게 구축하기 위한 애플리케이션 런타임을 포함한 완전한 플랫폼이다.

> **🅐 리눅스 지원**
>
> 마이크로소프트는 현재 리눅스를 지원한다. 리눅스에서 서비스 패브릭 기능은 거의 100% 동일하다.

서비스 패브릭에는 복원력과 확장성 있는 마이크로서비스 환경에 중요한 모든 것을 처리하는 시스템 서비스를 포함한다. 클러스터 관리와 리소스 스케줄링, 서비스 레지스트리와 검색, 장애조치, 배포, 다운타임 없는 롤링 업그레이드, 안전한 롤백은 플랫폼 일부 기능일 뿐이다. 여기서 핵심은 이러한 서비스가 서비스 패브릭 자체에 포함되며 별도로 설치하거나 구성할 필요가 없도록 통합이 완료됐다는 점이다.

서비스 패브릭 하위시스템

서비스 패브릭 시스템 서비스는 서비스 패브릭의 일부로 하위시스템을 호출한다. 주요 하위시스템은 다음과 같다.

- **관리**: 관리 하위시스템은 배포 서비스, 모니터링과 진단, 그리고 중단 없이 서비스의 패치와 업그레이드를 포함한 종단 간 서비스와 애플리케이션 생명주기 관리 기능을 제공한다. 관리 하위 시스템은 서비스 패브릭 런타임 자체에 대해

서도 동일한 모든 작업을 수행할 수 있다. 개발자는 관리 API와 파워셸 명령, HTTP API를 사용해 이러한 관리 기능을 액세스할 수 있다.

- **상태**: 서비스 패브릭에서는 자체 상태 시스템을 제공한다. 클러스터와 노드, 서비스 등의 모든 시스템 구성 요소에서 상태를 보고할 수 있다. 데이터는 Azure 저장소처럼 중앙 상태 저장소에 저장된다. 서비스 패브릭 내의 서비스는 사용자 정의 보고서를 시스템으로 내보냄으로써 상태 모델을 추가하고 조정할 수 있으며, 이 서비스 패브릭은 기본적으로 제공되는 내장 상태 속성도 함께 활용한다.

- **통신**: 이 하위시스템의 가장 중요한 서비스는 이름 지정 서비스다. 이름 지정 서비스는 클러스터 내에서 서비스 레지스트리와 서비스 검색 기능을 제공한다.

- **안정성**: 이 하위시스템은 클러스터의 서비스에 고가용성을 제공한다. 이 하위시스템에는 다음의 3가지 중요한 구성 요소가 있다.

  □ 클러스터 리소스 관리자: 모든 노드에 서비스/컨테이너 복제본을 배치하며, 배치 규칙을 적용하고 리소스 사용을 모니터링하고 균형을 유지한다.

  □ 장애 조치 관리자: 노드와 서비스를 모니터링하고 클러스터의 실패와 다른 변경에 반응한다. 장애 조치 관리자는 복제자와 이름 지정을 사용해 상태 저장 서비스에 대한 리더 선출도 처리한다(뒤에서 상태 저장 서비스에 관해 자세히 설명한다).

  □ 서비스 패브릭 복제자: 상태 저장 서비스에 대한 주 복제본과 보조 복제본 사이의 일관성을 보장하고 쿼럼을 관리한다. 이 장 뒤에서 복제본과 쿼럼을 보다 자세히 살펴본다.

- **페더레이션**: 이 하위시스템은 클러스터에서 노드의 멤버십 관리를 담당한다. 실패 감지와 임대 관리, 노드 가입/분리를 제공한다.

- **전송**: 이 하위시스템은 클러스터 내에서 지점간 통신을 담당한다.

- **호스팅**: 호스팅은 서비스 패브릭의 관점에서 실제 하위시스템이 아니지만, 이해를 돕기 위해 여기서 설명한다. 서비스 패브릭에서 시스템 서비스 대부분은

클러스터 관리와 서비스/컨테이너 관리만 처리한다. 메소스와 쿠버네티스, 스웜 등과 일대일 비교의 경우, 일부 구성 요소가 서비스와 컨테이너 호스팅을 담당하는 것으로 여기기 쉽다. 서비스 패브릭은 이 개념을 호스팅이라고도 한다.

그림 8.1에서 서비스 패브릭 하위시스템을 Azure의 컨테이너 기반 솔루션과 매핑한 방식을 상위 수준에서 나타냈다.

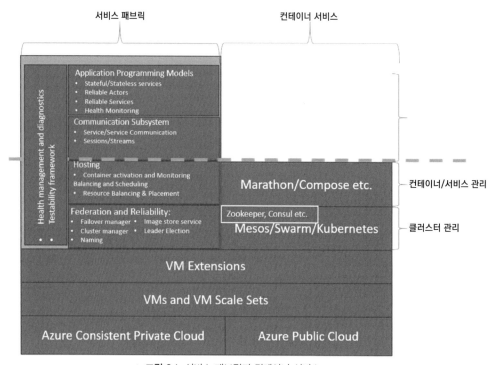

▲ **그림 8.1** 서비스 패브릭과 컨테이너 서비스

모든 하위시스템을 살펴보면, 마이크로소프트에서 서비스 패브릭을 마이크로서비스 구축을 위한 플랫폼으로 여기는 이유가 명확해진다. 서비스 패브릭은 완전한 클러스터와 서비스 또는 컨테이너 관리를 제공하는 것은 물론 필요하면 개발자들이 활용할 수 있는 완전한 프로그래밍 모델을 지원한다. 이장의 나머지는 클러스터 관리, 서비스와 컨테이너 관리, 프로그래밍 모델을 더 자세히 살펴본다.

클러스터 관리

서비스 패브릭에서뿐만 아니라 컨테이너 기반 마이크로서비스 아키텍처에는, 수많은 노드로 구성된 클러스터라는 개념이 있다. 이장의 맥락상 노드는 서비스 패브릭을 실행하는 물리 또는 가상 머신 인스턴스와 관련 있다.

서비스 패브릭에서, 클러스터는 Azure 리소스 모델^{ARM} JSON 문서에서 기술한 클러스터 매니페스트를 통해 정의된다. 클러스터 매니페스트는 노드의 수, 노드 이름과 유형, 네트워크 토폴로지, 클러스터 보안 등과 같은 인프라 메타데이터를 지정한다. 도커 스웜이나 메소스 클러스터와 비교해 한 가지 큰 차이점은 서비스 패브릭은 주키퍼나 Consul과 같은 도구로 클러스터 가용성을 관리하는 별도 서비스를 설정하지 않아도 된다는 것이다. 이들은 일반적으로 여러 머신간의 리더 선출 후 클러스터를 관리하는 데 필요하다. 서비스 패브릭은 특별히 함께 동작하도록 설계된 단일 스택과 함께 사용되는 조정된 오픈 소스 프로젝트의 집합이다. 결과적으로, ARM 템플릿에서 마이크로서비스를 실행하는 데 필요한 노드만 지정하면, 서비스 패브릭 클러스터는 저절로 부트스트랩 된다. 최고의 가용성 클러스터링을 보장하기 위해, 서비스 패브릭은 쿼럼 모델을 사용하며 Azuer에서 클러스터를 설정할 때 최소 클러스터에 적어도 5개의 노드를 사용해야 한다.

> **❶ 쿼럼이란?**
> 쿼럼은 고가용성 클러스터링에 사용되는 용어이며 서로 통신할 수 있도록 최소의 온라인 노드 수가 필요함을 뜻한다. 이중 대부분의 경우, 과반수가 특정 정보를 '진실'로 간주하는 데 동의해야 한다. 서비스 패브릭 쿼럼의 경우 상태 저장 서비스의 복제본 간에 설정해야 한다.

이 책을 쓰는 시점엔 Azure 서비스 패브릭이 프리뷰 모드였기에 Azure VM을 노드로 사용했다.

모든 가상 머신이 동시에 다운되지 않도록 하기 위해(예를 들어, 계획된 유지관리) 서비스
패브릭 서비스는 Azure 가용성 집합을 사용한다. 가용성 집합의 모든 가상 머신은
업그레이드 도메인에 포함되며 기본 Azure 플랫폼에 의해 장애 도메인에 분산된다.

그림 8.2에서는 서비스 패브릭에서 업그레이드와 장애 도메인에 5개의 노드 클러스
터를 설정하는 방법에 대한 간단한 모델을 나타냈다.

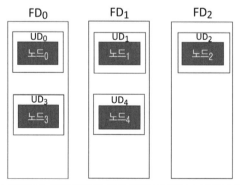

▲ **그림 8.2** 업그레이드와 장애 도메인의 5개 노드 클러스터

5개의 노드 이상을 갖는 클러스터의 경우, Azure에서는 계속해서 노드를 고유한 장애 도메인에 넣고 3개 이상의 장애도메인을 사용하는 업그레이드 도메인 조합을 사용한다. Azure에서는 모든 노드 수에 이 패턴을 적용한다. 그림 8.3에서는 7개의 노드 클러스터에서 장애 도메인과 업그레이드 도메인 전체의 VM 배포 예를 나타냈다.

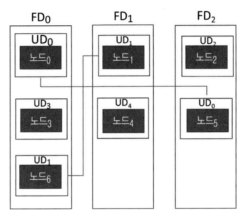

▲ **그림 8.3** 업그레이드와 장애 도메인에서 7개 노드 클러스터

이제 서비스 패브릭 클러스터가 무엇이며 상위 수준에서 어떻게 동작하는지 알았으므로, 이를 설정하는 방법만 알면 된다. Azure에서 서비스 패브릭 클러스터는 다른 모든 Azure 리소스 관리자 기반 환경처럼 설정한다. Azure 포털이나 CLI, 파워셸을 사용해 서비스 패브릭 클러스터를 프로비저닝할 수 있다. 그림 8.4에서 Azure 포털을 통해 서비스 패브릭 클러스터를 만드는 방법을 나타냈다.

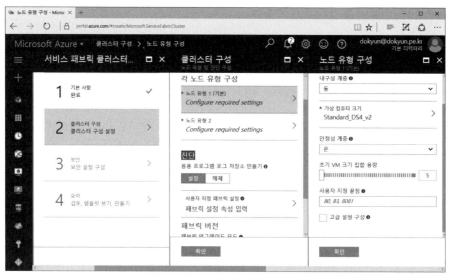

▲ **그림 8.4** Azure 포털을 통해 클러스터 만들기

⋮ 리소스 스케줄링

메소스를 사용한 경험에서 알 수 있듯이, 마라톤이나 쿠버네티스, 도커 스웜과 같은 스케줄러를 사용해 클러스터의 노드에서 서비스를 포함하고 배치하는 컨테이너를 오케스트레이션할 수 있다. 각 스케줄러는 장단점이 있다. 예를 들어, 스웜을 작성할 때 여러분이 클러스터를 축소하는 경우 다른 노드의 컨테이너를 자동으로 배치하지 않는다. 대부분의 스케줄러나 오케스트레이터는 오픈소스이므로, 이들 기능은 시간이 지남에 따라 개선될 것이다. 머신에서 컨테이너나 서비스를 배치하는 일을 리소스 스케줄링이라고도 한다.

서비스 패브릭 애플리케이션

서비스 패브릭에서 리소스 스케줄링을 어떻게 다루는지 이해하려면, 서비스 패브릭의 애플리케이션 개념을 이해해야 한다. 서비스 패브릭 애플리케이션은 구성 서비스의 컬렉션이다. 각 서비스는 그림 8.5에서 보는 것처럼 특정 서비스의 기능을 구현하는 코드와 구성, 데이터 패키지로 이뤄져있다.

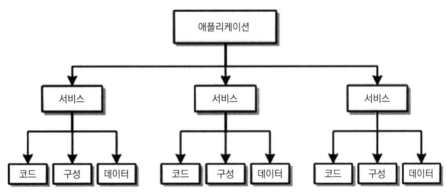

▲ **그림 8.5** 서비스 패브릭 애플리케이션 구조

애플리케이션 매니페스트

애플리케이션은 매니페스트 파일을 통해 정의된다. 이 책을 쓰는 시점에 애플리케이션 매니페스트는 애플리케이션 개발자가 작성한 정의파일로, 서비스 패브릭 애플리케이션의 물리적 레이아웃 또는 패키지를 기술한다. 애플리케이션 매니페스트는 애플리케이션을 구성하는 구성 서비스의 서비스 매니페스트를 참조한다. 개념적 관점에서 애플리케이션 메니페스트는 도커에서 다중 컨테이너 애플리케이션을 정의하고 실행하는 데 사용되는 docker-compose.yml 파일과 비교할 수 있다. 애플리케이션의 서비스를 참조하는 것 외에도, 개발자는 애플리케이션 매니페스트를 사용해 애플리케이션 인스턴스가 만들어질 때 가져온 각 서비스에 대한 'run-as' 정책은 물론 '보안 액세스'(즉, 리소스의 읽기/쓰기)를 구성할 수 있다. 일반적으로 다른 리소스에 대한 서비스 액세스를 제어하고 제한해 잠재적인 보안 위험을 최소화하는 데 아주 유용하다.

서비스 매니페스트

애플리케이션 매니페스트에서 참조하는 서비스는 서비스 개발자가 작성한 서비스 매니페스트를 통해 정의된다. 이 서비스 매니페스트에서 업그레이드 가능한 코드와 구성, 데이터 패키지를 독립적으로 지정해 해당 서비스 집합을 함께 구현하고 배포한 후에는 클러스터에서 실행할 수 있다.

서비스 매니페스트는 서비스나 컨테이너가 실행되는 데 필요한 것과 서비스에 포함되는 데이터, 노출할 끝점 등을 정의하는 데 사용하며, 이는 컨테이너에 사용되는 도커 이미지를 만들 때 개발자가 정의하는 OS와 프레임워크, 코드, 끝점이 있는 Dockerfile과 아주 비슷하다. 서비스 메니페스트에서 개발자는 서비스 유형(상태 저장이나 상태 비저장)과 부하 메트릭, 배치 제약조건과 같은 추가 사항을 구성할 수 있다.

> **노트**
>
> 배치 제약 조건을 통해 개발자는 서비스나 컨테이너가 특정 노드 유형에만 배치되도록 한다. 노드 유형은 ARM 템플릿에서 구성할 수 있으며 노드 유형의 이름과 해당 하드웨어 구성을 포함한다. 예를 들면, 개발자가 webserver라는 노드 유형으로 태그를 붙인 노드에서만 웹 서비스를 실행 하는 것이다. webserver 노드 유형은 웹 서버 작업부하에 최적화된 하드웨어 구성을 갖는 가상 머신을 기반으로 할 수 있다.

애플리케이션과 서비스 구성에 관한 자세한 내용은 다음 링크를 참고하자.

https://docs.microsoft.com/ko-kr/azure/service-fabric/service-fabric-application-model

애플리케이션이 실행되면, 서비스 패브릭은 최적의 부하 분산을 달성하기 위해 호스팅 하위시스템의 사용 가능한 서비스를 사용해 부하 메트릭 집합을 기반으로 클러스터 노드의 공유 풀에서 서비스 리소스를 자동으로 조정하기 시작한다. 노드 실패가 발생하는 경우, 서비스 패브릭은 그 노드에서 실행됐던 서비스를 남은 노드로 이동한다. 배치는 가용한 리소스와 서비스 메트릭을 기반으로 발생한다. 서비스 패브릭의 또 다른 뛰어난 기능 클러스터에서 스케일 아웃하는 경우 클러스터 전체의 서비스를 다시 조정한다는 점이다. 여기에 관해서는 이 장 뒤에서 상태 저장 서비스를 살펴볼 때 더 자세히 다룬다.

사용자 지정 애플리케이션(기존 애플리케이션)

사용자 지정 애플리케이션은 서비스 패브릭과 통합하지 않는 애플리케이션으로, 서비스 패브릭 바이너리를 전혀 참조하지 않는다는 의미다. 사용자 지정 애플리케이션의 예는 Node.js 애플리케이션, 자바 애플리케이션, 몽고DB 등이다. 서비스 패브릭에서 사용자 지정 애플리케이션을 실행하면 애플리케이션의 고가용성과 상태 보고, 롤링 업그레이드 지원, 더 높은 밀도를 제공하는 이점이 있다.

- **고가용성**: 서비스 패브릭에서 실행되는 애플리케이션은 즉시 고가용성이 적용된다. 서비스 패브릭은 애플리케이션의 한 인스턴스가 항상 실행 상태에 있도록 한다.
- **상태 모니터링**: 서비스 패브릭 상태 모니터링은 애플리케이션이 실행 중인지 감지하고 실패하는 경우 진단 정보를 제공한다.
- **애플리케이션 수명관리**: 중단없는 업그레이드 외에, 서비스 패브릭은 업그레이드 동안 문제가 있는 경우 이전 버전으로 되돌릴 수도 있다.
- **밀도**: 한 클러스터에서 여러 애플리케이션을 실행할 수 있으므로 각 애플리케이션이 특정 하드웨어에 종속돼 실행될 필요가 없다.

사용자 지정 애플리케이션은 서비스 패브릭 애플리케이션과 동일한 방식으로 패키징 되고 배포된다. 서비스 매니페스트에는 서비스 패브릭에 애플리케이션 바이너리를 찾을 수 있는 곳과 실행하는 방법을 알려주는 추가 메타데이터를 포함한다. 패키지가 이미지 저장소로 복사되면, 서비스 패브릭은 애플리케이션 패키지를 노드로 가져오고 해당 사용자 지정 애플리케이션을 실행한다. 다음 링크의 기사는 사용자 지정 애플리케이션 배포에 대한 더 자세한 정보를 제공한다(https://docs.microsoft.com/ko-kr/azure/service-fabric/service-fabric-deploy-existing-app). 사용자 지정 애플리케이션을 시작하는 대신 서비스 패브릭이 현재 수행하는 프로세스와 Windows 작업 개체가 아닌 도커나 Windows 컨테이너에서 실행시킬 수 있음을 쉽게 알 수 있다.

컨테이너 통합

컨테이너 지원은 2016년 상반기에 미리보기가 사용 가능했으며, 서비스 패브릭은 Windows와 Hyper-V, 도커 컨테이너를 지원한다. 두 가지 수준의 통합이 있다.

- **자체 컨테이너 가져오기**: 이 시나리오에서, 서비스 패브릭은 사용자 지정 애플리케이션과 동일한 방식으로 컨테이너를 다룬다. 서비스 매니페스트에는 이미지와 포트, 볼륨 등의 컨테이너 시작에 필요한 모든 설정을 정의한다. 이 시나리오에서 서비스 패브릭은 컨테이너에 대한 일류 오케이스트레이터가 된다.
- **컨테이너 내에서 서비스 패브릭 서비스의 개발과 패키징**: 이 시나리오에서 개발자는 새로운 상태 저장 서비스와 상태 비저장 서비스를 만들고 컨테이너 내에서 이들 서비스를 패키징한다.

서비스 검색

앞 장에서 살펴본 것처럼, 서비스가 시스템에 알려지는 서비스 레지스트리와 검색 서비스는 물론 통신에 필요한 다른 서비스가 어디 있는지 알 수 있어야 하고 이들 서비스를 외부 세계에 노출해야 한다. 유레카Eureka나 주키퍼, Consul과 같은 도구와 서비스는 도커 마이크로서비스 세계에서 인기 있는 HAProxy 등 것과 결합되어 있다. 서비스 패브릭은 이름 지정Naming 서비스를 통해 서비스 등록과 검색을 수행한다. 앞서 언급한 것처럼, 이름 지정 서비스는 클러스터의 어딘가에서 실행 중인 서비스의 이름 풀이를 제공한다. 서비스 인스턴스와 복제본은 원하는 모든 주소를 이름 지정 서비스에 등록할 수 있으며, 이름 풀이는 신뢰할 수 있는 서비스 이름을 가져와 그 주소에 투명하게 매핑하므로 클러스터에서 실행되는 노드가 어떤 것이든 항상 서비스를 처리할 수 있다.

프로그래밍 모델

서비스 패브릭은 클러스터와 컨테이너/서비스 관리 수준에서 끝나지 않는다. 서비스 패브릭은 자체 프로그래밍 모델도 제공한다. 프로그래밍 모델을 살펴보기 전에, 서비스 패브릭이 상태 저장과 상태 비저장 모두를 지원한다는 사실을 이해할 필요가 있다.

상태 비저장 서비스

상태 비저장의 정의는 데이터가 메모리에만 저장되는 것을 말한다. 계산기가 상태 비저장 애플리케이션의 좋은 예다. 상태 비저장은 데이터를 SQL DB나 Azure Tables과 같은 외부 저장소 솔루션에서 유지해야 한다는 의미이기도 하다. 이는 오늘날 분산 시스템의 표준 모델이며, 가장 인기 있는 계층형 아키텍처를 제공한다. 더 많은 서비스를 추가해 서비스를 수평 확장(스케일 아웃)하려면, 서비스 자체의 어떤 상태를 저장하지 않도록 해야 한다. 상태 비저장 서비스가 복원력을 갖도록 하려면, 백엔드에서 상태를 액세스할 때 많은 패턴을 구현해야 하는데, 이를테면 계층 간에 메시지를 전달하는 적절한 대기열^{queuing} 패턴에서 시작해 중간에 성능을 향상시키는 캐싱^{caching} 패턴을 사용하고, 외부 시스템에서 데이터를 가져올 수 있도록 정교한 재처리^{retry} 패턴으로 마무리해야 한다.

서비스 패브릭에서 상태 비저장 서비스는 Azure 클라우드 서비스나 웹 앱스와 같은 다른 상태 비저장 서비스의 유형과 거의 동일하다. 더 많은 서비스 인스턴스를 시작함으로써 이들 서비스에 고가용성과 확장성을 제공할 수 있다. 상태 비저장 서비스의 일반적인 시나리오는 들어오는 트래픽을 받아서 상태 저장 서비스로 요청을 라우팅하는 게이트웨이 서비스다. 또 다른 예는 모든 유형의 사용자 상호작용을 위한 UI를 제공하는 간단한 웹 프런트엔드다.

상태 저장 서비스

고성능 서비스 구현에 필요한 한 가지 중요한 패턴이 코로게이션colocation 패턴이다. 코로케이션은 데이터에 액세스할 때 가동 시간을 피하기 위해 데이터와 서비스를 가능한 가까이 둬야 한다는 의미다. 게다가, 데이터는 보통 분할해서 단일 데이터 저장소에 너무 많은 트래픽이 몰리는 병목현상을 피한다.

이 패턴이 정확히 서비스 패브릭에서 상태 저장 서비스를 사용할 수 있는 곳이다. 상태 저장 서비스는 데이터가 분할되고 서비스 자체 내에서 같은 위치에 배치되는 서비스로 생각하자. 서비스 패브릭은 복제와 로컬 유지를 통해 데이터의 안정성을 보장한다.

상태 저장 서비스 복제에는 세 가지 중요한 개념이 있다.

- **파티션**: 파티션은 논리 구조이며 클러스터 전체에 분산된 복제본을 통해 높은 안정성을 제공하는 크기 단위로 볼 수 있다.
- **복제본**: 복제본은 데이터 복사본을 갖는 서비스 코드의 인스턴스다. 읽기와 쓰기 작업은 하나의 복제본(주 복제본)에서 수행된다. 쓰기 작업으로 인한 데이터에 대한 변경은 다른 여러 복제본(활성 보조 복제본)으로 복제된다. 주 복제본과 활성 보조 복제본의 조합이 서비스의 복제 집합이다. 서비스 패브릭은 클러스터의 장애 도메인과 업그레이드 도메인 전체에서 다른 노드의 집합에 각 복제본을 배치해 확장성과 가용성을 향상시킨다. 최적의 분산을 위해 클러스터 확장scale-out이나 축소scale-in의 경우 복제본을 재배치 한다.

- **복제**: 복제는 주 복제본과 보조 복제본에 상태 변경을 적용하는 프로세스다. 복제본은 장애조치 단위의 상태를 캡슐화 하는 개체다. 즉, 서비스 코드와 상태의 사본을 포함한다. 상태 저장 서비스를 백업하는 모든 복제본은 복제본 집합을 만든다. 서비스 패브릭은 클러스터에서 장애 도메인과 업그레이드 도메인 전체에서 다른 노드의 집합에 각 복제본을 배치해 확장성과 가용성을 향상시킨다.

그림 8.6에서 두 개의 파티션과 이들의 복제본이 노드 전체에 분산된 클러스터를 나타냈다.

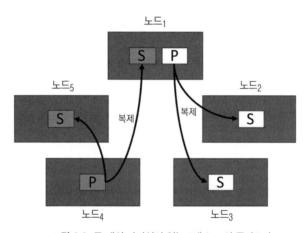

▲ **그림 8.6** 두 개의 파티션이 있는 5개 노드의 클러스터

그럼 실제로 어떻게 동작할까? PI의 자릿수를 계산하는 상태 저장 서비스를 구현했다고 하자. 이 경우 서비스 패브릭은 어떤 노드(노드 1이라고 하자)에서 주 복제본 그리고 노드 2와 노드 3와 같은 다른 노드에서 보조 복제본을 만든다. 주 복제본은 모든 읽기와 쓰기(이 경우 계산된 자릿수와 실행 상태)를 받고, 그 상태를 보조 복제본과 동기화 한다. 노드 1이 다운되면, 자동으로 보조 복제본 중 하나로 장애 조치가 일어난다. 각 보조 복제본에서 상태를 포함하고 있으므로 예를 들어 노드 2와 같은 새 주 복제본이 동작하면 서비스는 계속 계산을 수행한다. 노드 1이 다시 살아나면 노드 2

는 보조 복제본이 된다. 많은 작업이 필요해 보이고 개발자로서 해야 할 작업이 무엇인지 궁금할 것이다. 좋은 소식은 서비스 패브릭이 이 모든 작업을 처리하기 때문에 우리가 해야 할 것은 아무것도 없다는 것이다.

다음의 기사는 상태 저장 서비스를 분할하는 방법에 대한 자세한 정보를 제공한다.

https://docs.microsoft.com/ko-kr/azure/service-fabric/service-fabric-concepts-partitioning

복원력과 성능 외에도, 상태 저장 서비스를 구축할 때 몇 가지 이점이 더 있다. 첫째, 외부 시스템에 대한 종속성을 없애고 잠재적인 실패 지점을 줄일 수 있다. 둘째, 재처리 핸들러와 유사한 항목을 포함해 외부 시스템에 액세스하는 모든 코드를 구현할 필요가 없다. 셋째, 전통적인 3계층 아키텍처에서 사용해야 했던 캐시와 같은 구성 요소의 수를 줄일 수 있다. 넷째, 관리해야 할 외부 종속성이 더 적기 때문에 개발 환경에서 완전한 시스템을 훨씬 쉽게 배포할 수 있다.

이제 서비스 패브릭에서 어떤 종류의 서비스와 애플리케이션을 만들 수 있는지 알았으므로, 프로그래밍 모델을 살펴보자. 서비스 패브릭에는 두 가지 주요 프로그래밍 모델이 있다.

신뢰할 수 있는 액터

신뢰할 수 있는 액터 API: 액터는 1970년대에 병렬 및 분산 컴퓨팅에서 동시성 계산 문제를 처리하기 위해 프로그래밍을 단순화할 목적으로 소개됐다. 논리적 관점에서, 액터는 격리되고 단일 스레드이며, 계산과 상태의 독립적인 단위다.

> **⚠ 동시성 문제**
> 컴퓨터 과학에서, 식사하는 철학자들의 문제는 액터를 사용해 풀어낼 수 있는 동시성과 동기화 문제의 좋은 예다. 위키피디아의 다음 링크에서 이런 유형의 문제에 익숙하지 않은 사람이 읽을 만한 좋은 기사를 제공한다.
> • https://en.wikipedia.org/wiki/Dining_philosophers_problem

클라우드 컴퓨팅의 등장으로, 액터 기반 애플케이션이 큰 이점을 제공하는 사례가 점점 늘고 있다. 온라인 게임이나 IoT^{Internet of Things} 시나리오처럼 여러 독립 상태 단위를 가진 거의 모든 애플케이션이 액터의 훌륭한 활용 사례다. 대부분의 온라인 게임의 경우 액터는 플레이어를 나타내며, IoT의 경우는 액터가 장치를 나타낸다.

서비스 패브릭은 신뢰할 수 있는 액터를 가상 액터로 구현하는데, 이는 액터의 수명이 메모리의 개체에 묶이지 않는 다는 의미다. 가상 액터의 이점은 이 개체를 명시적으로 만들거나 제거할 필요가 없다는 것이다. 서비스 패브릭 액터 런타임은 필요할 때 자동으로 액터를 활성화 하고 잠시 동안 사용되지 않는 경우 가비지 수집이 일어난다. 가비지 수집이 되어도, 런타임에서 여전히 액터의 존재에 관한 데이터를 유지 하므로 액터는 실제로 사라지지 않는다. 런타임은 클러스터의 노드 전체에 액터를 분산시키므로 이장의 앞부분에서 보았던 동일한 방식으로 고가용성을 구현한다. 그럼 동시성은 어떤 도움을 줄까? 서비스 패브릭은 언제든지 액터 코드의 인스턴스 내에서 하나의 활성 스레드만 사용한다. 런타임에서는 액터 메서드의 완전한 실행을 필요로 하는데, 예를 들면 통신이 비동기임에도 불구하고 다른 액터나 클라이언트의 요청에 대한 응답으로 필요하다. 이 완전한 실행을 턴^{turn}이라고 하므로, 턴 기반 동시성^{turn-based concurrency}이라고 한다. 서비스 패브릭은 런타임에서 모든 귀찮은 작업을 수행하기 때문에 액터를 사용하기 쉽다. 개발자는 액터 인터페이스를 정의하고 구현하며, 액터 구현을 등록하고, 액터 프록시를 사용해 연결하면, 런타임에서 동기화와 같은 작업을 모두 수행하고 액터의 상태를 신뢰할 수 있게 만든다.

신뢰할 수 있는 서비스

신뢰할 수 있는 서비스 API: 서비스 패브릭 서비스는 추가 코드 없이 즉시 고가용성과 확장성을 제공하기 때문에 서비스 패브릭에서 신뢰할 수 있는 서비스를 개발하는 것과 전통적인 클라우드 서비스를 개발하는 것과 다르다는 점을 배웠다. Reliable Services API를 기반으로 상태 비저장 서비스를 개발하는 방법은 아주 간단하지만 이 장에서 다루는 범위는 아니다.

하지만, 상태 저장 서비스를 개발할 때 서비스 패브릭에서는 Reliable Collections API라는 고유한 프로그래밍 모델을 제공한다. 신뢰할 수 있는 컬렉션^{Reliable collection}을 사용하면 고가용성 마이크로서비스를 개발할 수 있다. 로컬 및 복제된 상태는 신뢰할 수 있는 컬렉션 자체에서 관리한다. 이는 개발자가 신뢰할 수 있는 컬렉션을 하나의 머신만 대상으로 하는 것처럼 간단히 컬렉션 개체로 사용하게 만든 중요한 변화다.

레디스^{Redis} 캐시나 서비스 버스 대기열과 같은 다른 고가용성 기술과의 가장 큰 차이점은 상태가 서비스 인스턴스의 로컬에 유지되므로 네트워크에서 읽기 대기시간이 제거된다는 것이다. 앞서 배운 것처럼, 상태는 복제되며, 신뢰할 수 있는 컬렉션을 사용할 때 서비스는 높은 가용성을 제공한다. 신뢰할 수 있는 컬렉션에 관한 더 자세한 내용은 다음 링크에서 찾아 볼 수 있다.

https://docs.microsoft.com/ko-kr/azure/service-fabric/service-fabric-reliable-services-reliable-collections

프로그래밍 모델에 관한 절을 마치면서 한 가지 더 말하고 싶은 부분은 서비스 패브릭에서 제공하는 SDK에서는 완전한 Visual Studio 통합과 로컬 개발 경험, 닷넷 개발을 위한 훌륭한 진단 기능을 제공한다는 점이다. 이 책을 쓸 당시에는 개발 경험은 닷넷 개발로 제한됐지만, 지금은 자바를 사용할 수 있으며 앞으로 다른 언어도 지원할 예정이다. 그림 8.7은 Visual Studio에서 서비스 패브릭 애플리케이션 개발 경험을 새롭게 제공하고 있는 모습이다.

개발 경험 외에도, 서비스 패브릭에서는 최신 서비스 패브릭 탐색기^{Service Fabric Explorer}를 제공해 클러스터와 애플리케이션, 서비스 상태에 대한 통찰력을 제공한다. 서비스 패브릭 탐색기는 SDK의 일부이며 윈도우 트레이 아이콘에서 시작할 수 있다. 그림 8.8에서 개발 머신의 서비스 패브릭 탐색기를 나타냈다.

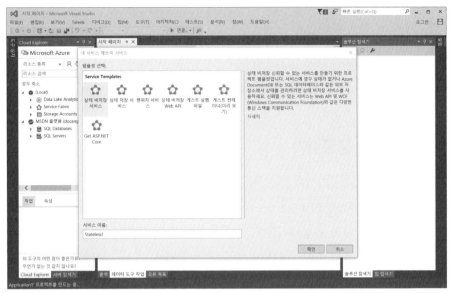

▲ **그림 8.7** Visual Studio 2015의 서비스 패브릭 애플리케이션 만들기

▲ **그림 8.8** 개발 머신의 서비스 패브릭 탐색기

서비스 패브릭 탐색기는 Azure의 모든 클러스터에서도 사용할 수 있다. Azure에 새로운 클러스터를 프로비저닝할 때마다, 클러스터의 노드에서 설정을 구성할 수 있다. 포트 19080에서 수신 대기한다.

애플리케이션 생명주기

이 책 전반에서 마이크로서비스의 핵심 장점 중 하나가 실행 중인 버전의 다운타임 없이 마이크로서비스를 업데이트하고 업그레이드할 수 있다는 것임을 배웠다. 서비스 패브릭에서는 서비스 업데이트와 서비스 업그레이드, 서비스 테스트를 수행할 수 있는 훌륭한 애플리케이션 생명주기 기능을 제공한다.

서비스 업데이트

실행 중인 서비스의 속성은 파워셸이나 REST 끝점, 개체 모델을 통해 업데이트할 수 있다. 서비스 업데이트의 좋은 예가 실행 중인 상태 비저장 서비스에 더 많은 인스턴스를 추가하거나 실행 중인 상태 저장 서비스의 복제 카운트를 변경하는 것이다.

애플리케이션 업그레이드

서비스 패브릭에서는 독립적으로 버전을 관리하고 배포할 수 있는 마이크로서비스의 개념에 맞도록 애플리케이션의 각 서비스를 독립적으로 업그레이드 할 수 있다. 웹 프런트엔드 역할을 하는 상태 비저장 서비스와 백엔드 서비스 역할을 하는 상태 저장 서비스가 있는 애플리케이션이 있다고 하자. 앞서 배운 것처럼, 두 가지 서비스 모두 애플리케이션 매니페스트에서 참조되며 각 서비스는 자체 서비스 매니페스트를 갖는다. 나중에 백엔드 서비스를 업데이트했다고 하자. 이 경우, 애플리케이션 자체의 버전 번호와 백엔드 서비스의 버전만 변경하면 된다. 프런트엔드 서비스는 변경되지 않고 초기 버전으로 유지할 수 있다.

업그레이드 자체는 롤링 업그레이드로 수행된다. 즉 서비스가 단계적으로 업그레이드된다는 뜻이다. 각 단계에서, 업그레이드는 특정 업그레이드 도메인의 노드에 적용된다. 이러한 방식으로 업그레이드를 계속함으로써, 서비스 패브릭은 프로세스 전체에서 그 서비스를 여전히 사용할 수 있도록 한다. 서비스 패브릭 탐색기에서 업그레이드 도메인 0의 서비스가 완료되고 업그레이드 도메인 1에서 진행 중인 애플리케이션 업그레이드 프로세스를 그림 8.9에서 나타냈다.

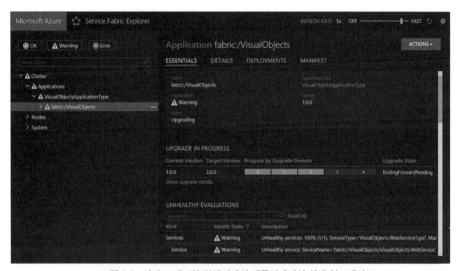

▲ **그림 8.9** 서비스 패브릭 탐색기에서 애플리케이션 상태 업그레이드

전체 업그레이드 동안, 프로세스는 기본적으로 모니터링된다. 업그레이드는 하나의 업그레이드 도메인에서 수행되고, 모든 상태 검사를 통과하면, 다음 업그레이드 도메인으로 자동으로 이동한다. 상태 검사가 실패하거나 시간이 만료되면 업그레이드 도메인의 업그레이드가 롤백된다.

서비스 패브릭 업그레이드와 상태 검사에 대한 더 자세한 내용은 다음의 링크를 살펴보자.

https://docs.microsoft.com/ko-kr/azure/service-fabric/service-fabric-application-upgrade

테스트 용이성 프레임워크

6장에서 살펴본 것처럼, 테스트는 마이크로서비스 개발의 데브옵스 사이클에서 중요한 역할을 수행한다. 단위 테스트와 같은 코드 중심 테스트는 개발자에게 달렸지만, 서비스 패브릭은 여러 가지 방법으로 결함을 테스트하는 애플리케이션과 서비스를 지원한다.

노드 장애가 일어난 경우 서비스를 테스트하는 가장 간단하고 쉬운 방법은 서비스 패브릭 탐색기를 사용하는 것이다. 탐색기에서는 노드를 종료, 중지, 재시작하는 쉬운 방법을 제공한다. 이러한 유형의 테스트를 통해 특정 상황에서 서비스가 어떻게 동작하는지 확인함으로써 귀중한 통찰력을 얻을 수 있다. 상태 저장 서비스를 테스트할 때, 대개 서비스가 여전히 유효한 상태에서 서비스 패브릭이 보조 노드를 주 노드로 어떻게 승격시키는지 관찰 할 수 있다. 그림 8.10에서 노드를 종료하고 재시작할 수 있는 Action 메뉴를 나타냈다.

▲ **그림 8.10** 서비스 패브릭 탐색기의 노드 Action 메뉴

이 간단한 테스트 외에도, 서비스 패브릭에서는 비정상 상황^{Chaos} 테스트와 장애조치 테스트를 수행할 수 있는 고급 테스트 용이성 프레임워크도 제공한다. 서비스 패브릭 테스트 용이성 프레임워크 자체가 별도의 장에서 다룰 내용이므로, 이 책에서는 이정도만 언급한다. 이런 테스트 용이성 프레임워크가 있으며, C#과 파워셸을 통해 자동화된 방법으로 테스트를 실행할 수 있다는 점을 아는 것이 중요하다.

서비스 패브릭 테스트 용이성 프레임워크에 관한 자세한 내용은 다음의 링크에서 살펴볼 수 있다.

https://docs.microsoft.com/ko-kr/azure/service-fabric/service-fabric-testability-overview

▶ 요약

앞서 살펴본 것처럼, 서비스 패브릭은 마이크로서비스 기반 애플리케이션을 구축하는 완벽한 프레임워크다. 또한 훌륭한 클러스터 관리 기능과 리소스 스케줄링 기능 외에도, 개발자가 고가용성과 복원력, 고성능 서비스를 쉽게 만들도록 해주는 풍부한 프로그래밍 모델을 제공한다. 서비스 패브릭의 가장 크고 강력한 측면은 상태 저장 및 고가용성 서비스를 개발하기 쉽게 한 것이다. 서비스 패브릭 서비스는 지금도 진화하고 있지만, 이 장에서 설명한 서비스 패브릭의 핵심 개념은 여전히 동일하다.

ASP 닷넷 코어 1.0과 마이크로서비스

이 부록에서는 새로운 실행 환경과 크로스 플랫폼 지원, 구성 가능한 환경 변수 등을 포함하는 ASP 닷넷의 최신 버전에서 제공하는 주요 설계 변경 사항의 개요를 살펴본다. 그런 다음 컨테이너 기반 마이크로서비스 아키텍처를 설계하고 구축하기 위한 몇 가지 일반적인 모범사례와 고려 사항을 검토한다.

⫶ ASP 닷넷의 새로운 버전

이전에 ASP 닷넷 5로 알려진 ASP 닷넷 코어 1.0은 200년 ASP 닷넷 1.0 최초 릴리스 이후 ASP 닷넷 애플리케이션의 동작 방식이 근본적으로 크게 변했음을 나타낸다. 마이크로서비스 아키텍처를 평가하는 개발자와 아키텍트의 경우, ASP 닷넷의 새로운 기능과 마이크로서비스 아키텍처에 이를 이용하는 방법을 이해하는 것이 중요하다. 이 장은 별도 책으로 다뤄야 할 ASP 닷넷 코어 1.0에서 변경된 모든 부분의 개요를 설명하지 않지만, 꼭 알아야 하는 기본 기능의 개요를 설명한다.

시작하기

맥과 리눅스, 윈도우에서 설치와 설정 지침, 추가적인 문서에 관해서는 다음 링크에서 찾아볼 수 있다.

https://docs.microsoft.com/ko-kr/aspnet/core/

오픈 소스 스택

ASP 닷넷과 닷넷 프레임워크에 가장 큰 변경 사항 중 하나는 ASP 닷넷에서 사용하는 런타임이 ASP 닷넷 코어 1.0과 닷넷 코어.NET Core가 오픈 소스 프로젝트이며 컬렉션 클래스에서 MVC, 기본 런타임 실행 환경까지 스택의 모든 부분이 오픈 소스라는 의미다. 커뮤니티에서 새로운 기능이나 버그 수정의 형태로 스택에 기여하거나 소스 코드를 통해 프레임워크 클래스를 디버깅하는 데 도움을 주는 분명한 장점이 있다.

크로스플랫폼 ASP 닷넷 앱

개발자가 컨테이너 기반 아키텍처를 평가하는 경우, ASP 닷넷의 가장 근본적인 변화는 ASP 닷넷 웹과 콘솔 애플리케이션을 리눅스나 윈도우 도커 호스트에서 실행할 수 있다는 것이다. 이전의 ASP 닷넷 애플리케이션은 닷넷 프레임워크 전체가 설치되어야 하는 것은 물론, 윈도우에서만 동작할 수 있었다. 모든 ASP 닷넷 코어 1.0 프로젝트는 이제 명시적으로 지원하는 어떤 프레임워크에서도 선언할 수 있고, 하나의 프로젝트에 전체 닷넷 프레임워크와 닷넷 코어를 모두 지원한다.

닷넷 코어

닷넷 코어.NET Core는 경량이며 크로스 플랫폼을 지원하고, CoreFX와 닷넷 라이브러리 집합(컬렉션, 스레딩, 데이터 액세스, 공용 데이터 형식 등), 어셈블리 로딩과 가비지 수집, 형식 안정성 등을 처리하는 기본 런타임과 실행환경인 CoreCLR을 포함하는 완전한 닷넷 프레임워크의 모듈화된 버전이다. 닷넷 코어의 모듈방식이 갖는 장점 중 하나는 CoreCLR을 포함해 모든 애플리케이션의 종속성이 독립 실행형 항목으로 패키징하고 배포할 수 있다는 것이다. 이는 ASP 닷넷 애플리케이션을 실행하기 위해 서버에 더 이상 닷넷 프레임워크 전체를 설치할 필요가 없다는 의미다. 닷넷 코어에 관한 자세한 내용은 다음 링크를 방문해보자.

http://bit.ly/aspdotnetcore

닷넷 코어 병렬 지원

닷넷 코어의 아키텍처는 고객이 제기했던 가장 일반적인 어려움 중 하나, 예를 들어 레거시 앱의 잠재적인 중단을 염려해 업그레이드할 수 없기 때문에 서버 환경을 특정 닷넷 프레임워크 버전에 고정해야 문제를 해결해준다. 닷넷 코어를 사용하면 앱의 모든 종속성은 앱 자체에 포함된다. 이는 병렬 호환성 문제를 일으키지 않고 3가지 다른 버전의 CoreCLR을 참조하는 3가지 다른 앱을 제공할 수 있게 한다. 레거시 앱은 제한 없이 이전 버전의 CoreCLR을 계속 사용하면서 새로운 앱은 최신 버전의 CoreCLR을 사용할 수 있다.

project.json을 사용한 애플리케이션 종속성

NodeJS 모델처럼, ASP 닷넷에서는 프로젝트의 루트 폴더에 두는 project.json이라는 새로운 구성 파일을 제공한다. Project.json은 프로젝트의 의존성을 기술하는데, 예를 들어 크로스플랫폼 ASP 닷넷 앱 절에서 설명한 대상 프레임워크와 프로젝트가 의존하는 NuGet 라이브러리, 출력을 위해 빌드할 때 포함하거나 제외할 항목과 방법, 스캐폴딩과 같은 명령줄 도구, 프로젝트의 자바스크립트와 CSS에 대한 미리 컴파일한 작업을 포함한다. 요점은 JSON 파일을 업데이트해 새로운 프레임워크를 대상으로 하거나 새로운 NuGet 라이브러리를 추가하는 일이 쉬우며, Visual Studio 없이 텍스트 편집기에서 이 작업을 바로 할 수 있다는 것이다.

모든 것은 NuGet 패키지다

닷넷 개발자는 재사용할 수 있는 라이브러리를 위한 닷넷 패키지 관리자인 NuGet을 사용해 수년 동안 라이브러리를 쉽게 업데이트, 배포, 검색할 수 있었다. 닷넷 코어는 NuGet을 통해 모든 닷넷 구성 요소를 패키징, 배포, 업데이트해야 하므로

NuGet을 더 적극적으로 활용한다. 이전에는 개발자와 관리자가 닷넷 프레임워크의 새로운 기능을 사용하려면 12-18개월을 기다려야 했다. 지금은 닷넷 코어 라이브러리가 NuGet 패키지로 제공되기 때문에 애플리케이션에서 사용하는 라이브러리나 기본 런타임을 즉시 추가하거나 업데이트할 수 있다. 예를 들어, 다음과 같은 project.json 파일의 종속성 섹션의 코드 조각은 종속성 목록을 나타낸다. 각 줄의 항목은 그 라이브러리의 네임스페이스와 해당 버전을 기반으로 하는 NuGet 패키지를 나타내며, 이 책을 쓸 당시에는 RC1[Release Candidate 1]이었다.

```
"dependencies": {
    "Microsoft.AspNet.Mvc": "6.0.0-rc1-final",
    "Microsoft.AspNet.Server.Kestrel": "1.0.0-rc1-final",
    "Microsoft.AspNet.StaticFiles": "1.0.0-rc1-final",
    "Microsoft.Extensions.Configuration.FileProviderExtensions": "1.0.0-rc1-final",
    "Microsoft.Extensions.Configuration.Json": "1.0.0-rc1-final",
    "Microsoft.Extensions.Logging": "1.0.0-rc1-final",
    "Microsoft.Extensions.Logging.Console": "1.0.0-rc1-final"
....
```

이것은 NuGet을 사용해 패키징된 닷넷 프레임워크가 아니다. 닷넷 코어용으로 빌드한 모든 클래스 라이브러리는 NuGet 라이브러리로도 패키징되고 배포된다. 실제로 솔루션에서 클래스 라이브러리를 참조하는 데 Visual Studio의 **참조 추가...** 기능을 사용한다면, ASP 닷넷 코어 1.0에서 수행하는 작업은 project.json 파일의 종속성 목록에 새로운 종속성을 추가하는 것이다.

클라우드 기반 환경 기반 구성

서비스 URL이나 연결 문자열, 애플리케이션 상수, 기타 구성 설정과 같은 키/값 쌍으로 저장되는 애플리케이션 구성은 이제 JSON과 ini 파일, 환경 변수를 제공하는 유연한 계단식 구성 시스템을 기반으로 한다. 이런 방식이 컨테이너 기반 솔루션에 중요한 이유는 앞서의 장들을 기억하면 도커 이미지를 만들 때 웹 프로젝트의 콘텐츠를 이미지로 복사하거나 '하드 코딩'했기 때문이다. 데이터베이스 연결 문자열처럼 프로젝트에 하드 코딩하고 싶지 않은 부분이 있다면 어떻게 할까? 컨테이너를 만들 때 도커는 환경 변수를 동적으로 주입하는 방법으로 해결한다. 환경 변수에 대한 ASP 닷넷의 지원은 이미지에 연결 문자열을 하드코딩하고 개발이나 스테이징, 운영환경에서 컨테이너를 만들 때 이 값을 동적으로 바꿀 수 있다.

이전 버전의 ASP 닷넷처럼 프로젝트의 구성을 설정하려면, startup.cs 파일을 사용해 Startup 생성자에서 사용하려는 구성 서비스를 설정하는 코드를 추가할 수 있다. 다음의 예는 두 가지 구성 서비스를 추가하는 것을 보여준다. 첫 번째는 config. json이라는 파일에서 구성 설정을 읽어온다. 두 번째는 환경 변수를 사용해 구성 설정을 읽어온다. 구성 공급자의 순서는 그 순서가 여러 공급자에서 발견되는 동일한 구성을 덮어쓰는 우선순위 규칙을 지정하기 때문에 중요하다. 다음 목록에서, 환경 변수가 우선순위를 가지며 config.json 파일의 모든 일치하는 구성을 덮어쓰는 것을 의미한다.

```
public Startup()
{
    Configuration = new Configuration()
    .AddJsonFile("config.json")
    .AddEnvironmentVariables();
}
```

다음의 샘플 config.json 파일에서, 키/값 쌍을 넘어 자식 데이터베이스 연결 문자열을 포함하는 ConnectionStrings와 같은 중첩된 구성 설정 집합을 만들 수 있다.

```
{
    "AppSettings": {
        "SiteTitle": "My Website"
    },
    "ConnectionStrings": {
        "SqlDbConnection":
        "Server=(localdb)\\mssqllocaldb;Database=Products;Trusted_ Connect
ion=True;MultipleActiveResultSets=true"
    }
}
```

연결 문자열을 로드하려면 Startup 생성자에서 만든 Configuration 개체를 사용하고 다음에 보인 것처럼 구성 설정에 대한 중첩된 계층구조를 따르는 문자열을 전달한다.

```
var conn = Configuration.Get<string>(["ConnectionStrings:SqlDbConnection");
```

운영 데이터베이스 문자열을 운영 환경의 소스 제어에 추가하고 싶지 않을 것이므로, 대신 도커 컨테이너를 만들 때 설정된 환경 변수를 사용해 연결 문자열을 설정한다. 4장, '개발 환경 설정'에서 도커 컨테이너에서 ASP 닷넷과 환경 변수를 사용하는 예를 살펴보거나 6장, '데브옵스와 연속 업데이트'에서 Consul이나 주키퍼 Zookeeper와 같은 서비스를 사용해 환경 구성 변경을 처리하는 고급 옵션에 관해 읽어보자.

명령줄 기반

ASP 닷넷은 명령줄 기반도 제공하는데, 이는 스캐폴딩에서 빌드와 패키징, 배포에 이르는 일반적인 작업을 명령줄이나 Visual Studio에서 수행할 수 있다는 의미다. 이렇게 하면 개발에 Visual Studio 없이도 크로스플랫폼 코드 편집기를 포함해 선호하는 코드 편집기를 사용해 ASP .NET 개발을 할 수 있다. 이 책을 쓰는 시점에 닷넷과 ASP 닷넷 팀은 명령줄 도구를 "DNX"(DotNet eXecution)에서 "dotnet"으로 새로 브랜딩했다. 닷넷 코어 CLI[Command Line Interface]에는 닷넷 프로젝트 관리를 위해 다음의 명령을 포함한다.

- **Compile**: 프로젝트를 컴파일한다.
- **New**: 새로운 "Hello World" 닷넷 콘솔 프로젝트 템플릿을 만든다.
- **Publish**: 프로젝트 실행에 필요한 닷넷 코어 프레임워크를 포함해 모든 종속성을 다운로드해 개발을 위한 프로젝트를 준비한다.
- **Restore**: 프로젝트에 대한 NuGet 종속성을 복원한다.
- **Run**: 프로젝트를 컴파일하고 실행한다.

ASP 닷넷 MVC와 Web API 통일

ASP 닷넷 이전 버전에서, ASP 닷넷 MVC 5와 Web API 2는 비슷하지만 컨트롤러와 액션, 필터, 모델 바인딩, 라우팅 등과 같은 기능을 다르게 구현했다. ASP 닷넷 코어 1.0에서 MVC와 Web API는 MVC로 통일되어, 라우팅, 컨트롤러, 모델 바인딩 등에 하나의 방식을 제공한다.

종속성 주입

종속성 주입Dependency Injection, 또는 짧게 DI는 표준 방식으로 프로젝트 전반의 구성 요소를 쉽게 교환하는 데 사용된다. 데이터 액세스 라이브러리가 있다고 하자. 데이터 액세스 라이브러리에 대한 구체적인 클래스를 작성하는 대신, 데이터 액세스에 대한 인터페이스를 만들고 공급자를 교환할 수 있다. 이를테면, 이 방식을 사용하면 SQL 서버를 사용하도록 구성된 실제 데이터베이스와 비교해 로컬 개발을 위한 모의 라이브러리를 사용하거나, startup.cs 파일에서 간단히 인터페이스 계약을 구현하고 공급자를 변경해 몽고DB처럼 완전히 다른 데이터 공급자로 바꿀 수 있다. 6장에서 설명한 것처럼, 종속성 주입은 서로 다른 마이크로서비스 사이의 종속성을 테스트하는 데 특히 중요하다.

엔터티 프레임워크와 크로스플랫폼 데이터 & 비관계형 데이터

데이터 액세스는 리눅스나 맥에서 ASP 닷넷 애플리케이션을 주로 실행하는 인기 있는 용도 중 하나이므로, MySQL이나 PostgreSQL, SQLite와 같은 비윈도우 데이터베이스에 액세스할 수 있어야 한다. 엔터티 프레임워크Entity Framework 팀은 크로스플랫폼 데이터 액세스를 가능케 하는 드라이버를 공급하기 위해 커뮤니티와 작업하고 있다. 나아가, EF는 몽고DB와 Azure 테이블 저장소를 포함해 NoSQL 저장소와 같은 비관계형 데이터 저장소도 지원하고 있다. EF 드라이버의 현재 상태는 다음 링크에서 확인해볼 수 있다.

https://docs.microsoft.com/en-us/ef/

로슬린을 사용한 RAD 개발

개발자들이 가장 좋아하는 개선점 중 하나는 ASP 닷넷에서 소스 코드 빌드/컴파일이 더 이상 필요 없는 동적 컴파일 시스템을 제공하는 것이다. ASP 닷넷 코어 1.0은 대신 로슬린Roslyn이라는 닷넷 컴파일 플랫폼을 사용해 소스 코드를 동적으로 컴파일한다. 개발자에게 이런 변화가 의미하는 바는 **F5**를 눌러 앱을 실행하고, 소스 코드로 가서 변경한 다음, 변경한 내용을 저장하고, 브라우저에서 새로 고침만 하면 즉시 변경 내용을 볼 수 있다는 점이다. 더 이상 디버거를 중지하고 **빌드**를 클릭한 다음 F5를 다시 클릭할 필요가 없다.

크로스 플랫폼 웹 서버

케스트렐Kestrel(https://github.com/aspnet/KestrelHttpServer)은 ASP 닷넷의 오픈 소스 크로스 플랫폼(윈도우와 맥, 리눅스) 웹 서버이며 비동기 IO 라이브러리인 libuv(libuv.org)를 기반으로 한다. 케스트렐은 NuGet 라이브러리로 패키징되어 명령줄에서 쉽게 실행하고 지정한 포트(기본 5004)로 오는 웹 요청을 수신 대기하다가 응답한다. 내장 윈도우 웹 서버인 IIS로 여전히 윈도우 호스팅에 사용할 수 있지만, 맥이나 리눅스의 경우는 케스트렐을 사용해 웹 요청을 처리할 수 있다.

크로스 플랫폼 콘솔 애플리케이션

ASP 닷넷 코어 1.0의 숨은 기능 중 하나는 리눅스와 맥, 윈도우에서 실행할 수 있도록 설계된 콘솔 애플리케이션 지원을 추가한 것이다. 콘솔 애플리케이션은 리눅스나 맥, 윈도우 운영체제와 상호작용하는 시스템 서비스나 '헤드리스headless' 프로세스를 만들기 쉽다. 닷넷 개발자는 이제 비디오 조작을 위한 FFmpeg 같은 도구와 Nmap과 같은 네트워크 도구 처럼 기존 리눅스 기반 명령줄 중심 도구를 자체적으로 빌드하거나 재사용할 수 있는 아주 쉬운 방법이 생겼으며, 크로스 플랫폼 콘솔 애플리케이션에서 이들 도구를 호출하기 좋아졌다.

포함되지 않는 기능

ASP 닷넷 코어 1.0에서 사용할 수없는 기능도 알아야 한다. 특히 ASP 닷넷 웹 폼은 ASP 닷넷 코어 1.0의 일부가 아니며, 웹 폼은 여전히 완전한 닷넷 프레임워크 설치가 필요하다. ASP 닷넷 4 앱은 리눅스에서 실행하지 못하지만, 완전한 닷넷 프레임워크가 설치된 윈도우 서버 2016 컨테이너 내에서 이 앱을 도커에 담아 실행할 수 있다.

알맞은 ASP 닷넷 도커 이미지 선택하기

ASP 닷넷 애플리케이션을 사용할 기본 실행 환경을 결정할 때 생각해야 할 사항이 몇 가지 있다. 리눅스의 경우 닷넷 코어와 모노^{Mono}를 선택할 수 있다. 이 책을 집필하는 시점에 모노는 더 성숙하고 완전한 기능을 갖춘 프레임워크이며, 많은 서드파티 NuGet 패키지에서 닷넷 코어보다는 모노를 지원하고 있다. 닷넷 코어는 동일한 기능을 제공하기 위해 빠르게 발전하고 있으며, 모노를 사용하면 병행 지원과 같은 닷넷 코어의 이점을 잃을 수 있다. 각 Dockerfile에서 서로 다른 모노 런타임을 포함할 수 있고 동일한 도커 호스트에 설치된 각각 다른 모노 프레임워크를 갖는 여러 컨테이너가 필요해지는 문제를 닷넷 코어에서는 줄일 수 있다.

리눅스에 대한 일반적인 권장 사항은 닷넷 코어가 장기적으로 더 나은 선택이며, 일반적으로 모노는 완전한 닷넷 프레임워크와 기능의 동등성 측면에서 부족함이 있기 때문에 운영 환경에 적합하지는 않다. 닷네 코어에는 현재 많은 에너지를 쏟고 있으며 집중적인 투자가 이뤄지고 있다.

윈도우의 경우는 몇 가지 고려 사항이 있다. 첫 번째는 윈도우 나노 서버^{Nano Server} 또는 완전한 윈도우 서버에서 실행할지 여부다. 대부분의 개발자는 윈도우 서버에 익숙하지만, 나노 서버는 GUI 없이 원격으로 관리되는 새로운 윈도우 서버 버전이며 엄청난 다이어트를 통해 리소스 사용률을 높이고 보안을 강화하며, 전체 설치 공간을 줄였다. 나노 서버는 훨씬 작은 크기에 재부팅 횟수는 80% 줄었고, 보안은 더 향상됐다. 윈도우 나노 서버를 실행한다면, 완전한 닷넷 프레임워크는 지원하지 않기 때문에 닷넷 코어를 대상으로 해야 한다.

기존 애플리케이션을 ASP 닷넷 코어 1.0으로 마이그레이션 하는 개발자는 먼저 확인할 부분이 종속성을 갖는 NuGet 패키지가 닷넷 코어에서 실행되는 호환 버전인지 여부다. 종속성을 갖는 모든 NuGet 패키지는 닷넷 코어를 명시적인 대상으로 삼아야 한다. 새로운 ASP 닷넷 애플리케이션의 경우 닷넷 코어가 더 단순하며 경량의 솔루션이고 향후 권장하는 접근 방식이다. 표 A.1에서 ASP 닷넷용 다른 런타임과 운영체제 선택지를 요약했다.

▼ **표 A.1** ASP 닷넷용 런타임과 운영체제 옵션

런타임	운영체제		
	리눅스	윈도우 나노 서버	윈도우 서버 2016
모노(Mono)	예	아니오	아니오
닷넷 코어(.NET Core) CLR	예	예	예
닷넷 프레임워크	아니오	아니오	예*

*컨테이너에서 실행되는 ASP 닷넷 4.x 앱 포함

Visual Studio 2015 도구

최신 프런트엔드 웹 개발 방법 지원

ASP 닷넷과 Visual Studio 2015는 최신 프런트엔드 웹 개발 방식도 지원하는데, 이는 Node 패키지 관리자(NPM)와 Bower 같은 자바스크립트 패키지 관리자(자바스크립트용 NuGet이라 생각하자), 부트스트랩Bootstrap과 앵귤러Angular와 같은 클라이언트 프레임워크용 패키지 관리자와의 통합을 포함한다는 뜻이다. 새로운 도구에는 그런트Grunt나 걸프Gulp와 같은 자동화된 빌드 및 컴파일 단계에 대한 지원도 포함한다. 그런트나 걸프는 인기 있는 태스크 러너이며 서버 코드에 대한 빌드 시스템처럼 공백과 개행을 제거해 자바스크립트를 축소하는 것과 같은 클라이언트 측 자바스크립트에

동일한 빌드 최적화 단계를 수행한다. 도커 이미지를 만드는 개발자의 경우, 4장에서 설명한 것처럼 도커 이미지를 만드는 프로세스의 일부로 사전 컴파일 작업이 일어나도록 해야 하기 때문에 이 작업은 중요하다. 이러한 작업을 project.json 스크립트 섹션에서 NPM과 바우어^{Bower}를 설치한 다음, 걸프 작업을 실행해 콘텐츠를 정리하고 축소하도록 지정할 수 있다.

```
"scripts": {
    "prepublish": [ "npm install", "bower install", "gulp clean", "gulp min" ]
}
```

예를 들어, 기본 축소 작업은 다음 두 가지 작업을 호출한다.

```
gulp.task("min", ["min:js", "min:css"]);
```

min:js 작업은 내장 uglify() 메서드를 사용해 읽기 쉬운 자바스크립트를 난독화된 코드로 변환한다. CSS 작업은 CSS 콘텐츠를 최소화해 네트워크를 통해 전송하는 바이트 수를 줄인다. 이러한 작업이 어떻게 동작하는지 이해할 필요는 없지만, 중요한 부분은 이들 작업이 일반적인 Visual Studio 게시 프로세스의 일부 또는 자동화된 빌드 및 연속 통합 프로세스를 통해 도커 이미지 생성의 일부로 실행되도록 하는 것이다.

```
gulp.task("min:js", function () {
    gulp.src([paths.js, "!" + paths.minJs], { base: "." })
        .pipe(concat(paths.concatJsDest))
        .pipe(uglify())
        .pipe(gulp.dest("."));
});

gulp.task("min:css", function () {
    gulp.src([paths.css, "!" + paths.minCss])
        .pipe(concat(paths.concatCssDest))
        .pipe(cssmin())
        .pipe(gulp.dest("."));
});
```

마이크로서비스용 REST 프록시 쉽게 만들기

Visual Studio 2015에서 잘 알려지지 않은 멋진 기능 중 하나는 REST 서비스용으로 스웨거^{Swagger} 메타데이터를 기반으로 클라이언트 프록시를 만드는 기능이다. 스웨거는 언어에 구애받지 않고 REST API를 기술하는 표준이다. 스웨거 파일에는 API의 사용자 정의 데이터 형식과 입력, 반환 형식, 리소스 등에 관한 정보를 포함한다. 이 도구는 여러분의 API 자체가 자기 설명적이도록 만들어 개발자와 도구에서 API를 사용하는 방법을 이해하기 쉽게 해주는 장점이 있다. 이들 도구에서 스웨거 서비스를 위한 자바와 닷넷, 노드, 파이썬, 루비, 다른 여러 언어로 클라이언트 프록시를 자동으로 만든다는 의미이기도 하다. 닷넷 개발자의 경우 Visual Studio에서는 스웨거 메타데이터에 URI를 제공하는 기능을 포함하며, 프로젝트에서 소스 코드로 사용할 수 있는 사용자 지정 프록시를 빌드해 서비스를 호출한다. 기억날지 모르겠지만 이는 10년 전에 비슷한 기능을 제공했던 SOAP^{Simple Object Access Protocol}과 WSDL^{Web Service Description Language}과 유사하다. 스웨거와의 차이점은 REST 서비스가 본질적으로 SOAP 서비스보다 더 가볍고 단순하며, SOAP 서비스의 경우 도구에서 생성된 프록시에서 DLL로 제공되어 개발자는 코드를 추가하거나 수정할 수 없다. 자동 생성된 스웨거 클래스를 사용하면, 서비스에 대한 소스 코드가 제공되어 원하는 코드를 추가나 편집, 수정할 수 있다.

ASP 닷넷 마이크로서비스 모범사례

보다시피 개발자와 아키텍트가 고려할 만한 ASP 닷넷의 새로운 개선 사항과 향상된 기능이 많다. 프레임워크와 기능 수준 개선 사항 외에도, 우리는 ASP 닷넷 Web API를 사용해 마이크로서비스를 설계할 때 일반적으로 요구되는 권장 사항이나 고려 사항도 추가해주길 원했다.

모든 곳에서 비동기 사용

가능한 웹 API에서 Async/Await 패턴을 사용해야 한다. 예를 들어, 파일을 읽어오는 I/O 요청을 동기로 실행할 때, 스레드는 I/O 요청이 완료될 때까지 유휴상태가 되고 실행을 차단한다. Async/Await 패턴을 사용하면 스레드가 스레드 풀로 반환되므로, 향후의 요청을 처리할 수 있다. API 개발자의 경우, 컨트롤러와 리소스, 파일, 데이터베이스 리포지토리, 기타 API 등을 액세스하는 모든 부분에 Async와 Await을 사용하도록 설계했는지 확인해야 한다. 다음은 DbContext라는 데이터 리포지토리를 가정하고 기본 예제의 변경 전후를 나타냈다. 두 번째 예제에서 Async 컨트롤러 메서드는 async 키워드로로 표시했고, ToListAsync() 메서드 호출은 await 키워드를 접두어로 붙였다.

```
[HttpGet]
public IEnumerable<Product> Get()
{
    return DbContext.Products;
}


[HttpGet]
public async Task<IEnumerable<Product>> Get()
{
    return await DbContext.Products.ToListAsync<Product>();
}
```

상태 비저장 API 설계

이 설계 원칙은 수년 동안 웹 개발자에게 명확했지만, 특히 컨테이너를 도입하면서 더 중요해졌다. 컨테이너는 일시적일 수 있다는 점을 기억해야 한다. 예를 들면, 사진을 업로드해서 컨테이너 내의 로컬 디스크에 저장하는 API를 작성한 경우, 이들 이미지는 기본적으로 컨테이너가 중지되거나 제거될 때 사라진다(도커 볼륨 마운트를 설정하지 않은 경우). 상태 비저장 API는 각 API의 상태에 관한 걱정 없이 요청을 처리하는 컨테이너의 수를 쉽게 늘리거나 줄일 수 있다. 하지만, 상태 저장 마이크로서비스를 구축하기 원하는 시나리오가 있다. 이러한 경우 ASP 닷넷을 지원하는 서비스 패브릭이 서비스의 분산 상태를 관리하는 것이 올바른 선택이다.

올바른 웹 API 반환 형식 고려하기

ASP 닷넷 웹 API를 사용해 마이크로서비스 설계를 고려할 때, POCO^{Plain Old C# Object} 반환 형식과, IActionResult 인터페이스 구현 결과라는 두 가지 일반적인 범주의 반환 형식이 있다.

첫 25개의 제품을 포함하는 IEnumerable<Product>를 반환하는 다음 예제에서 보는 것처럼 POCO 개체는 C# 개체를 반환하는 형식을 나타낸다. 이 개체는 JSON으로 직렬화돼 네트워크를 통해 전송된다.

```
[HttpGet]
public async Task<IEnumerable<Product>> Get()
{
    var result = await _context.Products
        .Take(25).ToArrayAsync();

    return result;
}
```

ObjectResult와 같은 IActionResult 반환 형식은 정확히 C# 반환 형식처럼 동작하지만, 차이점은 IActionResult를 사용하면 HTTP 404 에러로 변환하는 HttpNotFound()와 같은 내장된 기본형을 사용해 RESTful 값을 반환하거나 HttpStatusCodeResult 클래스를 사용해 HTTP 상태 코드를 반환하는 것이다. 다음의 코드 조각에서는 25개의 개체를 반환하는 동일한 API를 나타냈지만, 이번에는 IActionResult 반환 형식을 사용했다.

```
[HttpGet]
public async Task<IActionResult> Get()
{
    var result = await _context.Products
        .Take(25).ToArrayAsync();

    return new ObjectResult(result);
}
```

한 가지 일반적인 질문은 사용할 반환형식의 유형과 시기다. 엄격한 규칙은 없으며, 두 가지 형식이 일반적으로 사용되지만, 추가적인 유연성과 제공하는 HTTP 상태 코드에 대한 지원 때문에 IActionResult를 자주 사용한다.

또 다른 고려 사항은 XML을 유효한 반환 형식으로 인정할지 여부다. 페이스북과 트위터 같은 많은 온라인 서비스는 XML을 사용하는 경우 나쁜 성능과 오버헤드 때문에 결과를 JSON만 제공하도록 전환했다. XML은 좀 더 장황하기 때문에, Azure에서 비용도 더 높고, 모바일 폰처럼 잠재적으로 비용으로 측정되는 연결을 통해 서비스를 소비하는 클라이언트에게 더 비싸다. 이미 XML에 종속성을 가진 레거시 앱을 갖고 있지 않다면, JsonResult 형식만 지원하도록 전환하는 것이 좋다.

RESTful API 설계

API를 설계할 때 ASP 닷넷의 특성 기반 라우팅을 사용하자. 다음 예제에서 보다시피, HttpGet, HttpPost, HttpPut, HttpPatch, HttpDelete 등을 지정할 수 있다. 마찬가지로 반환 형식의 경우, IActionResult와 Http를 사용해 다음의 HttpNotFound() 예제에서 반환하는 HTTP 404 요청과 같은 코드를 반환하는 방법을 주목하자.

```
public class ProductsController : Controller
{
    [HttpGet("{id}")]
    public async Task<IActionResult> Get(int id)
    {
        var product =
          await _context.Products.FirstOrDefaultAsync(p =>
              p.ProductId == id);
        if (product == null)
        {
            return HttpNotFound();
        }
        return new JsonResult(product);
    }
```

다음은 여러분의 API에서 고려할 몇 가지 가장 일반적인 HTTP 에러 코드의 목록이다.

1. **200 – 성공(OK)**

2. **201 – 작성됨(Created)**: 새로운 리소스가 만들어졌음

3. **301 – 영구적으로 이동됨(Moved Permanently)**: 이 리소스가 새로운 URI로 이동 됐음

4. **400 – 잘못된 요청(Bad Request)**: 요청에 오류가 있음. 일반적으로 잘못된 형식의 요청(누락 또는 유효하지 않은 매개변수 등)으로 일어남

5. **401 – 권한 없음(Unauthorized)**: 리소스에 액세스하는 데 인증이 필요함

6. **403 – 금지됨(Forbidden)**: 서버에서 인증을 거친 후라도 요청에 대한 응답을 거 절함

7. **404 – 찾을 수 없음(Not Found)**: 서버에서 해당 리소스를 찾을 수 없음

8. **500 – 내부 서버 오류(Internal Service Error)**: 서버에서 오류를 반환할 때 일반적인 오류 메시지

9. **503 – 서비스를 사용할 수 없음(Service Unavailable)**: 높은 부하로 인해 현재 서비 스를 사용할 수 없음. 저장소와 같은 일부 Azure 서비스는 부하를 처리할 수 없 는 경우 간헐적으로 '503 서비스를 사용할 수 없음' 오류를 반환한다.

참고로 다음의 위키피디아 링크에서 전체 HTTP 상태 코드 목록을 제공한다.

https://en.wikipedia.org/wiki/List_of_HTTP_status_codes

새로운 높은 동시성 데이터 형식 고려하기

마이크로서비스와 클라우드 개발자의 경우 이전에 닷넷 프레임워크에서 겪는 문 제 중 하나가 기본 컬렉션 클래스에서 동시성을 지원하지 않는 다는 점이었다. 이 를 테면, 고객이 뭔가에 투표하고 투표수를 신속하게 업데이트해서 표시하는 실시 간 '투표' 마이크로서비스를 구축하는 경우 동시성이 중요하다. 닷넷 기본 컬렉션에

대한 자체 사용자 지정 잠금 코드를 작성하는 대신, 새로운 System.Collections.
Concurrent 네임스페이스를 사용할 수 있다. 이 네임스페이스는 향상된 성능을 위
해 ConcurrentDictionary(키/값 쌍)과 ConcurrentQueue(선입선출First-In, First-Out 컬렉
션), ConcurrentStack(후입선출Last-In, First-Out 컬렉션)을 포함해 사용할 수 있는 공통 데
이터 형식을 제공한다.

방어적인 마이크로서비스 설계

여러분의 마이크로서비스가 조직 내에서 다른 팀만 사용하는 경우라도, 공개된 API
는 남용될 수 있다고 가정하는 것이 좋다. 마이크로서비스의 방어적 설계는 여러 가
지를 의미한다. 첫째, 설계상 리소스를 과소비하는 API를 노출하지 않아야 한다. 한
가지 간단한 예를 들면, 다음에 보인 것처럼 제품의 API 요청을 리팩토링해서 API
호출에서 수백 개의 제품을 반환하는 대신, LINQ Take() 확장 메서드를 사용해 최
대 25개의 결과를 반환할 수 있다.

```
[HttpGet]
public async Task<IEnumerable<Product>> Get()
{
    return await _context.Products.Take(25).ToListAsync<Product>();
}
```

그다음 호출자가 추가 제어를 할 수 있도록 정렬과 페이징, 항목 수를 지원하도록
API를 수정한다.

API 설계 외에도, API를 사용하는 방법과 호출자, API 호출 패턴이 어떤지 자세히
살펴보고 싶을 수 있다. 여러분의 API를 사용하는 사람과 사용하는 방법을 추적하고
이해하는 모니터링 도구와 진단 도구가 있는지 확인하자. API가 사용(남용)되는 방식
에 따라, 한 가지 잠재적인 옵션이 특정 호출자가 하루에 일정한 양의 API 호출만 가
능하도록 API 호출 수를 제한하는 것이다.

Batch API 서비스 고려하기

표준 Web API와 달리 배치^{Batch} API 서비스는 실시간 결과를 반환하도록 설계되지 않았다. 배치 API의 가장 일반적인 사용 사례는 보고 기능이다. 내부 감사 팀에서 최소 6개월의 주문 이력에 해당 하는 대용량 데이터 집합을 요청해야 한다고 가정해 보자. 감사 팀에서 실시간 API를 수백 번 호출하는 대신 별도의 배치 API 집합을 만들어 작업을 대기열에 넣고 시스템 다운타임 동안(일반적으로 늦은 저녁)실행할 수 있다. 이 방식의 장점은 실시간으로 발생하지 않는 별도의 API 호출을 처리할 수 있으며, 일괄 처리 데이터 요청을 위한 사용자 지정 API를 제공할 수 있고 각각을 독립적으로 확장할 수 있는 것이다. 배치 API를 위한 일반적인 기능 중 하나는 추가 반환 형식의 지원이다. 반환 형식으로 CSV^{comma-separated values}에 대한 지원을 추가하면 데이터를 리포팅 도구 또는 다른 자동화된 일괄 처리 도구로 더 쉽게 가져오거나 내보낼 수 있다.

모바일 클라이언트를 위한 설계

2014년, Kliener Perkins Caufield와 Biers Internet Trends 보고서(http://www.kpcb.com/internet-trends)에서 나온 그림 A.2에서 보는 것처럼, 처음으로 데스크톱이나 노트북, 기타 디지털 미디어용 연결된 장치보다 모바일 장치를 사용한 성인이 더 많았다. 많은 개발 업체가 이미 브라우저를 통해 데스크톱에 로컬로 실행하거나, iOS나 안드로이드, 윈도우용 사용자 지정 모바일 애플리케이션에서 실행할 수 있는 멀티모드 애플리케이션을 만들어야하는 현실에 직면해 있다. 이는 웹 개발자의 경우 모바일 장치에서 태블릿, 데스크톱에 이르기까지 여러 가지 폼 팩터에 반응하는 레이아웃을 적용해야 한다는 뜻이다.

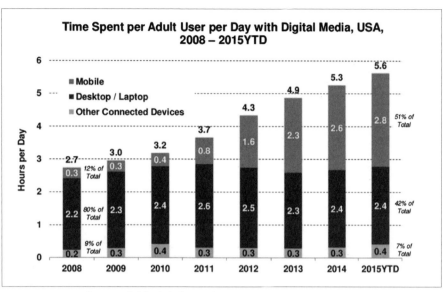

▲ **그림 A.1** 모바일은 이제 데스크톱/노트북 또는 다른 장치보다 많이 사용된다.

API 인증을 위한 OpenID 고려하기

고객의 주문 이력과 같은 특정 API 요청은 요청 인증과 권한 부여 이후에만 사용할 수 있어야 한다. 인증을 처리하는 방법은 많으며 세부 내용은 여러분이 사용하는 기본 사용자 인증 서비스에 따라 다르다. 예를 들어, 기업용 마이크로서비스를 만든다면, Azure의 Active Directory 서비스를 사용해 사용자 인증을 처리하기 원할 것이다. Active Directory 인증의 경우, OAuth 2.0 프로토콜 표준의 상위에 올라가는 표준 확장 ID 계층인 OpenID 커넥트를 사용할 수 있다. OpenID를 사용하면 iOS 장치 같은데서 API에 대한 권한 없는 요청이 들어올 때, 그 요청을 Active Directory로 전달해 사용자 로그인을 수행한다. 성공적으로 인증한 후, 사용자는 인증을 요청하는 API를 호출하는 데 사용하는 토큰을 받는다. 올바른 인증 시스템을 선택하고 설계하는 그 자체만으로 한 권의 책이 필요하지만, Active Directory 팀에서는 OpenID 커넥트와 ASP 닷넷 웹, Web API 프로젝트, 노드, iOS 등과 통합하는 많은 예제를 깃서브(http://bit.ly/azureadsamples)에 게시하고 있다.

스웨거를 사용해 마이크로서비스 더 쉽게 사용하기

기업 내의 마이크로서비스를 사용하는 개발자의 수를 늘리는 것이 목표라면, 가능한 사용하기 쉽게 단순하게 만들어야 한다. 앞서 설명한 것처럼 스웨거^{Swagger}는 서비스의 소비자가 브라우저를 열어 사용할 수 있는 서비스를 확인하고, 서비스에 대한 간단한 테스트 요청을 할 수 있도록 API를 기술하는 방식이다. 소셜 그래프용 풍부한 API 집합을 제공하는 페이스북과 같은 기업은 그림 A.2에서 보는 것처럼 **그래프 API 탐색기**에서 자사의 API를 테스트하는 유사한 도구를 제공한다(https://developers.facebook.com/tools/explorer).

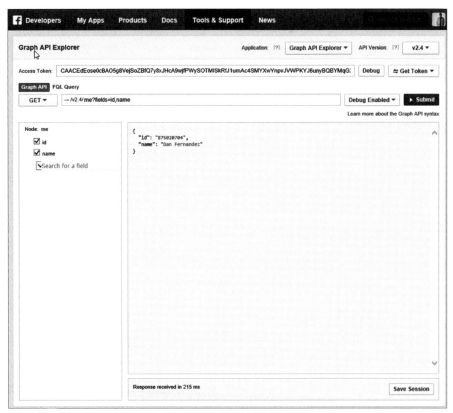

▲ **그림 A.2** 페이스북의 그래프 API 탐색기를 사용해 브라우저에서 API를 테스트할 수 있다.

여러분의 API에 스웨거 지원을 추가하기 쉽게 만드는 ASP.NET Core NuGet 패키지를 다음 링크에서 구할 수 있다.

https://github.com/domaindrivendev/Swashbuckle.AspNetCore

Swashbuckle을 구성하면 클래스의 XML 주석을 사용해 API에서 사용된 입력 매개변수와 반환 형식을 문서화할 수 있다. 이렇게 하면 그림 A.3에서 보는 것처럼 모든 API 목록이 포함된 멋진 문서 페이지를 얻을 수 있다. 각 API에는 API를 테스트할 수 있는 테스트 도구 페이지가 포함된다.

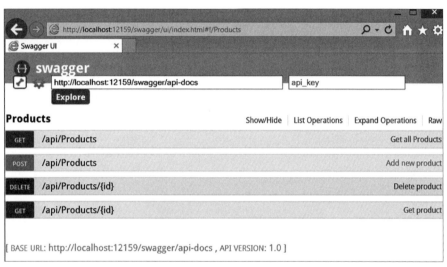

▲ **그림 A.3** 스웨거에서 Products API에 대한 리소스와 URL을 나타냈다.

'가동 시간' 서비스의 제공을 고려하기

분산 시스템을 작업할 때 가장 좌절감을 주는 부분 중 하나는 멀티서비스 요청의 특정 서비스가 실패하거나, 지연되거나 제한된 결과가 있는 곳을 추적하는 것이다. 가장 중요한 마이크로서비스는 서비스 가동 시간 마이크로서비스를 제공함으로써 완화할 수 있다. 이 아이디어는 아마존이나 마이크로소프트, 구글과 같은 주요 클라우드 공급자들이 자사 서비스를 제공할 때 많이 보여주는 서비스 대시보드 페이지를 생각하면 된다. 이를 통해 각 API와 상태의 목록을 보여주는 자동화된 서비스 가동 시간을 제공하는 것은 물론 서비스가 겪고 있는 모든 문제의 정기적인 상태 업데이트를 제공하므로 사고 대응 팀에 추가 정보를 제공할 수 있다. 모니터링과 진단장에서 서비스를 모니터링하는 데 사용할 수 있는 도구와 서비스를 설명했다.

OData 고려하기

오픈데이터프로토콜^{OData, Open Data Protocol}은 REST API를 통해 쿼리할 수 있는 서비스를 제공하는 표준 크로스 플랫폼 방식이다. OData의 장점은 여러분의 API에 큰 노력을 들이지 않고 심층 쿼리 기능을 쉽게 추가할 수 있어서 개발자의 생산성을 크게 향상시킬 수 있다는 점이다. 데이터를 필터링하거나 정렬하는 모든 가능한 방법을 포함해 일련의 REST 서비스와 입력을 작성하는 대신, OData를 사용하면 도메인 모델에 쿼리 기능을 손쉽게 추가할 수 있다. 예를 들어, 단일 쿼리에서 제품 ID와 이름, 가격과 같은 원하는 필드를 선택하고, 이름이 문자 'B'로 시작하는 $50 ~ $100 사이의 제품이면서 'Misc' 제품 카테고리에 속한 것만 필터링할 수 있다. 이 강력한 쿼리 기능에는 몇 가지 단점이 있다. 첫 번째는 데이터 원본과 데이터 모델이 예상치 못한 성능 문제로 이어질 수 있는 심층적인 쿼리 수준에 최적화되지 못한 문제다. 직접 작성한 REST API의 사용 사례와 성능 특성을 더 쉽게 이해할 수 있다. OData에 대한 또 다른 비판은 API의 소비자에게 복잡성을 더할 수 있다는 것인데, 특히 OData 클라이언트 라이브러리가 대상 언어나 플랫폼에서 사용할 수 없는 경우 그렇다. 여기서 올바른 선택은 어렵지만, 풍부한 쿼리 기능이 주로 필요한 API 개발자의 경우 OData가 적합할 수 있다.

☑️ 찾아보기

ㄱ

가상 네트워크 221
가상 머신 63
가상 머신 크기 집합 286
가상 머신 확장 227
가상 메시 네트워크 208
가상 사설망 222
가상 액터 297
가상 확장 LAN 207
가용성 집합 180
걸프 314
게이트웨이 서비스 294
게이트키퍼 242
격리 178
결합 108
경계 게이트웨이 프로토콜 208
경계 리팩토링 109
계약 232
고가용성 181
고급 테스트 용이성 프레임워크 303
공식 리포지토리 81
공통 로그 형식 268
공통 버전 관리 111
공통 직렬화 형식 46
관리 서비스 158
관리 하위시스템 282
그래프 API 탐색기 324
그런트 314
근본 원인 분석 215
글라이더 랩스 레지스트레이터 195
기능적 응집력 109
기반 동시성 297
기술적 채무 216
긴 꼬리 성능 문제 268
깃랩 227
깃 배시 70
깃 셸 70
깃허브 후크 133
끌어오기 요청 231

ㄴ

나노 서버 313
나노 편집기 88
난독화 315
내 결합성 243
내장 멀티호스트 네트워킹 207
네임스페이스 62, 259
네트워크 98
넷플릭스 201
노이지 네이버 65
느슨한 결합 51, 108
느슨한 연결 34

ㄷ

단위 테스트 232
단위 테스트 프레임워크 133
단일 책임 원칙 35
닷넷 코어 306
대기열 패턴 293
대조군 243
데브옵스 43, 212
데브옵스 문화 50
도메인 주도 설계 37, 121
도커 24
도커 네트워킹 207
도커 데몬 68
도커 데이터 볼륨 87
도커 로그 154
도커 리포지토리 81
도커 머신 69, 137
도커 볼륨 144
도커 스웜 182
도커 스웜 백엔드 184
도커 스웜 클러스터 템플릿 185
도커 에코시스템 25
도커 엔진 137
도커 원격 API 260, 262
도커의 오버레이 네트워킹 151

도커 이미지의 레이블 226
도커 인증 126
도커 카이트매틱 137
도커 컨테이너 67
도커 컴포즈 137, 149, 152
도커 퀵스타트 터미널 139
도커 클라우드 252
도커 툴박스 70
도커 허브 128
도커 허브 이미지 129
도커 호스트 26
도커 호스트 머신 68
도커화 227
동시성 296, 320

ㄹ

라우팅 49
라운드 로빈 배치 179
라이브 리로드 142
레디스 180
레이블 188
레이블 셀렉터 188
레인포레스트 QA 241
레지스트리 134, 194
로깅 드라이버 269
로드 밸런서 221
로컬 유닉스 소켓 261
로컬 프록시 197
롤링 업그레이드 301
룰터 231
리소스 관리자 74
리소스 스케줄러 179
리소스 스케줄링 288
리팩토링 107
릴리스 파이프라인 212

ㅁ

마라톤 191
마스터 노드 183
마이크로서비스 아키텍처 32
마이크로소프트 Azure 컨테이너 서비스 30, 172

매니페스트 파일 289
매크로 모니터링 258
멀티 홈 게이트웨이 서비스 205
메소스 프레임워크 193
모노 313
모놀리스 105
모놀리스 아키텍처 33
모놀리스 애플리케이션 33
모놀리식 방식 105
모놀리식 애플리케이션 37, 41
모니터링 28, 49, 55
모니터링 에이전트 263
모듈화 31
모범사례 51
모의 개체 234
무작위 접근 방식 179

ㅂ

반 공유 모델 220
배치 API 322
배포 모델 74
백그라운드 모드 144
벌크 헤드 56
베이그런트 200
변경 불가능한 인프라 218
변경 비율 116
병렬 호환성 307
복제본 294
복제 컨트롤러 188
볼륨 188
볼트 200
부하 분산 45
부하 테스트 238
분산 시스템 45
분할 116
브리지 네트워크 99
블레이드 73
블루그린 배포 39
비동기 메시징 45, 113, 114
비정상 상황 테스트 303
비주얼 스튜디오 코드 149
비즈니스 도메인 108

비트버킷 133
빅 뱅 통합 테스트 237
빌드 에이전트 246
빌드 워크플로 단계 231
빌드 컨텍스트 92
빌드 컨트롤러 246

ㅅ

사설 도커 레지스트리 135
사설 리포지토리 81, 135
사용자 지정 애플리케이션 291
사이드카 55
사이드카 패턴 265, 266
사이드킥 패턴 265
사후 대응적 보안 67
상관관계 ID 264
상자 채우기 179
상태 비저장 293
상태 비저장 API 317
상태 시스템 283
상태 저장 마이크로서비스 317
상태 저장 서비스 294
상태 필터 184
상향식 통합 테스트 237
서비스 검색 49, 193, 196
서비스 검색 도구 157
서비스 검색 저장소 159
서비스 검색 컴포넌트 194
서비스 경계 36
서비스 등록기 195
서비스 레지스트리 30, 198
서비스 매니페스트 290
서비스 버전 관리 49
서비스 수준 계약 50
서비스 알림 195
서비스 지향 아키텍처 32
서비스 패브릭 시스템 서비스 282
서비스 패브릭 클러스터 287
서비스 패브릭 탐색기 298
서킷 브레이커 56, 58
선호도 필터 184
세분화된 SOA 33

세분화된 마이크로서비스 105
셀레늄 228, 237
소나큐브 228, 235
소비자 주도 계약 232, 234
소프트웨어 정의 네트워킹 207
수동 테스트 241
스웜 마스터 183
스웨거 112, 316, 324
스케일 아웃 64
스케일 업 64
스케줄러 27
스케줄링 177
스테이징 240
스트레스 테스트 238
스포티파이 240
슬랙 248
신뢰할 수 있는 컬렉션 298
실행자 191
실험군 243

ㅇ

아틀라시안 247
아틀라시안 지라 247
아티팩트 저장소 159
아파치 메소스 190
아파치 메소스 클러스터 190
알림 194
알파인 128
알파인 패키지 킷 128
애플리케이션 게이트웨이 159
애플리케이션 메니페스트 289
애플리케이션 인사이트 275
액터 297
업그레이드 도메인 286, 301
업데이트 도메인 180
에릭 에반스 117
에어비엔비 너브 195
에코시스템 기술 파트너 프로그램 280
엔진엑스 82
엔터티 프레임워크 311
엘라스틱서치 121
연속 배포 216

연속 업데이트 216
연속 통합 133, 216, 228, 230, 250
예외 처리 244
오로라 193
오류 주입 테스트 243
오류 처리 244
오버레이 네트워크 99, 161, 205
오케스트레이션 160
오케스트레이션 도구 157
오픈 가상 스위칭 207
옥토퍼스 디플로이 250
온프레미스 246
원격 분석 116
원격 측정 데이터 275
웹후크 241
위브 207
위브웍스 위브 넷 207
윈도우 서버 컨테이너 225
유레카 201
유저보이스 248
응집도 109
의사 파일시스템 259
이름 지정 서비스 283, 292
이미지 레지스트리 159
이미지 리포지토 81
이벤트 기반 구현 113
이안 로빈슨 233
인터페이스 107, 111, 113
일관성 47

ㅈ

자동화 54, 219
자율성 34
장애 도메인 180, 286
장애조치 테스트 303
재시도 패턴 58
재처리 패턴 293
저장소 221
전용 게이트웨이 204
제약 조건 필터 184
제한 영역 109, 110
젠킨스 227

조회 194
종속성 주입 311
주울 242
주키퍼 199, 201
중재자 197
직렬화 112
진단 데이터 275

ㅊ

채드 파울러 218
최종 일관성 47

ㅋ

카나리아 출시 39
칸반 툴 248
칼리코 208
캐싱 패턴 293
캡슐화 32, 51
커피스크립트 147
컨테이너 61, 62
컨트롤 그룹 62, 178, 259
컴포넌트화 32
케스트렐 312
코드로서의 인프라 162
코드 중심 테스트 302
코딩된 UI 테스트 237
코로게이션 패턴 294
코스 그레인드 서비스 104, 106
콘웨이(Conway)의 법칙 52
쿠버네티스 186, 204
쿠버네티스 컨트롤 플레인 187
쿼럼 285
크로노스 192
크론 192
클래식 74
클래식 모델 218
클러스터 27, 158, 285
클러스터 매니페스트 285
클러스터 상태 저장소 159
클러스터 스케줄러 182

ㅌ

타임스탬프 267
태그 96, 134
태스크 러너 148
턴 297
테라폼 176
테스트 주도 인프라 165
통합 테스트 234
투툼 185
특성 기반 라우팅 319
팀시티 247

ㅍ

파워셸 69, 174
파티션 294
팩트 234
팩트 브로커 234
퍼사드 118
퍼티 70, 138
페이지스피드 인사이트 235
평균 복구 시간 119
평점 서비스 66
포드 180, 187
포트 매핑 153
포트 필터 184
표준 REST API 174
표현식 167
프라나 265
프레임워크 191
프로비저닝 160
프로토콜 변환 202
플란넬 208
피어 게이트웨이 204

ㅎ

함수 167
해시코프 176
호스트 노드 158
환경 변수 101
활동 ID 264
효율성 177

A

A/B 테스트 243
ACS(Azure Container Service) 169, 172
ACS 리소스 공급자 173
Active Directory 323
Affinity 184
agentPoolProfiles 173
Airbnb Nerve 195
Alpine 128
Apache Mesos 190
API(application-programmer interfaces) 33
API 게이트웨이 202
APK 128
Application Insights 221, 275
apt-get update 90
ARM(Azure Resource Manager) 165, 222
ARM 템플릿 170, 176, 185, 219, 222
ARM 템플릿 언어 166
ARM 확장 171
ASP 닷넷 5 305
ASP 닷넷 코어 305
ASP 닷넷 코어 1.0 141
Async/Await 패턴 316
Atlassian 247
Atlassian JIRA 247
Aurora 193
Auto Scaling Groups 245
Azure CLI 174
Azure VM 26
Azure 가용성 집합 286
Azure 로드 밸런서 203
Azure 리소스 관리자 165
Azure 리소스 관리자 템플릿 69
Azure 명령줄 인터페이스 228
Azure 서비스 패브릭 281
Azure 진단 에이전트 264
Azure 진단 확장 기능 270
Azure 컨테이너 서비스 169
Azure 포털 69
Azure 힐링 181

B

Batch API 322
BGP(Border Gateway Protocol) 208
bin packing 179
Bitbucket 133
blue-green 39
bounded context 109
Bower 314
Bridge 98
Build Definitions 250
Build Plan 250
Build Project 250

C

caching 패턴 293
Calico 208
canary 39
ca.pem 126
cert.pem 126
cgroups 178
Chad Fowler 218
Chaos Monkey 245
Chaos 테스트 303
Chronos 192
CI(continuous integration) 133
CircleCI 133
CIS(Center for I nternet Security) 136
CI 워크플로 231
CLAbot 231
cloud-config 172
cloud-init 172
Coarse-Grained 서비스 104
coarsely grained 36
CoffeeScript 147
colocation 패턴 294
Command Line Interface 174
concat 함수 168
Confd 198
Constraint 184
Consul 템플릿 198
Continuous Delivery 216

Continuous Deployment 216
Continuous Integration 216
control group 243
CoreCLR 307
CoreFX 306
cron 192
curl 85

D

DCOS 191
DDD(Domain-Driven Design) 37, 109, 121
Dependency Injection 311
detached mode 144
DNS 199, 200
dnu 146
dnu pack 147
dnu restore 145
DNX(DotNet eXecution) 310
dnx-watch 146
Docker 24
Docker Compose 137, 149
docker-compose stop 152
docker-compose up 152
Docker Engine 137
docker exec 155
Dockerfile 91, 127, 131
Docker for Mac 137
Docker for Windows 137
docker history 95
docker images 82
docker info 80
Docker Kitematic 137
docker logs 97, 154
Docker Machine 69, 137
docker-monitor 240
Docker on Ubuntu Server 73
docker ps 84
docker pull 82
Docker Quickstart Terminal 139
docker rmi 136
docker run 83
docker search 82

docker-stress 240
Docker Swarm 182
docker tag 96
dogfood 242
dotnet 310
dotnet pack 147
dotnet-watch 143
DTR(Docker Trusted Registry) 135

E

Elasticsearch 121
ELK 스택 264
Entity Framework 311
entrypoint 145
etcd 201
Eureka 201
Executor 191

F

facade 118
Felix 208
Flak.io 118, 174
Flannel 208

G

Gatekeeper 242
Gin 143
Git Bash 70
GitLab 227
Git Shell 70
Git 명령줄 138
Git 자격증명 관리자 138
Glider Labs Registrator 195
Grunt 147, 148, 314
Gulp 147, 148, 314

H

HashiCorp 176
HTTP 에러 코드 320

I

IActionResult 318
ImageLayers 131

J

Jixee 248
JsonResult 319

K

k8s 186
Kanban Tool 248
Kestrel 312
key.pem 126
Key Vault 221
Kubernetes 186
Kubernetes Control Plane 187

L

latest 129
LESS/SASS 147
link 150
LINQ 321
linuxProfile 173
live reload 142
Logstash 264, 267
long-tail 성능 문제 268

M

Marathon 191
masterProfile 173
Mean Time to Repair 213
MesosDNS 200
Mono 313
MTTR 213
MTTR(Mean Time to Recovery) 119
MTTR(Mean Time to Resolution) 38

N

Naming 서비스 292
Nano Server 313
nano 편집기 88
Netflix 201
NGINX 82
nodemon 143
Node 패키지 관리자 314
noisy neighbor 65
NPM 314
NuGet 308

O

OAuth 2.0 323
OData 326
OMS(Operations Management Suite) 278
onbuild 130
Onbuild Dockerfile 130
OpenID 323
orchestrationProfile 173
Outputs 166
outputs 섹션 170
OVS(Open Virtual Switching) 207

P

Pact 48, 234
Parameters 166
phantomas Grunt 작업 235
POCO(Plain Old C# Object) 318
pod 180
Pod 187
Prana 265
printenv 101
Putty 70, 138

Q

Quay Enterprise 135
Quay.io 135
queuing 패턴 293

R

Rainforest QA 241
RCA(Root Cause Analysis) 215
Redis 180
Register 195
registry 134
Reliable collection 298
Reliable Collections API 298
Resin.IO 128
Resources 166
resources 섹션 169
REST API 316
retry 패턴 293
rsyslog 270
rultor 231
RUNMETRICS 259

S

SDN 207
selector 188
Selenium 228
service-oriented architecture 33
setns 259
SkyDNS 200
Slack 248
SLA(Service Level Agreement) 50, 246
slim 129
SOAP(Simple Object Access Protocol) 316
SonarQube 228, 235
split_clients 242
Spotify 240
ssh -i 78
SSH 세션 186
SSH 키 73
SSL 오프로드 202
STDERR 273
STDOUT 273
Swagger 112, 316, 324
Symian Army 245
syslog 273

T

TeamCity 247
Terraform 176
TLS(Transport Layer Security) 126
TLS 구성 186
Toxiproxy 245
treatment group 243
Trello 248
TTL(TIME TO LIVE) 47
turn 297
turn-based concurrency 297
tutum 185

U

UserVoice 248

V

Vagrant 200
Variables 166
variables 섹션 168
Vault 200
verbose 139
VirtualBox 137
virtual machine scale sets 286
Visual Studio Code 149
VM 확장 70
volume 188
VSTS(Visual Studio Team Services) 247
VXLAN, Virtual Extensible LAN 207

W

Weaveworks Weave Net 207
Web API 311, 316
webhook 241
WEBLINK 101
WSDL(Web Service Description Language) 316

Y

YAML 149

Z

Zookeeper 201
Zuul 242

기호

.NET Core 306

번호

6Wunderkinder 218

에이콘출판의 기틀을 마련하신 故 정완재 선생님 (1935-2004)

Azure와 도커를 활용한 마이크로서비스 구현

Azure에서 마이크로서비스를 만드는 데 필요한 기술의 이해와 활용

발 행 | 2017년 5월 31일

지은이 | 보리스 숄, 트렌트 스완슨, 댄 페르난데스
옮긴이 | 김 도 균

펴낸이 | 권 성 준
편집장 | 황 영 주
편 집 | 나 수 지
           이 지 은
디자인 | 박 주 란

에이콘출판주식회사
서울특별시 양천구 국회대로 287 (목동 802-7) 2층 (07967)
전화 02-2653-7600, 팩스 02-2653-0433
www.acornpub.co.kr / editor@acornpub.co.kr

한국어판 ⓒ 에이콘출판주식회사, 2017, Printed in Korea.
ISBN 979-11-6175-000-2
ISBN 978-89-6077-114-7 (세트)
http://www.acornpub.co.kr/book/microservices-docker-azure

이 도서의 국립중앙도서관 출판시도서목록(CIP)은 서지정보유통지원시스템 홈페이지(http://seoji.nl.go.kr)와
국가자료공동목록시스템(http://www.nl.go.kr/kolisnet)에서 이용하실 수 있습니다.(CIP제어번호: CIP2017011769)

책값은 뒤표지에 있습니다.